Wohlhart • Scharnreitner

PLUS!

Mathematik für die Sekundarstufe

Band 2

Erarbeitungsteil

HELBLING

Inhaltsverzeichnis
Erarbeitungsteil

Kapitel-Einstieg

Eine Comic-Aufgabe leitet jedes Kapitel ein. Das Bearbeiten der Aufgabe gibt dir einen ersten Einblick, was du in diesem Kapitel lernen wirst.

In der rechten Spalte siehst du das Inhaltsverzeichnis des gesamten Kapitels.

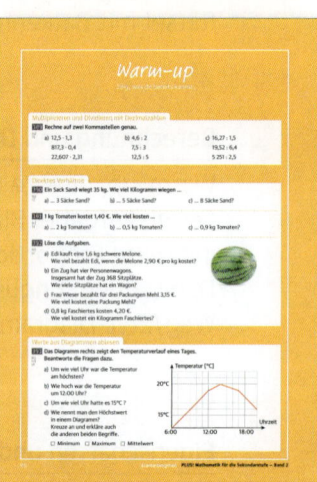

Warm-up

Hier kannst du überprüfen, was du schon kannst oder vor dem Bearbeiten des neuen Kapitels noch einmal wiederholen solltest.

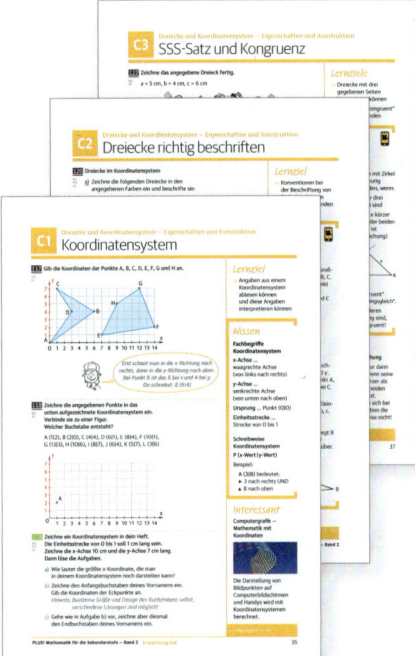

Lernschritte im Erarbeitungsteil ...

Hier wird der Stoff des Kapitels erarbeitet. Jeder Lernschritt umfasst eine Seite. In der rechten Spalte findest du die Lernziele, das wichtigste Wissen sowie Tipps und Hinweise.

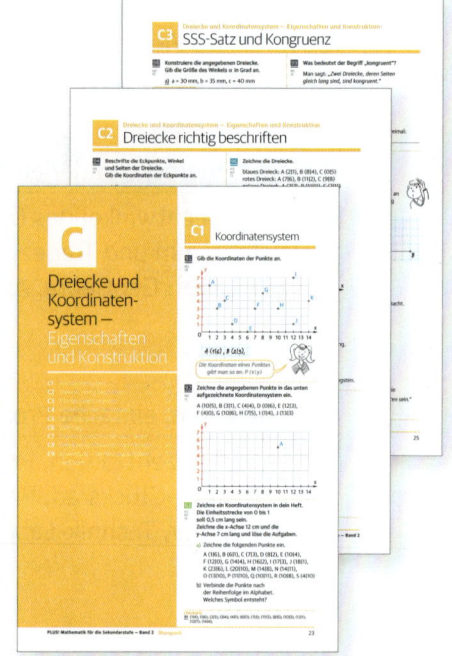

... weiterüben im Übungsteil

Hier kannst du selbstständig weiterüben. Lösungen helfen dir bei der Kontrolle, besonders wichtige Aufgaben werden Schritt für Schritt erklärt.

Tipps

Die Kinder aus der PLUS!-Klasse helfen dir beim Lösen der Aufgaben.

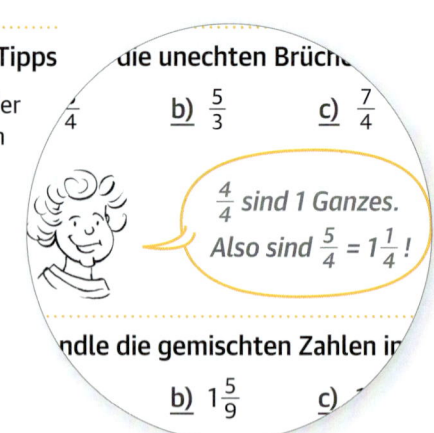

Erklärvideos

unterstützen dich beim Selbstlernen und Üben. Du kannst Sie über eine App oder die Helbling Lernplattform e-Zone abrufen. Mehr dazu auf der Innenseite des Buchumschlags.

78 Zerlege die angege

H2
I1

a) 30

b) 44

c) 14

d)

e)

f)

79 Finde den Fehler!

H2
I1

Kreuze zuerst an.
Dann löse die

186 KNOBELAUFGABE
H4 I3

Genügt es bei der Konstruk[tion]
nur zwei Winkelsymmetrale[n]

Begründe deine Antwort m[it]

Forsche weiter

Falls dich das Thema einer
Aufgabenstellung besonders
interessiert, kannst du
hier weiterforschen.

632 FORSCHE WEITER
H3 I3

Prismen im Alltag

Finde Beispiele von
Prismen in deiner
Umwelt oder im Interne[t]

*Nimm Fotos von de[n]
Prismen mit, wen[n]*

Knobelaufgaben

Hier musst du oft länger
probieren, bis du einen
(oder mehrere) Lösungswege
gefunden hast.

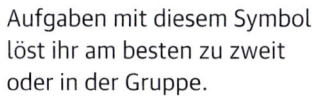

Partnerarbeit

Aufgaben mit diesem Symbol
löst ihr am besten zu zweit
oder in der Gruppe.

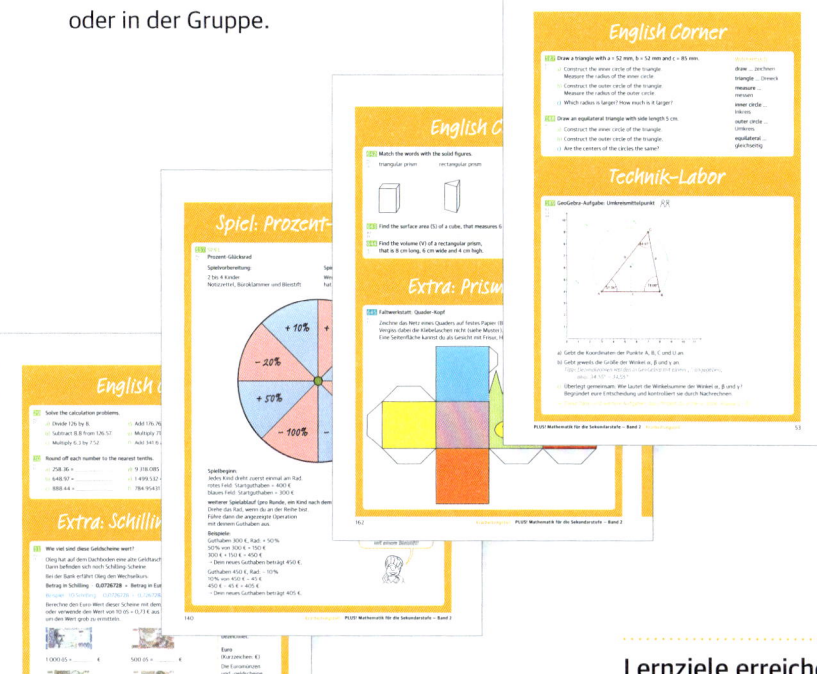

Extra-Seiten

English Corner, Technik-Labor und
Seiten rund um die Welt der Mathematik
bringen Abwechslung ins Lernen.

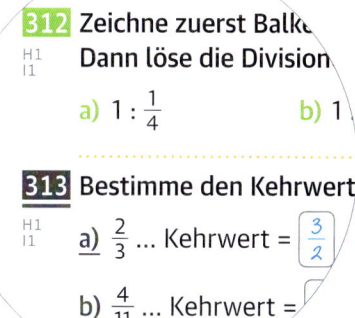

312 Zeichne zuerst Balke[n]
H1 I1
Dann löse die Division[en]

a) $1 : \frac{1}{4}$ b) 1

313 Bestimme den Kehrwert
H1 I1

a) $\frac{2}{3}$ ... Kehrwert = $\frac{3}{2}$

b) $\frac{4}{11}$ ... Kehrwert =

Lernziele erreichen

Die Unterstreichungen
zeigen dir, welche Aufgaben
du unbedingt machen solltest,
um dein Lernziel zu erreichen.

Checkpoint

Jedes Kapitel endet mit einem
Selbsttest. Er zeigt dir, was du
jetzt können solltest und hilft dir,
selbst zu entscheiden, ob du
noch etwas üben solltest.

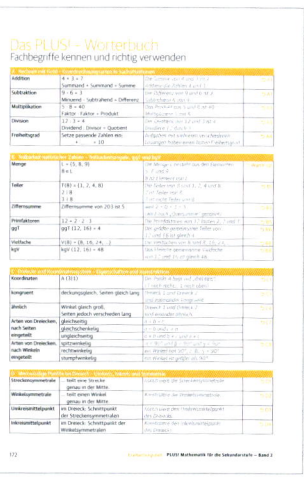

Wörterbuch

Im PLUS!-Wörterbuch
findest du alle Fachbegriffe,
die du am Ende dieses Jahres
kennen (und anwenden
können) solltest.

Kompetent mit *PLUS!*

Kompetenzen nach den österreichischen Bildungsstandards Mathematik (5.–8. Schulstufe)

Kompetent ist man, wenn man sein Wissen und sein Können in verschiedenen Situationen einsetzen kann. Mathematische Kompetenzen beschreiben mathematische **Handlungen**, die sich auf mathematische **Inhalte** beziehen und die unterschiedlich **komplex** sein können.

Mathematische **Handlungen** sind jene Tätigkeiten, die du brauchst, um mathematische Aufgaben zu lösen. Sie lassen sich in vier Bereiche einteilen.

> H1: Darstellen, Modellbilden
> H2: Rechnen, Operieren
> H3: Interpretieren
> H4: Argumentieren, Begründen

Die mathematischen **Inhalte** stehen im Lehrplan. Sie werden in vier Inhaltsbereiche zusammengefasst.

> I1: Zahlen und Maße
> I2: Variable, funktionale Abhängigkeiten
> I3: Geometrische Figuren und Körper
> I4: Statistische Darstellungen und Kenngrößen

Aufgaben auf **Komplexitätsstufe** 1 lassen sich mit einfachen Verfahren lösen, auf Stufe 2 musst du mehrere Arbeitsschritte verbinden, und auf Stufe 3 musst du erst über einen möglichen Lösungsweg nachdenken.

> K1: Einsetzen von Grundkenntnissen und -fertigkeiten
> K2: Herstellen von Verbindungen
> K3: Einsetzen von Reflexionswissen, Reflektieren

Beispiel 1

349 Berechne jeweils den Wert von x.

H2
I2

a) $x + 2 = 10$ c) $3 + x = 5$ e) $x + 127 = 300$

b) $x + 7 = 12$ d) $8 + x = 9$ f) $x + 516 = 922$

I2: Variable, funktionale Abhängigkeiten: Für diese Aufgabe musst du dich mit Variablen auskennen.

H2: Rechnen und Operieren: Du wendest die Äquivalenzumformung an.

K1: Einsetzen von Grundkenntnissen und -fertigkeiten:
Wenn du die Äquivalenzumformung ausführen kannst, bist du schon am Ziel.

Beispiel 2

617 Die Tabelle zeigt eine Umfrage in der 2a-Klasse über ihre beliebtesten Jahreszeiten.

H1
H2
I4

Frühling	Sommer	Herbst	Winter
3	15	2	5

Berechne die relativen Häufigkeiten und erstelle zur oben abgebildeten Tabelle ein Kreisdiagramm.

I4: Statistische Darstellungen und Kenngrößen:
Es geht um relative Häufigkeiten und Kreisdiagramme.

H1: Darstellen, Modellbilden: Du musst ein Kreisdiagramm erstellen.

K2: Herstellen von Verbindungen: Du musst die relativen Häufigkeiten zuerst berechnen, bevor du das Kreisdiagramm erstellen kannst.

Rechnen mit Geld
Grundrechnungsarten in Sachsituationen

1 Schaut euch den Comic
mit Leon und seinem Vater an.
Dann löst die Aufgaben.

H1
H2
H3
H4
I1

a) Warum lächelt Leon im letzten Bild?

b) Warum wünscht sich Leon für den nächsten Tag noch größere Zahlen?

c) Löst die Aufgabe: 13,20 € + 10,90 € = ?

d) Leon will die Rechnung mit Geld nachlegen.
Rechnungen mit Legematerial nachlegen hat Vorteile,
aber auch Nachteile.
Versucht Vor- und Nachteile zu finden.
*Tipp: Denkt an Rechensicherheit, Einfachheit der Lösung,
kleine und große Zahlen, …*

e) Ändert die Rechnung aus dem Comic so um, dass Leon
von seinem Vater noch mal 10 Euro zum Nachlegen benötigt.
Löst die Aufgabe.

f) Findet zu e) zwei weitere Lösungen.
Vergleicht eure Ergebnisse mit anderen.

Warm-up

Zeig, was du bereits kannst.

Euro und Cent — Dezimalschreibweise

2
H2
I1

Schreibe die Geldbeträge in Euro und Cent an.

3,90 € = _3 € 90 c_   15,10 € = _____   99,99 € = _____   0,20 € = _____

3
H2
I1

Schreibe die Beträge in Euro an.

610 c = _6,10 €_   215 c = _____   1 € 15 c = _____   42 € 10 c = _____

49 c = _____   105 c = _____   6 € 2 c = _____   90 € 1 c = _____

Runden und Überschlagen

4
H2
I1

Runde auf ganze Hunderter.

6 218 ≈ _6 200_   215 296 ≈ _____

15 548 ≈ _____   1 521 852 ≈ _____

5
H2
I1

Löse die Aufgaben im Kopf.

8 000 + 4 000 = _____   400 · 9 = _____

32 000 + 25 000 = _____   5 000 · 7 = _____

15 000 − 6 000 = _____   4 000 : 2 = _____

80 000 − 13 000 = _____   35 000 : 5 = _____

200 · 80 = _____   1 600 : 40 = _____

3 000 · 60 = _____   5 400 : 90 = _____

6
H2
I1

Runde die Zahlen zuerst sinnvoll.
Dann rechne einen Überschlag.

1 582 + 367 ≈ _1 600 + 400_ = _____   4 985 · 3 ≈ _____ = _____

2 756 − 513 ≈ _____ = _____   8 107 : 4 ≈ _____ = _____

615 + 979 ≈ _____ = _____   21 619 · 7 ≈ _____ = _____

Rechnen mit natürlichen Zahlen — Grundrechnungsarten

7
H2
I1

Löse die Additionen und Subtraktionen in deinem Heft.

a) 4 812 + 875   b) 15 904 + 285 942   c) 8 102 − 957   d) 764 213 − 105 914

3 955 + 1 208   645 258 + 291 025   4 087 − 2 309   580 600 − 95 928

8
H2
I1

Löse die Multiplikationen und Divisionen in deinem Heft.

a) 2 628 · 4   b) 3 518 · 23   c) 1 524 : 6   d) 3 696 : 24

18 403 · 7   7 032 · 69   8 442 : 3   113 791 : 53

A1 Addition und Subtraktion

9 Berechne die Summe.

215,23 €	385,99 €	602,37 €
+ 804,66 €	+ 54,75 €	+ 1482,53 €

10 Addiere die Geldbeträge.

a) 2 517,20 € und 4 960,10 €

b) 9 014,59 € und 488,29 €

c) 58 216,95 €, 72 410,42 € und 3 844,75 €

d) 45,60 €, 321,70 € und 94,15 €

e) 17 121,63 €, 8 533,21 € und 999,99 €

Schreibe immer Komma unter Komma!

11 Berechne die Differenz.

824,62 €	902,80 €	2483,05 €
– 157,15 €	– 65,19 €	– 1855,30 €

12 Subtrahiere die Geldbeträge.

a) 5 288,15 € – 2 500,60 €

b) 3 092,56 € – 483,79 €

c) 125 369,10 € – 18 419,50 €

d) 602 247 € – 362 904,63 €

13 Berechne zu jedem Zahlenpaar die Summe und die Differenz. Rechne jeweils einen Überschlag als Probe.

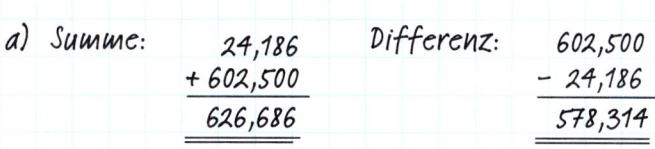

a) Summe:

24,186
+ 602,500
626,686

Ü: 20 + 600 = 620 ✓

Differenz:

602,500
– 24,186
578,314

Ü: 600 – 20 = 580 ✓

a) 24,186 und 602,5

b) 85,2 und 122,06

c) 7 215,02 und 4 896,85

d) 1,8 und 0,525

e) 13,22 und 8,0801

f) 4,05 und 2,7

14 Herr Neumann hat 255,56 € in seiner Geldtasche. Er gibt die Beträge 45,90 €, 129,99 € und 58,48 € aus. Schließlich hebt er noch einmal 150 € von der Bank ab.

Wie viel Euro hat Herr Neumann nun in seiner Geldtasche?

15 KNOBELAUFGABE

Finde die Zahl!

Welche Zahl muss man von 215,92 subtrahieren, um 109,4 zu erhalten?

Lernziel

⇒ Additionen und Subtraktionen mit Dezimalzahlen sicher lösen können

Wissen

Fachbegriffe Addition

Summand	86,45
+ Summand	+ 234,67
Summe	321,12

Fachbegriffe Subtraktion

Minuend	343,22
– Subtrahend	– 119,46
Differenz	223,76

Tipp

Komma unter Komma!

34,3	82,50
+ 23,78	– 41,29
58,08	41,21

Schreibe die Stellenwerte klar und sauber untereinander!

Dann werden deine Rechnungen nicht nur schöner, sondern auch einfacher!

→ Übungsteil, S. 5

Textaufgaben lösen

16 Löse die Aufgaben mit Hilfe des Prospekts von Miriams Musikladen.
H1
H2
H3
I1

Miriams Musikladen — Schulbeginn-AKTION!

Blockflöten:

Holz: **39,90 €** statt 46,90 €

Holz/Kunststoff: **19,95 €** statt 25,90 €

Kunststoff: **9,50 €** statt 14,95 €

Notenständer:

Metall: **24,90 €** statt 29,95 €

Holz: **39,90 €** statt 48,50 €

Jakob: „Ich kaufe die günstigste Blockflöte und den günstigsten Notenständer."

Tina: „Ich kaufe eine Blockflöte aus Holz/Kunststoff und einen Notenständer aus Holz."

Stefan: „Ich kaufe eine Holzblockflöte, eine Kunststoffblockflöte und einen Notenständer aus Metall."

Schreibe deine Antworten vollständig und in ganzen Sätzen!

a) Wie viel Euro muss Jakob bezahlen?

b) Wie viel Euro bezahlt Stefan?

c) Tina bezahlt mit einem 100-Euro-Schein. Berechne das Rückgeld.

d) Um wie viel ist der Notenständer aus Holz in der Aktion billiger?

e) Wie viel Geld spart Jakob durch die Aktion?

f) Wie viel Geld spart Stefan durch die Aktion?

g) Andrea kauft ein Notenheft und eine Holzblockflöte um 54,80 €. Wie viel kostet das Notenheft?

h) Georg bezahlt 44,85 €. Was könnte er gekauft haben? Beschreibe, wie du die Lösung gefunden hast.

17 Beim letzten Konzert hat die Band „Break" 12 000 € verdient.
Von dem Geld kauft die Band einen neuen Verstärker um 1 467,90 €
und eine neue E-Gitarre um 8 265,50 €.
H1
H2
I1

Wie viel Geld bleibt der Band nach dem Kauf noch?

18 Familie Kurtagic kauft ein Klavier um 16 258,90 €.
Hinzu kommen Transportkosten in der Höhe von 295 €.
H1
I1

Finde eine Frage zum Text und löse die Aufgabe.

→ Übungsteil, S. 6

Lernziel

⇒ Textaufgaben mit Hilfe von Grundrechnungsarten lösen können

Wissen

Textaufgaben lösen – so geht's

1) **Lesen und Verstehen**
Beginne erst zu rechnen, wenn du die Aufgabe mit eigenen Worten beschreiben kannst!

2) **Rechnen**
Arbeite konzentriert und kontrolliere deine Rechnungen.

3) **Antwort**
Lies die Frage am Ende noch einmal. Beantworte sie mit einem ganzen Satz.

Interessant

Musikschule

Instrumente, Tanz und Gesang kann man in einer Musikschule lernen.

Meist besucht man die Schule einmal in der Woche.

Je mehr man übt, desto schneller lernt man auch!

A3 Multiplikation

19 Berechne das Produkt.

H2
I1

15,49 € · 4   9,27 € · 8   125,95 € · 6

20 Multipliziere die Geldbeträge.
Rechne einen Überschlag als Probe.

H2
I1

$$\frac{59,25 \cdot 6}{355,50\ €}$$ Ü: $60\ € \cdot 6 = 360\ €$ ✓

a) 59,25 € · 6   d) 294,12 € · 2   g) 1 258,15 € · 34

b) 37,18 € · 3   e) 604,72 € · 9   h) 6 970,16 € · 92

c) 1,90 € · 7   f) 385,47 € · 8   i) 4 089,27 € · 67

21 KNOBELAUFGABE

H2
H4
I1

Finde die fehlenden Faktoren durch Überschlagen!

Es fehlen nur
natürliche
Zahlen!

a) 19,90 € · _____ = 39,80 €

b) 31,25 € · _____ = 125,00 €

c) 76,38 € · _____ = 229,14 €

d) 52,08 € · _____ = 520,80 €

e) Wie hast du die Aufgaben gelöst?
Welche Aufgaben waren leichter, welche waren schwieriger?
Besprich deine Überlegungen mit anderen.

22 Multipliziere die Dezimalzahlen.

H2
I1

a) 24,5 · 4,2   b) 19,052 · 0,6   c) 2 169,162 · 5,5

18,2 · 6,5   605,8 · 0,04   518,52 · 0,39

3,125 · 9,1   2,15 · 0,07   72 863,01 · 0,015

23 Hier wurden die Kommas falsch gesetzt!

H2
I1

Stelle die Rechnungen richtig und schreibe sie in dein Heft.

a) 41,3 · 5,62 = 23,2106   c) 421,52 · 8 = 33721,6

b) 9,73 · 7,14 = 6,94722   d) 306,6 · 70,9 = 2173,794

24 Finde Rechnungen zu den Angaben und löse sie.

H1
H2
I1

a) Berechne das Produkt aus 5 und der um 0,4 kleineren Zahl.

b) Multipliziere 1,4 mit ihrem doppelten Wert.

c) Berechne das Dreifache von 7 815,092.

d) Finde eine Multiplikation, deren Produkt größer als 10 ist.
Das Produkt soll genau drei Dezimalstellen haben.
Beide Faktoren müssen Dezimalzahlen sein.

Lernziel

⇒ Multiplikationen
mit Dezimalzahlen
sicher lösen können

Wissen

**Fachbegriffe
Multiplikation**

Faktor · Faktor
Produkt

**Multiplikation von
Dezimalzahlen**

Das Produkt hat so viele
Dezimalstellen wie
die beiden Faktoren
zusammen.

$$\overset{2}{6,21} \cdot \overset{1}{0,5}$$
$$\underset{3}{3,105}$$

$$\overset{2}{2,32} \cdot 4$$
$$\underset{2}{9,28}$$

Interessant

Verblüffendes Ergebnis

Bei der Multiplikation
natürlicher Zahlen
größer 1 ist das Ergebnis
immer größer als die
beiden Faktoren.

Bei Dezimalzahlen
kann das Produkt aber
auch kleiner als die
Faktoren sein.

Beispiel 1:

14 · 0,5 = 7 < 14

Beispiel 2:

0,1 · 0,1 = 0,01 < 0,1

→ Übungsteil, S. 7

→ Cyber Homework 1

Rechnen mit Geld – Grundrechnungsarten in Sachsituationen
Textaufgaben erfinden

25 Vervollständige die Sätze und schreibe sie in dein Heft.
H1
H2 Dann erfinde Aufgaben zu den Sätzen und löse sie.
I1 Verwende Zahlen aus dem „Billy billig"-Prospekt.

Lager-Verkauf
bei
BILLY BILLIG

Hosen	
Stoffhose:	29.90€
Jeans:	49.50€
Lederhose:	139.90€

T-Shirts	
einfärbig:	9.90€
mit Aufdruck:	14.90€
mit Aufnäher:	19.95€

Kleider, Röcke	
Minirock:	29.90€
Rock:	39.50€
Kleid:	44.95€

a) Mesut kauft drei …

b) Natascha kauft zwei …

c) Felix kauft zwei … und vier …

d) Marie kauft drei … und drei …

e) Ein Fußballverein kauft …

f) Eine Tanzgruppe kauft …

g) Eine Feuerwehr kauft …

Lass deiner Fantasie freien Lauf!

26 Erfinde jeweils eine Textaufgabe zum Lager-Verkauf von „Billy billig", …
H1
I1
a) … bei der man addieren muss.

b) … bei der man subtrahieren muss.

c) … bei der man multiplizieren muss.

d) … bei der man addieren, subtrahieren und multiplizieren muss.

27 Erfindet jeweils eine Textaufgabe zur Antwort. 👥
H1 Ihr dürft Produkte und Preise selbst frei erfinden.
I1
a) „Mimi bekommt 20,10 € zurück."

b) „Das kostet 119,70 €."

c) „Peters Einkauf kostet um 120,20 € mehr als Mariannes Einkauf."

d) „Es ist um 5,05 € teurer."

e) „Hanna bleiben noch 35,30 € übrig."

28 KNOBELAUFGABE 👥
H1
I1 **Was wäre gewesen, wenn …**

Wäre die Aufgabe leichter oder schwerer,
wenn beim Lösen der vorigen Aufgabe nur Preise
aus dem „Billy billig"-Prospekt verwendet werden dürfen?
Begründet eure Entscheidung.

Lernziel

⇒ Textaufgaben selbst erfinden können

Wissen

Freiheitsgrad einer Aufgabe

Kann man beim Lösen einer Aufgabe keine Entscheidungen treffen, ist der **Freiheitsgrad** der Aufgabe **klein**. Diese Aufgaben besitzen **meist nur eine Lösung**.

Beispiel:

„3 + 4 = _____"

Wenn man vieles selbst bestimmen darf, ist der **Freiheitsgrad groß**. Bei solchen Aufgaben sind **meist viele verschiedene Lösungen** möglich.

Beispiel:

„Denke dir eine Rechnung mit der Lösung 48 aus."

Tipp

Einfach ist sicher …

Wenn du beim Rechnen noch nicht ganz sicher bist, dann erfinde Textaufgaben, die so einfach wie möglich zu rechnen sind.

… aber verrückte Zahlen machen Spaß!

Wenn du hingegen schon gut rechnen kannst, dann trau dich ruhig, schwierige Aufgaben zu erfinden.

→ Übungsteil, S. 8

English Corner

29 Solve the calculation problems.

a) Divide 126 by 8.

b) Subtract 8.8 from 126.57.

c) Multiply 6.3 by 7.52.

d) Add 176.76 and 231.82.

e) Multiply 71.22 by 56.7.

f) Add 341.6 and 89.35 to 972.63.

30 Round off each number to the nearest tenths.

a) 258.36 ≈ _____

b) 648.97 ≈ _____

c) 888.44 ≈ _____

d) 9 318.085 ≈ _____

e) 1 499.532 ≈ _____

f) 784.95431 ≈ _____

Wörterbuch

solve ... lösen

add/subtract ... addieren/subtrahieren

multiply/divide ... multiplizieren/ dividieren

round off ... runden

nearest ... näheste(n)

tenths ... Zehntel

Extra: Schilling und Euro

31 Wie viel sind diese Geldscheine wert?

Oleg hat auf dem Dachboden eine alte Geldtasche gefunden. Darin befinden sich noch Schilling-Scheine.

Bei der Bank erfährt Oleg den Wechselkurs:

Betrag in Schilling · 0,0726728 = Betrag in Euro

Beispiel: 10 Schilling · 0,0726728 = 0,726728 € ≈ 73 Cent

Berechne den Euro-Wert dieser Scheine mit dem Taschenrechner oder verwende den Wert von 10 öS ≈ 0,73 € aus dem Beispiel, um den Wert grob zu ermitteln.

1 000 öS ≈ _____ €

500 öS ≈ _____ €

100 öS ≈ _____ €

20 öS ≈ _____ €

32 FORSCHE WEITER

D-Mark, Lire und Co.

Finde heraus, welche Länder der Europäischen Union den Euro heute als Zahlungsmittel besitzen. Gib die Namen der alten Währungen der jeweiligen Länder an.

Österreichischer Schilling

(Kurzzeichen: öS)

Der Schilling war von 1925 bis Dezember 2001 das Zahlungsmittel in Österreich. Die kleinere Einheit des Schillings wurde als Groschen (1 öS = 100 g) bezeichnet.

Euro

(Kurzzeichen: €)

Die Euromünzen und -geldscheine ersetzten ab Jänner 2002 den Schilling als Zahlungsmittel.

Bei der Österreichischen Nationalbank kann man Schillinge noch heute in Euro umtauschen.

A5 Division

33 Dividiere die Geldbeträge.
H2
I1 **Rechne eine Multiplikation (Überschlag) als Probe.**

$$\overline{22{,}74} : 3 = \underline{7{,}58\ €} \qquad Ü:$$
$$17 \qquad\qquad\qquad 8\ € \cdot 3 = \underline{24\ €}\ ✓$$
$$\quad 24$$
$$\qquad 0\ \text{Rest}$$

a) 22,74 € : 3   d) 3 256,24 € : 4   g) 628,08 € : 24

b) 165,20 € : 7   e) 7 252,14 € : 6   h) 5 567,15 € : 47

c) 637,84 € : 8   f) 9 887,36 € : 4   i) 1 287,44 € : 28

34 Teile die angegebenen Beträge zu gleichen Teilen auf.
H1
H2 *Hinweis: Gib die Ergebnisse in Euro und Cent an.*
I1

a) Drei Frauen teilen sich 100 €.
   Wie viel erhält jede?

b) Eine Wettgemeinschaft hat 12 866 € gewonnen.
   Wie viel Geld bekommt jeder der neun Wettenden?

c) Fünf Frauen gewinnen 7 219 € bei einem Preisausschreiben.
   Berechne, wie viel Euro jede der Frauen erhält.

d) Ein Kirchenchor füllt gemeinsam einen Lottoschein aus
   und gewinnt 2 719 504 €.
   Wie viel bekommt jedes der 52 Mitglieder?

35 Berechne den Quotienten auf zwei Kommastellen genau.
H2
I1 a) 588,91 : 4,7

b) 705,41 : 2,3

c) 8 212,02 : 8,3

d) 307,867 : 0,61

e) 570,4 : 0,92

f) 2,9348 : 0,046

g) 5,536 : 0,34

h) 66,3 : 0,46

Bei der Division durch Dezimalzahlen musst du zuerst erweitern!

Statt
588,91 : 4,7
· 10 *rechne ich* · 10
5 889,1 : 47

36 Setzt <, > oder = ein.
H2
I1 Seht euch die Rechnungen an und schätzt die Ergebnisse ab.
   Dann besprecht, wie ihr die Lösungen gefunden habt.

a) 50 : 8 ◯ 10   e) 0,8 : 3 ◯ 1

b) 0,6 : 4 ◯ 1,2   f) 0,5 : 0,2 ◯ 0,5

c) 12 : 0,1 ◯ 12   g) 36 : 0,9 ◯ 36

d) 8,9 : 3 ◯ 10   h) 10 : 0,1 ◯ 1

→ Übungsteil, S. 9

Lernziel

⇒ Divisionen mit Dezimalzahlen sicher lösen können

Wissen

Fachbegriffe Division

Dividend : Divisor = Quotient
7,5 : 2,5 = 3

Division von/durch Dezimalzahlen

1. **Erweitern**
   Erweitere Dividend und Divisor mit dem gleichen Faktor, bis der Divisor keine Dezimalzahl mehr ist.

   Beispiel:
   18 : 0,6 = ?
   → erweitert: 180 : 6 = <u>30</u>

2. **Komma setzen**
   Die Stellenwertbestimmung hilft dir, das Komma richtig zu setzen.

3. **Wenn immer ein Rest bleibt ...**
   Manche Divisionen gehen sich nie auf 0 Rest aus.

   Beispiel:
   2 : 3 = 0,666666...

   Überlege dir also, auf wie viele Dezimalstellen genau dein Ergebnis dargestellt werden soll.

A6 Vorrangregeln

37 Löse die Aufgaben in deinem Heft.
Beachte dabei die Vorrangregeln.

a) $6{,}5 + 2{,}1 \cdot 3$

b) $10 - 0{,}8 \cdot 2$

c) $4 : 2 + 6{,}4$

d) $9{,}6 - 4{,}3 + 0{,}7$

e) $15 + 13 : 2 - 2{,}5$

f) $2{,}9 + 3{,}1 \cdot 10 - 0{,}3$

g) $12{,}3 - 0{,}81 \cdot (7{,}6 + 2{,}4)$

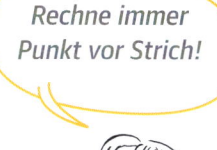

$6{,}5 \ + \ \underline{2{,}1 \cdot 3}$
$\qquad 6{,}3$

$6{,}5 \ + \ 6{,}3 = \underline{12{,}8}$

> Rechne immer Punkt vor Strich!

38 Löse die Aufgaben in deinem Heft.
Führe Nebenrechnungen aus, wenn es dir hilft.

$415{,}3 \cdot \underline{(5{,}2 - 4{,}7)}$
$\qquad\quad 0{,}5$

NR:
$\quad 415{,}3 \cdot 0{,}5$
$\quad \overline{207{,}65}$

$415{,}3 \cdot 0{,}5 = \underline{207{,}65}$

> Klammern haben immer Vorrang!

a) $415{,}3 \cdot (5{,}2 - 4{,}7)$

b) $(23{,}6 + 18{,}9) : 2$

c) $318{,}05 \cdot 7{,}2 - (804{,}3 - 94{,}25)$

d) $(9{,}632 - 2{,}7) : (2{,}8 + 2{,}2)$

e) $16{,}55 + 5{,}9 \cdot (1 - 0{,}75) - 18{,}6 : 4$

f) $(904{,}3 + 251{,}16) : 0{,}8 - (62{,}8 \cdot 34 - 1\,418{,}5)$

g) $(9{,}75 + 6{,}25 : 0{,}25) - 18{,}7 \cdot 0{,}5$

h) $67{,}8 - 23{,}4 - 1{,}7 \cdot 5{,}8 + (3{,}45 - 0{,}87)$

39 Welche Rechnung passt?

Kreuze die jeweils passende Rechnung an.
Dann löse die Aufgabe in deinem Heft.

a) Driton kauft Bananen um 3,70 € und Äpfel um 4,20 €.
Er bezahlt mit einem 20-Euro-Schein.
Berechne das Rückgeld.

☐ $20 - 3{,}7 + 4{,}2$ ☐ $20 - (3{,}7 + 4{,}2)$ ☐ $(20 - 3{,}7) + 4{,}2$

b) Keyla kauft sieben Hefte um je 1,39 €.
Zu jedem Heft kauft sie einen Einband um 0,49 €.
Wie viel kostet das?

☐ $(1{,}39 + 0{,}49) \cdot 7$ ☐ $1{,}39 \cdot 7 + 0{,}49$ ☐ $1{,}39 + 7 \cdot 0{,}49$

c) Vier Freundinnen kaufen gemeinsam ein Boot um 6 190 €.
Dazu kaufen sie einen Bootsmotor um 1 495,90 €.
Wie viel bezahlt jede, wenn sie die Kosten gerecht aufteilen?

☐ $6\,190 + 1\,495{,}9 : 4$ ☐ $(6\,190 + 1\,495{,}9) : 4$

→ Übungsteil, S. 10

Lernziel

⇒ die Vorrangregeln beim Rechnen mit Dezimalzahlen kennen und richtig anwenden können

Wissen

Vorrangregeln

1) **Klammern zuerst**
Kommen in einer Rechnung Klammern vor, so werden die Ausdrücke in der Klammer zuerst gerechnet.

Beispiel:

$(4 + 3) \cdot 2 =$
$\quad 7 \quad \cdot 2 = \underline{14}$

2) **Punkt vor Strich**
Multiplikationen und Divisionen haben Vorrang vor Additionen und Subtraktionen.

Beispiel:

$4 + 3 \cdot 2 =$
$4 + \quad 6 \quad = \underline{10}$

3) **von links nach rechts**
Grundsätzlich werden Aufgaben von links nach rechts gelöst:

Beispiel:

$10 - 6 - 1 =$
$\quad 4 \quad - 1 = \underline{3}$

Extra: Geburtstagsparty

40 **Tanja plant eine Geburtstagsparty**

H1
H2
H3
H4
I1

Tanja darf zu ihrem 12. Geburtstag eine Party veranstalten.
Ihre Eltern wollen aber, dass für Dekoration, Essen und
Getränke nicht mehr als 100 € ausgegeben werden.

Um ihre Geburtstagsparty besser planen zu können,
hat Tanja ihre Ideen auf kleine Zettel geschrieben.

<u>Gäste</u>

unbedingt einladen: Lisa, Hanna, Selina, Nikita	vielleicht einladen: Tessa, Branka, Andrea	sicher nicht: Lupo, Chris (die Nervensäge)

<u>Essen & Trinken</u>

Pizza vom Pizza-Lieferdienst 1 große Pizza: 8,90 €	Pizza selbst backen (Fertigpizza) Doppelpackung: 5,20 €	Chips 1,90 € pro Packung
Geburtstagstorte mit Kerzen: 11,50 €	Muffins 5-Stück-Packung: 6,90 €	
Limonade 1,5-Liter-Flasche: 1,90 €	Himbeersaft: 2,20 € (reicht für 6 Liter Saft)	

<u>Dekoration</u>

Luftballons 15 Stück um 3,90 €	Lampions 3 Stück um 6,90 €	Spruchband „Happy Birthday": 3,90 €

a) Entscheide, welche Kinder du einladen würdest.
Schreibe eine Einkaufsliste für die Party.
Hinweis: Achte darauf, dass du nicht mehr als 100 € ausgeben darfst!

b) Stelle deine Entscheidungen und deinen Rechenweg
aus Aufgabe a) vollständig in deinem Heft dar.

c) Vergleiche deine Partyplanung mit anderen Kindern.
Sind ihnen die gleichen Dinge wichtig wie dir?
Sprecht darüber in der Klasse.

d) Sie dir Toms Tipp rechts an.
Was meint Tom mit seiner Aussage?
Begründe anhand von Beispielen.

e) **FORSCHE WEITER**
Denke dir selbst eine interessante Party-Aufgabe aus.
Du kannst dafür gerne Tanjas Notizzettel verwenden
oder auch einige Dinge nach deinem eigenen Geschmack
abändern bzw. hinzufügen.

Bei dieser Aufgabe kannst du den Schwierigkeitsgrad selbst regeln!

Anwendung — Im Alltag

41 Sieh dir das Angebot an und löse die Aufgaben dazu.

H1
H2
H3
I1

a) Luise kauft ein Kilogramm Äpfel. Sie bezahlt mit einem 10-Euro-Schein. Berechne das Rückgeld.

SONDERANGEBOT DER WOCHE:
Äpfel pro kg um NUR 1,80 €
(Solange der Vorrat reicht!)

b) Wie viel kostet $\frac{1}{2}$ kg Äpfel?

c) Wie viel bezahlt Hanna für 2,8 kg Äpfel?

d) Peter bezahlt 9 € für seine Äpfel. Wie viel Kilogramm Äpfel hat er gekauft?

e) Wie viel Kilogramm Äpfel kann Sigrid für 2,70 € kaufen?

f) Wie viel muss Joshua für eine Banane und 2 kg Äpfel bezahlen?

g) FORSCHE WEITER
Was bedeutet der Satz „Solange der Vorrat reicht!"? Besprecht eure Überlegungen dazu in der Klasse.

42 Hilf der Malerin abzuschätzen, wie viel Farbe sie braucht.
Pro Quadratmeter Fläche werden 0,15 Liter Farbe benötigt.

H1
H2
I1

Tipp: Berechnung für 30 m² Wandfläche: 30 · 0,15 = 4,5 Liter Farbe

a) Wie viel Liter Farbe braucht man für 40 m² Fläche?

b) Wie viel Liter Farbe braucht man für 110 m² Fläche?

c) In einem Eimer Farbe befinden sich 15 Liter. Wie viele Eimer braucht man zum Streichen einer Wohnung mit 470 m² Wandfläche?

d) Milena ist 38 Jahre alt. Sie streicht ihre Wohnung mit 4 Zimmern neu. Wie viel Liter Farbe braucht sie?

e) Frau Wimmer kauft vier Eimer Farbe und bezahlt 147,96 €. Wie viel kostet ein Eimer Farbe?

43 Autos verbrauchen immer weniger Benzin!

H1
H2
I1

Das schont die Umwelt und spart den Autofahrer/innen Geld. Berechne, wie viel Benzin die angegebenen Autos auf einer Strecke von 18 500 km verbrauchen (durchschnittlicher Wert für ein Jahr).

a) typisches Auto 2015: 6,2 Liter pro 100 km

b) Beschreibe, wie du Aufgabe a) gelöst hast. Vergleiche deinen Rechenweg mit anderen.

c) sparsames Auto 2015: 4,1 Liter pro 100 km

d) typisches Auto 1995: 9,8 Liter pro 100 km

e) sparsames Auto 1995: 6,7 Liter pro 100 km

f) Frau Huber ist letztes Jahr 22 500 km gefahren. Ihr Auto verbraucht 6,9 Liter pro 100 km. Wie viel Geld hat sie für den Treibstoff bezahlt?
Hinweis: Rechne mit 1,40 € pro Liter!

Lernziel

⇒ Sachaufgaben mit Dezimalzahlen sicher lösen können

Wissen

Unlösbare Aufgaben

Manche Aufgaben kann man nicht lösen. Sie haben zu wenige Angaben.

Schreibe „Aufgabe nicht lösbar!" als Antwort.

Interessant

Beruf: Maler/in

Als Malerin bzw. Maler arbeitet man oft auf Baustellen mit anderen Handwerkerinnen und Handwerkern zusammen.

Maler/innen lernen in ihrer Ausbildung viel über Farben, Lacke sowie den Aufbau von Gerüsten. Außerdem benötigen sie ein gutes Grundverständnis im Rechnen mit Längen- und Flächenmaßen sowie im Lesen von Plänen.

→ Übungsteil, S. 11
→ Cyber Homework 2

Checkpoint

Löse die Aufgaben und kontrolliere deine Ergebnisse (Lösungen ab Seite 167).
Kreuze an, was du noch üben möchtest.

Rechnen mit Dezimalzahlen

44 Überschlage die Ergebnisse im Kopf.
H2
I1
a) 519,56 € + 247,22 € ≈ *500 € +* _____ = _____

b) 1 813,20 € − 892,95 € ≈ _____ = _____

c) 72,90 € · 6 ≈ _____ = _____ ↺ A1

d) 196,50 € : 5 ≈ _____ = _____ ↺ A3
  ↺ A5

45 Berechne die exakten Ergebnisse.
H2
I1 **Dann kontrolliere mit Hilfe eines passenden Überschlags.**

a) 632,15 € + 2 692,40 € + 706,20 €   c) 903,48 € · 26 ↺ A1

b) 7 000 € − 1 259,55 €   d) 449,75 € : 35 ↺ A3
  ↺ A5

46 Rechne im Heft.
H2
I1
a) 4,0042 + 15,75   c) 18,543 · 6,9   e) 1 816,92 : 8,4 ↺ A1

b) 5 829,6 − 1 255,06   d) 904,7 · 0,05   f) 398 : 0,14 ↺ A3
  ↺ A5

47 Finde die Fehler und kreuze an, was falsch gemacht wurde.
H2
I1 **Dann löse die Aufgaben richtig in deinem Heft.**

a)
```
   5124,8
 − 1452,02
   3632,78  f
```
☐ Kommafehler

☐ Rechenfehler

b)
```
 14,8 · 0,7
 103,6  f
```
☐ Kommafehler

☐ Rechenfehler

  ↺ A1
  ↺ A3

48 Löse die Aufgaben in deinem Heft.
H2
I1
a) 6,5 + 1,2 · 4   c) 13,44 : (7,9 − 5,8) − 1,4

b) 254,32 − (188,4 − 27,19)   d) (905,1 + 328,7) · (4,2 − 3,5 − 0,1) ↺ A6

Textaufgaben lösen und erfinden

49 Eine Bäckerei verkauft handgemachte Semmeln um 0,79 €
H1
I1 und maschinell gefertigte Semmeln um 0,39 €.

a) Wie viel Euro bezahlt Herr Hofer für sieben maschinell gefertigte Semmeln?

b) Frau Gerber kauft fünf handgemachte Semmeln.
Wie viel Geld erhält sie zurück, wenn sie mit einem 5-Euro-Schein bezahlt? ↺ A2
  ↺ A4
c) Erfinde eine Aufgabe zur folgenden Antwort: „*Marina bezahlt 7,06 €.*" ↺ A7

50 Sechs Freunde bilden eine Wettgemeinschaft und gewinnen zusammen 14 960 €.
H1
I1
a) Wie viel bekommt jeder der sechs Freunde, wenn sie gerecht teilen? ↺ A2
  ↺ A4
b) Erfinde selbst eine Textaufgabe, bei der du addieren und dividieren musst. ↺ A7

Inhalt

51 Schaut euch den Comic mit Tina und ihrer Gruppenleiterin an.
Dann löst die Aufgaben.

H1
H3
H4
I1

a) Worüber reden die beiden Personen?
Erzählt euch die Geschichte in eigenen Worten.

b) Wie viele Gummibärchen besitzt Tina?

c) Was ist eine Primzahl?

d) Ist 91 wirklich eine Primzahl?
Begründet eure Entscheidung.

e) Tinas Gruppe besteht aus insgesamt 11 Personen.
Findet eine Möglichkeit, Tinas Gummibärchen
gerecht auf alle Mitglieder der Gruppe aufzuteilen.
Begründet eure Vorgehensweise und
präsentiert euer Ergebnis in der Klasse.

f) **FORSCHE WEITER**
Schätzt ab, wie viele Gummibärchen in einer Packung sind.
Schreibt die Tipps auf und zählt dann nach.
Wer hat am besten geschätzt?

Warm-up

Zeig, was du bereits kannst.

Kopfrechnen — Malreihen und Teilen

52 Rechne im Kopf.

H2
I1

a) $2 \cdot 4 =$ _____ b) $2 \cdot 7 =$ _____ c) $10 \cdot 6 =$ _____ d) $5 \cdot 8 =$ _____

$3 \cdot 4 =$ _____ $3 \cdot 7 =$ _____ $9 \cdot 6 =$ _____ $6 \cdot 8 =$ _____

$4 \cdot 4 =$ _____ $4 \cdot 7 =$ _____ $8 \cdot 6 =$ _____ $7 \cdot 8 =$ _____

$5 \cdot 4 =$ _____ $5 \cdot 7 =$ _____ $7 \cdot 6 =$ _____ $8 \cdot 8 =$ _____

$6 \cdot 4 =$ _____ $6 \cdot 7 =$ _____ $6 \cdot 6 =$ _____ $9 \cdot 8 =$ _____

53 Bestimme Ergebnis und Rest der angegebenen Divisionen.

H2
I1

$16 : 3 =$ _5 R1_ $40 : 6 =$ _____ $15 : 8 =$ _____ $35 : 7 =$ _____

$20 : 3 =$ _____ $42 : 6 =$ _____ $56 : 8 =$ _____ $40 : 7 =$ _____

$12 : 3 =$ _____ $35 : 6 =$ _____ $50 : 8 =$ _____ $50 : 7 =$ _____

Mengenschreibweise

54 Sieh dir die abgebildete Menge M an.
Dann bearbeite die Aufgaben dazu.

H3
I1

$M = \{0, 5, 10, 15, 20, 25\}$

a) Kreuze an: Wie viele Elemente hat die Menge M?

☐ 5 ☐ 6 ☐ 25

b) Wie lautet das kleinste Element der Menge M? _____

c) Wie lautet das größte Element der Menge M? _____

d) Setze $\in$ (Element von) oder $\notin$ (nicht Element von) richtig ein.

12 $\notin$ M 30 ◯ M 55 ◯ M 7 ◯ M

10 ◯ M 0 ◯ M 14 ◯ M 1,5 ◯ M

29 ◯ M 15 ◯ M 63 ◯ M 20 ◯ M

55 Schreibe die Mengen in mathematischer Schreibweise an.
Denke daran, die Zahlen der Größe nach zu ordnen.

H1
I1

a) Die Menge U hat die Elemente 7, 3 und 8.

a) $U = \{3, 7, 8\}$

b) Die Menge P hat die Elemente 5, 6, 12, 9 und 16.

c) Die Menge W hat die Elemente 2, 0, 1, 4 und 3.

d) Die Menge T beinhaltet die Zahlen von 20 bis 23.

e) Die Menge N_u beinhaltet alle ungeraden natürlichen Zahlen.

f) Die Menge L beinhaltet alle Primzahlen, die kleiner als 10 sind.

g) Die Menge D beinhaltet alle geraden Zahlen von 10 bis 20.

Teilbarkeit, Primzahlen

56 Bestimme, ob die Zahlen Teiler sind oder nicht.

H1
H2
I1

a) Ist 7 ein Teiler von 126?

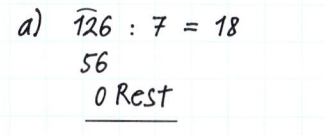

a) $\overline{126} : 7 = 18$
  56
  0 Rest

A : 7 ist Teiler von 126.

Wäre ein Rest geblieben, dann wäre 7 kein Teiler von 126!

b) Ist 6 ein Teiler von 222 ?

c) Ist 9 ein Teiler von 578 ?

d) Ist 4 ein Teiler von 805 ?

e) Ist 23 ein Teiler von 19 994 ?

f) Ist 58 ein Teiler von 81 722 ?

g) Ist 42 ein Teiler von 254 016 ?

h) Finde eine fünfstellige Zahl, die 67 als Teiler hat.

57 Setze | („ist Teiler von") oder ∤ („ist nicht Teiler von") richtig ein.

H3
I1

2 ∤ 13		8 ◯ 38		7 ◯ 28		4 ◯ 19	
5 ◯ 45		6 ◯ 52		3 ◯ 24		1 ◯ 12	
3 ◯ 26		9 ◯ 81		5 ◯ 5		2 ◯ 7	

58 Finde alle Primzahlen von 1 bis 30 und kreise sie ein.
Dann schreibe sie in dein Heft und lerne sie auswendig.

H1
I1

1	②	③	4	5	6	7	8	9	10
11	12	13	14	15	16	17	18	19	20
21	22	23	24	25	26	27	28	29	30

59 KNOBELAUFGABE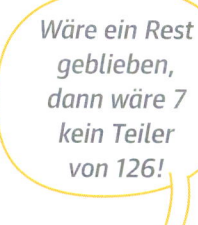

H1
H2
I1

Magisches Primzahlen-Quadrat

a) Berechnet die Zeilen- und Spaltensummen des abgebildeten Quadrats rechts.

Handelt es sich bei allen Summen um Primzahlen?

b) Könnt ihr die Zahlen von 1 bis 9 noch auf eine andere Art in den Kästen anordnen, sodass wieder alle Zeilen- und Spaltensummen Primzahlen ergeben? Beschreibt euren Lösungsweg.

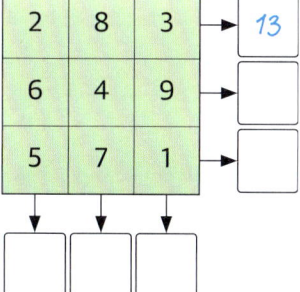

→ Übungsteil, S. 13

Lernziele

⇒ den Begriff „Teiler" und die Symbole für „teilt" und „teilt nicht" verwenden können

⇒ Eigenschaften von Primzahlen kennen und alle Primzahlen bis 30 auswendig können

Wissen

Teiler

Eine Zahl, die eine andere ohne Rest teilt, nennt man Teiler dieser Zahl.

Beispiele:

5 ist Teiler von 10.
Man schreibt: 5 | 10

3 ist nicht Teiler von 10.
Man schreibt: 3 ∤ 10

Primzahlen

Eine Primzahl kann nur durch 1 und durch sich selbst ohne Rest geteilt werden.

Beispiele:

3 ist eine Primzahl, da 3 nur 1 und 3 als Teiler hat.

4 ist keine Primzahl, da 2 auch ein Teiler von 4 ist.

Interessant

„2" ist die kleinste Primzahl

Weil die Zahl 1 nur einen Teiler hat, nämlich 1, gilt sie nicht als Primzahl.

Die Zahl 2 hat nur 1 und 2 als Teiler, daher ist sie eine Primzahl.

Teilbarkeitsregeln für 2, 5 und 10

60
H2 H4 I1
Sind die angegebenen Zahlen ohne Rest durch 2 teilbar?
Stelle zuerst jeweils eine Vermutung an.
Dann kontrolliere die Teilbarkeit durch eine Division.

<u>a)</u> 134   <u>b)</u> 665   c) 2 816   d) 82 509

61
H3 I1
Lies dir die Aussagen durch.
Kreuze jeweils an, ob sie richtig oder falsch sind.

	richtig	falsch
a) Alle geraden Zahlen sind durch 2 teilbar.	☐	☐
b) Ungerade Zahlen erkennt man an ihrer Zehnerstelle.	☐	☐
c) Alle ungeraden Zahlen sind durch 3 teilbar.	☐	☐
d) Eine gerade Zahl hat an ihrer Einerstelle niemals die Ziffer 7.	☐	☐

62
H3 I1
Setze | („ist Teiler von") oder ∤ („ist nicht Teiler von") richtig ein.

2 ∤ 47   2 ◯ 504   2 ◯ 91 562 120

2 ◯ 96   2 ◯ 713   2 ◯ 3 785 057 294

63
H4 I1
Erkläre die Teilbarkeitsregeln für 5 und 10
mit Hilfe der abgebildeten Skizze.
Gib Beispiele für deine Argumentation an.

```
     5   5   5   5   5   5   5   5   5   5   5   5   5   5   5
  |┼┼┼┼|┼┼┼┼|┼┼┼┼|┼┼┼┼|┼┼┼┼|┼┼┼┼|┼┼┼┼|┼┼┼┼|┼┼┼┼|┼┼┼┼|┼┼┼┼|┼┼┼┼|┼┼┼┼|┼┼┼┼|┼┼┼┼|→
  0   5   10  15  20  25  30  35  40  45  50  55  60  65  70  75
      10      10      10      10      10      10      10
```

64
H3 I1
Setze | oder ∤ ein.

5 ◯ 552   10 ◯ 320   5 ◯ 315 208 740

5 ◯ 85   10 ◯ 715   10 ◯ 94 828 205

5 ◯ 970   10 ◯ 109   5 ◯ 6 811 204 865

65
H1 I1
KNOBELAUFGABE
Zahlen finden

a) Gib fünf Zahlen an, die durch 5 teilbar sind.

b) Gib fünf Zahlen an, die durch 10 teilbar sind.

c) Gib fünf Zahlen an, die durch 2, aber nicht durch 10 teilbar sind.
   Ist das möglich?

d) Gib fünf Zahlen an, die durch 10, aber nicht durch 2 teilbar sind.
   Ist das möglich?

e) Gib fünf Zahlen an, die nicht durch 2,
   nicht durch 5 und nicht durch 10 teilbar sind.

Lernziel

⇒ Teilbarkeit durch 2, 5 und 10 im Kopf feststellen können

Wissen

Teilbarkeitsregeln für 2, 5 und 10

Um feststellen zu können, ob eine natürliche Zahl durch 2, 5 oder 10 teilbar ist, ist die Ziffer an der Einerstelle entscheidend.

Teilbarkeit durch 2
Einerstelle: 0, 2, 4, 6, 8
→ Zahl ist durch 2 teilbar.

Teilbarkeit durch 5
Einerstelle: 0 oder 5
→ Zahl ist durch 5 teilbar.

Teilbarkeit durch 10
Einerstelle: 0
→ Zahl ist durch 10 teilbar.

Interessant

Eratosthenes von Kyrene

Die Teilbarkeit von Zahlen hat Mathematiker schon immer beschäftigt.

Eratosthenes von Kyrene lebte um 200 vor Christus. Er erfand das „Sieb des Eratosthenes".
Es half ihm festzustellen, welche natürlichen Zahlen Primzahlen sind.

→ Übungsteil, S. 14

B3 Teilbarkeitsregeln für 3 und 9

66 Berechne die Ziffernsumme der angegebenen Zahlen.

H2
I1

a) Ziffernsumme von 23 = *2 + 3 = 5*

b) Ziffernsumme von 58 = _____

c) Ziffernsumme von 236 = _____

d) Ziffernsumme von 507 = _____

e) Ziffernsumme von 2 694 = _____

67 Finde jeweils fünf Zahlen, deren ...

H1
I1

a) ... Ziffernsumme 3 ist: _____

b) ... Ziffernsumme 9 ist: _____

c) ... Ziffernsumme 10 ist: _____

d) ... Ziffernsumme 1 ist: _____

68 Entscheide mit Hilfe der Teilbarkeitsregeln,
ob die angegebenen Zahlen durch 3 bzw. 9 teilbar sind.
Rechne jeweils eine Division als Probe.

H2
H3
I1

a) 413

b) 714

c) 5 646

d) 8 023

e) 15 642

f) 20 711

g) 354 996

h) 500 001

a) Ziffernsumme von 413 = 8

$3 \nmid 8 \Rightarrow 3 \nmid 413$

Probe: $\overline{413} : 3 = 137$
11
23
$2\ Rest$ ✓

69 Welche der angegebenen Zahlen sind durch 3 teilbar?
Kreise die Zahlen ein.

H3
I1

6   14   26   45   81   100   163   264   9 253

70 Welche der angegebenen Zahlen sind durch 9 teilbar?
Kreise die Zahlen ein.

H3
I1

62   99   412   702   824   873   5 382   8 838

71 Finde jeweils fünf Zahlen, die ...

H1
I1

a) ... durch 3 teilbar sind: _____

b) ... durch 9 teilbar sind: _____

72 KNOBELAUFGABE

H4
I1

Gibt es eine Zahl, die zwar durch 9, jedoch nicht durch 3 teilbar ist?

Besprich deine Überlegungen mit anderen.
Begründet eure Entscheidung und gebt Beispiele an.

Lernziele

⇒ die Ziffernsumme einer
Zahl berechnen können

⇒ Teilbarkeit durch
3 und 9 im Kopf
feststellen können

Wissen

Ziffernsumme

Die Ziffernsumme einer
Zahl erhält man, wenn
man die Ziffern der Zahl
addiert. Man nennt sie
auch „Quersumme".

Beispiel: 218
→ Ziffernsumme:
2 + 1 + 8 = 11

**Teilbarkeitsregeln
für 3 und 9**

Um feststellen zu können,
ob eine natürliche Zahl
durch 3 oder 9 teilbar ist,
ist die Ziffernsumme
der Zahl entscheidend.

Teilbarkeit durch 3
Ziffernsumme von x
durch 3 teilbar
→ x ist durch 3 teilbar.

Teilbarkeit durch 9
Ziffernsumme von x
durch 9 teilbar
→ x ist durch 9 teilbar.

→ Übungsteil, S. 15

Teilbarkeitsregeln für Summen

73 Setze | oder ∤ ein.

Tipp: Nutze die Teilbarkeitsregeln für 4 und 25!

H3
I1

4 ∤ 122   4 ◯ 2 940   25 ◯ 150

4 ◯ 312   4 ◯ 8 712   25 ◯ 725

4 ◯ 636   4 ◯ 33 126   25 ◯ 16 980

4 ◯ 814   4 ◯ 75 020   25 ◯ 89 700

74 Finde jeweils fünf Zahlen größer als 100, die …

H1
I1

a) … durch 4 teilbar sind.   **c)** … durch 25 teilbar sind.

b) … nicht durch 4 teilbar sind.   **d)** … nicht durch 25 teilbar sind.

75 Entscheide mit Hilfe der Teilbarkeitsregel für Summen,
ob die Zahlen durch 4 teilbar sind.
Rechne jeweils eine Division als Probe.

H2
H3
I1

a) 72   **e)** 96

b) 54   **f)** 84

c) 68   **g)** 90

d) 75   **h)** 92

Die Summenregel kann man immer verwenden. Nicht nur bei der Teilbarkeit durch 4!

a)   72 = 40 + 32
         ↙   ↘
      4 | 40   4 | 32 ✓
         ✓
      => 4 | 72

Probe: 72 : 4 = 18
        32
           0 Rest ✓

76 Kreuze an, durch welche Teiler die Zahlen
ohne Rest teilbar sind.

H3
I1

Teiler	2	3	4	5	9	10	25
24	X	X	X				
670							
840							
4 736							
5 106							
9 650							
38 263							
72 825							
208 548							

→ Übungsteil, S. 16

Lernziele

⇒ Teilbarkeitsregeln für 4 und 25 kennen und anwenden können

⇒ Teilbarkeitsregel für Summen anwenden können

Wissen

Teilbarkeitsregel für 4

Es genügt, die Zehner- und die Einerstelle zu betrachten.

Für die Aufgabe 4 | 3<u>24</u> ? genügt es also, 4 | 24 ? zu lösen!

Teilbarkeitsregel für 25

25 teilt nur Zahlen, deren letzte zwei Stellen 00, 25, 50 oder 75 sind.

Teilbarkeitsregel für Summen

Sind zwei oder mehr Zahlen durch eine Zahl x teilbar, so ist auch ihre Summe durch x teilbar.

Beispiele:

6 | 78 ?
→ 6 | 60 und 6 | 18
→ 6 | 60 + 18
→ 6 | 78

8 | 8 432 ?
→ 8 | 8 000, 8 | 400, 8 | 32
→ 8 | 8 000 + 400 + 32
→ 8 | 8 432

Primfaktorenzerlegung

77 Tarik hat die Zahl 60 in ihre Primfaktoren zerlegt.
Sieh dir seine Rechnung an und beantworte die Fragen.

H2
H3
I1

```
60 | 2
30 | 2
15 | 3
 5 | 5
 1 |
```

60 = 2 · 2 · 3 · 5

a) Als Erstes hat Tarik
die Zahl 60 durch 2 geteilt.
Wo findest du die Rechnung?
Kreise sie rot ein.

b) Seine nächste Rechnung war 30 : 2 = 15.
Wo findest du diese Rechnung?
Kreise sie grün ein.

c) Wie lautet die dritte Rechnung?

d) Überprüfe Tariks Ergebnis.
Ist 60 wirklich das Produkt
von 2 · 2 · 3 · 5 ?

---

78 Zerlege die angegebenen Zahlen in ihre Primfaktoren.

H2
I1

a) 30 **d)** 78 **g)** 140 **j)** 1 080

b) 44 **e)** 85 **h)** 330 **k)** 6 720

c) 14 **f)** 105 **i)** 242 **l)** 4 410

---

79 Finde den Fehler!

H2
I1

Kreuze zuerst an, welcher Fehler jeweils gemacht wurde.
Dann löse die Aufgabe richtig in deinem Heft.

a)
```
40 | 4
10 | 2
 5 | 5
 1 |      f
```
40 = 4 · 2 · 5

□ Rechenfehler
□ falsch zerlegt
□ Abschreibfehler

b)
```
73 | 3
21 | 3
 7 | 7
 1 |      f
```
73 = 3 · 3 · 7

□ Rechenfehler
□ falsch zerlegt
□ Abschreibfehler

c)
```
94 | 2
47 | 47
 1 |        f
```
94 = 2 · 74

□ Rechenfehler
□ falsch zerlegt
□ Abschreibfehler

---

80 KNOBELAUFGABE

H1
I1

Primfaktoren

a) Gib drei Zahlen an, die nur 2er als Primfaktoren haben.

b) Gib drei Zahlen an, die nur 3er als Primfaktoren haben.

c) Gib zwei Zahlen zwischen 50 und 100 an,
die genau zwei Primfaktoren haben.

d) Gib zwei Zahlen zwischen 70 und 100 an,
die genau drei Primfaktoren haben.

e) Gib zwei Zahlen zwischen 20 und 40 an,
die genau einen Primfaktor haben.

Lernziel

⇒ natürliche Zahlen
in ihre Primfaktoren
zerlegen können

Wissen

**Zahlen in Faktoren
zerlegen**

Faktor · Faktor = Produkt

Wenn man eine Zahl in
Faktoren zerlegt, schreibt
man eine Multiplikation.

Beispiel: 20 = 2 · 10
oder 20 = 5 · 4

**Primfaktoren-
zerlegung**

Hier dürfen die
Faktoren nur Primzahlen
(= Primfaktoren) sein.

Lösungsweg mit Tabelle:
Teile immer durch die
kleinste enthaltene
Primzahl, bis links
unten die Zahl 1 steht.

```
20 | 2       20 | 2       20 | 2
10 |         10 | 2       10 | 2
 5           5           5 | 5
                          1 |
```

20 = 2 · 2 · 5

Tipp

**Ordne die Faktoren
der Größe nach!**

Schreibe: 20 = 2 · 2 · 5
und nicht: 20 = 2 · 5 · 2

Das macht es leichter,
Primfaktorenzerlegungen
verschiedener Zahlen
miteinander zu
vergleichen.

→ Übungsteil, S. 17
→ Cyber Homework 3

Spiel: Primfaktoren finden

81 **SPIEL**

H2
I1

Primfaktoren finden

Spielmaterial:

100er-Tafel als Spielfeld
1 blaues und 6 rote Plättchen (oder verschiedene Münzen)

Spielablauf (spielt abwechselnd):

1) Denke dir eine Zahl aus und lege das blaue Plättchen darauf.   *Beispiel: 44*

2) Kannst du die Zahl in zwei Faktoren zerlegen?   *Im Beispiel: 44 = 4 · 11*
   Lege jeweils ein rotes Plättchen auf die beiden Faktoren.

3) Kannst du eine Zahl, auf der ein rotes Plättchen liegt,
   wieder in zwei Faktoren zerlegen?   *Im Beispiel: 4 = 2 · 2*
   Falls ja, nimm das rote Plättchen von der Zahl weg und
   lege jeweils ein rotes Plättchen auf die beiden Faktoren.

4) Kannst du eine Zahl, auf der ein rotes Plättchen liegt,
   wieder in zwei Faktoren zerlegen? Falls nein, bist du fertig.

5) Abschluss:
   Schreibe die Primfaktorenzerlegung der Zahl unter dem blauen Plättchen auf,
   indem du ein rotes Plättchen nach dem anderen entfernst.   *Im Beispiel: 44 = 2 · 2 · 11*

1	2	3	4	5	6	7	8	9	10
11	12	13	14	15	16	17	18	19	20
21	22	23	24	25	26	27	28	29	30
31	32	33	34	35	36	37	38	39	40
41	42	43	44	45	46	47	48	49	50
51	52	53	54	55	56	57	58	59	60
61	62	63	64	65	66	67	68	69	70
71	72	73	74	75	76	77	78	79	80
81	82	83	84	85	86	87	88	89	90
91	92	93	94	95	96	97	98	99	100

B6 Teilermengen und ggT

82 Finde alle Teiler der Zahlen.
Gib sie als Teilermenge T an.

Hier sind alle Teiler gefragt, nicht nur Primzahlen!

a) Teiler der Zahl 8

$$T(8) = \{1, 2, 4, 8\}$$

b) Teiler der Zahl 10

c) Teiler der Zahl 32

d) Teiler der Zahl 26

e) Teiler der Zahl 50

83 Multiplikationen finden

a) Bilde mit den Zahlen der Teilermengen Multiplikationen, die immer die Ausgangszahl ergeben.

$T(15) = \{1, 3, 5, 15\}$　　　　$T(16) = \{1, 2, 4, 8, 16\}$

$1 \cdot 15 = 15$
$3 \cdot \ldots$

b) Bestimme die Teilermengen zu 20 und 36 und die dazu passenden Multiplikationen.

c) Was fällt dir bei den Aufgaben a) und b) auf? Beschreibe deine Beobachtungen in ganzen Sätzen.

84 Kreise jene Teiler ein, die in beiden Mengen vorkommen.
Dann bestimme den größten gemeinsamen Teiler (ggT).

a) ggT (6, 15):

$T(6) = \{①, 2, ③, 6\}$
$T(15) = \{①, ③, 5, 15\}$　　　ggT (6, 15) = ___3___

b) ggT (12, 20):

$T(12) = \{1, 2, 3, 4, 6, 12\}$
$T(20) = \{1, 2, 4, 5, 10, 20\}$　　　ggT (12, 20) = _____

c) ggT (16, 24, 88):

$T(16) = \{1, 2, 4, 8, 16\}$　　　$T(24) = \{1, 2, 3, 6, 8, 12, 24\}$
$T(88) = \{1, 8, 11, 88\}$　　　ggT (16, 24, 88) = _____

85 Schreibe zuerst die Teilermengen der Zahlen an.
Dann bestimme den größten gemeinsamen Teiler (ggT).

a) ggT (9, 30)

b) ggT (8, 12)

c) ggT (28, 35)

d) ggT (27, 90)

e) ggT (10, 35, 60)

f) ggT (24, 36, 120)

86 FORSCHE WEITER
Euklidischer Algorithmus

Sucht nach dem angegebenen Begriff im Internet.
Wie funktioniert der „Euklidische Algorithmus"?
Rechnet einige Beispiele und präsentiert eure Ergebnisse.

Lernziele

⇒ Teilermengen von Zahlen angeben können

⇒ den Begriff ggT kennen und den ggT bei einfachen Zahlen bestimmen können

Wissen

Teilermenge

Alle Teiler einer Zahl bilden die sogenannte Teilermenge T.
$T(10) = \{1, 2, 5, 10\}$

Größter gemeinsamer Teiler (ggT)

Der ggT zweier Zahlen ist die größte natürliche Zahl, durch die sich zwei Zahlen ohne Rest teilen lassen.

Der ggT kann auch zu drei oder mehr Zahlen angeben werden.

Man schreibt:

　ggT (6, 8) = 2

Man spricht:

„Der größte gemeinsame Teiler von 6 und 8 ist gleich 2."

Tipp

Kein gemeinsamer Teiler?

Wenn zwei natürliche Zahlen a und b außer 1 keine weiteren gemeinsamen Teiler besitzen, nennt man sie „teilerfremd" und schreibt:

ggT (a, b) = 1

→ Übungsteil, S. 18

B7 ggT aus Primfaktoren berechnen

87 Berechne den ggT der folgenden Zahlen
mit Hilfe der Primfaktorenzerlegung.
Dann bestimme den ggT mit Hilfe
der Teilermengen als Probe.

H2
I1

a) ggT (12, 20)

```
12 | 2          20 | 2
 6 | 2          10 | 2
 3 | 3           5 | 5
 1               1
```

$12 = \underline{2} \cdot \underline{2} \cdot 3$ $20 = \underline{2} \cdot \underline{2} \cdot 5$

$\underline{ggT\ (12, 20)} = 2 \cdot 2 = 4$

Probe: $T(12) = \{1, 2, 3, ④, 6, 12\}$
        $T(20) = \{1, 2, ④, 5, 10, 20\}$

$\underline{ggT\ (12, 20)} = 4 \checkmark$

b) ggT (8, 30)   **d)** ggT (8, 20)   **f)** ggT (42, 28)

c) ggT (15, 30)   **e)** ggT (63, 90)   **g)** ggT (12, 42)

---

88 Berechne den ggT der folgenden Zahlen
mit Hilfe der Primfaktorenzerlegung.

H2
I1

a) ggT (22, 50, 90)

b) ggT (12, 48, 52)

c) ggT (36, 18, 72)

d) ggT (45, 75, 90)

e) ggT (36, 72, 90)

f) ggT (60, 84, 96)

*Der ggT muss die Zahlen teilen.
Er darf nicht größer als die
Zahlen selbst werden!*

*Multipliziere nur Primfaktoren,
die in allen Zahlen vorkommen.*

---

89 Berechne den ggT der folgenden Zahlen
mit Hilfe der Primfaktorenzerlegung.

H2
I1

a) ggT (168, 315)   **d)** ggT (792, 924)

b) ggT (220, 132)   **e)** ggT (1 800, 1 350)

c) ggT (1 050, 945)   **f)** ggT (825, 1 980)

---

90 FORSCHE WEITER
Vergleicht die Methoden!

H2
H4
I1

Wann ist die Bestimmung des ggT über die Teilermengen,
wann über die Primfaktorenzerlegung einfacher?

Argumentiert mit selbst gerechneten Beispielen,
die in den Aufgaben auf dieser Seite vorgekommen sind.

Lernziel

⇒ den ggT von zwei
oder mehr Zahlen
berechnen können

Wissen

**ggT aus Primfaktoren
berechnen**

1. Berechne die
Primfaktoren der Zahlen.

2. Suche die Faktoren,
die in allen Zahlen
vorkommen.

3. Multipliziere die Zahlen.
Du erhältst den
ggT der Zahlen.

Beispiel:

ggT (12, 30, 60) = ?

1. Primfaktoren berechnen:
   $12 = \underline{2} \cdot 2 \cdot \underline{3}$
   $30 = \underline{2} \cdot \underline{3} \cdot 5$
   $60 = \underline{2} \cdot 2 \cdot \underline{3} \cdot 5$

2. gemeinsame Faktoren:
   2 und 3
   (kommen bei allen
   drei Zerlegungen
   jeweils einmal vor)

3. ggT (12, 30, 60) = 2 · 3

→ $\underline{ggT\ (12, 30, 60) = 6}$

Tipp

Primfaktoren doppelt?

Wenn ein Primfaktor
bei allen Zahlen doppelt
vorkommt, so scheint
er auch im ggT doppelt
als Faktor auf:

$8 = \underline{2} \cdot \underline{2} \cdot 2$ $20 = \underline{2} \cdot \underline{2} \cdot 5$

→ $\underline{ggT\ (8, 20) = 2 \cdot 2 = 4}$

→ Übungsteil, S. 19

English Corner

91 List all prime numbers between 30 and 40.

H1
I1

_____

92 List all divisors of each number.

H2
I1

D(8) = {_____}

D(15) = {_____}

D(20) = {_____}

D(34) = {_____}

D(45) = {_____}

93 Find the greatest common divisor (GCD) of each pair of numbers.

H2
I1

a) GCD (12, 20) c) GCD (16, 52)

b) GCD (50, 125) d) GCD (24, 108)

Wörterbuch

list ...
aufzählen

prime numbers ...
Primzahlen

between ...
zwischen

divisor ...
Teiler

greatest common divisor ...
größter gemeinsamer Teiler

GCD ... ggT

pair of numbers ...
Zahlenpaar

Technik-Labor

94 Tabellenkalkulations-Aufgabe

H1
H3
I1

Die Datei rechts berechnet den Rest einer Division. Sieh dir die Abbildung an und löse die Aufgaben.

a) Was bedeuten die Abkürzungen „gT" und „T" ?

b) Gebt mit Hilfe der Abbildung die Teilermengen von 16 und 20 an.

c) Wie lautet der ggT von 16 und 20?

d) Beschreibt, wie ihr den ggT mit Hilfe der Datei einfach bestimmen könnt.

	A	B	C	D	E	F		G	H	I	
1	Zahlen			16 : x	20 : x				16 : x	20 : x	
2	16		x	Rest	Rest			x	Rest	Rest	
3	20		1	0	0	gT		11	5	9	
4			2	0	0	gT		12	4	8	
5			3	1	2			13	3	7	
6			4	0	0	gT		14	2	6	
7			5	1	0	T		15	1	5	
8			6	4	2			16	0	4	T
9			7	2	6			17	16	3	
10			8	0	4	T		18	16	2	
11			9	7	2			19	16	1	
12			10	6	0	T		20	16	0	T
13											

e) Hans gibt die Zahl 193 in das Programm ein.
Es berechnet den Rest aller Divisionen vom Teiler 1 bis zum Teiler 193.
Hans möchte wissen, ob 193 eine Primzahl ist.
Woran kann er das in der Ausgabe des Programms erkennen?

⇒ Diese Datei und weitere Aufgaben dazu findest du in der e-zone, Klasse 2 – B.

Vielfachenmengen und kgV

95 Gib die Vielfachen der Zahlen jeweils als Vielfachenmenge V an.

H2
I1

a) Vielfache der Zahl 7

$$V(7) = \{7, 14, 21, \dots\}$$

b) Vielfache der Zahl 5

e) Vielfache der Zahl 12

c) Vielfache der Zahl 9

f) Vielfache der Zahl 20

d) Vielfache der Zahl 30

g) Vielfache der Zahl 400

96 Sind die Zahlen in den Vielfachenmengen enthalten?

H3
I1

Setze $\in$ (Element von) oder $\notin$ (nicht Element von) richtig ein.

16 $\in$ V(4)   5 ◯ V(10)   23 ◯ V(3)

30 ◯ V(4)   200 ◯ V(10)   714 ◯ V(3)

44 ◯ V(4)   80 ◯ V(10)   39 ◯ V(3)

2 ◯ V(4)   10 ◯ V(10)   3 ◯ V(3)

116 ◯ V(4)   102 ◯ V(10)   503 ◯ V(3)

97 Kreise jene Vielfachen ein, die in beiden Mengen vorkommen.
Dann bestimme das kleinste gemeinsame Vielfache (kgV).

H2
I1

a) kgV (4, 6)

V(4) = {4, 8, ⓪12, 16, 20, ㉔, 28, 32, …}
V(6) = {6, ⓪12, 18, ㉔, 30, 36, …}   kgV (4, 6) = _____

b) kgV (10, 25)

V(10) = {10, 20, 30, 40, 50, 60, 70, …}
V(25) = {25, 50, 75, 100, 125, …}   kgV (10, 25) = _____

c) kgV (3, 14, 21)

V(3) =   {3, 6, 9, 12, 15, 18, 21, 24, 27, 30, 33, 36, 39, 42, …}
V(14) = {14, 28, 42, 56, …}
V(21) = {21, 42, 63, …}   kgV (3, 14, 21) = _____

98 Schreibe zuerst die Vielfachenmengen der Zahlen an.
Dann bestimme das kleinste gemeinsame Vielfache (kgV).

H1
H2
I1

a) kgV (8, 12)

e) kgV (12, 18)

b) kgV (9, 15)

f) kgV (2, 3, 4)

c) kgV (15, 30)

g) kgV (6, 10, 15)

d) kgV (5, 20)

h) kgV (10, 12, 30)

i) KNOBELAUFGABE

kgV (x, y, z) = 48

Finde drei Zahlen x, y und z, deren kgV 48 ist.
Beschreibe, wie du die Lösung gefunden hast.
Gib, wenn möglich, eine andere Lösung an.

Lernziele

⇒ Vielfachenmengen bestimmen können

⇒ den Begriff kgV kennen und das kgV bei einfachen Zahlen bestimmen können

Wissen

Vielfachenmenge

Alle Vielfachen einer natürlichen Zahl bilden die Vielfachenmenge V.

Beispiel:

V(3) = {3, 6, 9, 12, …}

Hinweis:
Jede Zahl hat unendlich viele Vielfache.
Darum schreibt man „…",
um anzudeuten, dass die Menge unendlich viele Elemente hat.

Kleinstes gemeinsames Vielfaches (kgV)

Das kgV zweier Zahlen ist die kleinste Zahl, die ein Vielfaches von beiden Zahlen ist.

Man kann das kgV auch zu drei oder mehr Zahlen angeben.

Man schreibt:

kgV (6, 8) = 24

Man spricht:

„Das kleinste gemeinsame Vielfache von 6 und 8 ist gleich 24."

→ Übungsteil, S. 20

B9 kgV aus Primfaktoren berechnen

99 Berechne das kgV der folgenden Zahlen
mit Hilfe der Primfaktorenzerlegung.
Dann bestimme das kgV mit Hilfe der Vielfachenmengen als Probe.

H2
I1

a) kgV (20, 35)

$$\begin{array}{r|l} 20 & 2 \\ 10 & 2 \\ 5 & 5 \\ 1 & \end{array} \qquad \begin{array}{r|l} 35 & 5 \\ 7 & 7 \\ 1 & \end{array}$$

$$20 = 2 \cdot 2 \cdot 5 \qquad 35 = 5 \cdot 7$$

$$kgV\,(20, 35) = \underbrace{5 \cdot 2}_{10} \cdot \underbrace{2 \cdot 7}_{14} = \underline{140}$$

Probe: $V(20) = \{20, 40, 60, 80, 100, 120, \underline{140}, ...\}$
$V(35) = \{35, 70, 105, \underline{140}, ...\}$

b) kgV (6, 21)   **d)** kgV (4, 20)   **f)** kgV (75, 18)

c) kgV (45, 50)   **e)** kgV (30, 41)   **g)** kgV (66, 84)

100 Berechne das kgV der folgenden Zahlen
mit Hilfe der Primfaktorenzerlegung.

H2
I1

a) kgV (4, 10, 15)

b) kgV (30, 50, 75)

c) kgV (12, 18, 26)

d) kgV (3, 13, 31)

e) kgV (5, 14, 140)

f) kgV (9, 15, 21)

g) kgV (16, 30, 48)

> *Das kgV muss
> die Zahlen enthalten.*
> *Es muss mindestens
> so groß wie die
> größte Zahl sein!*

101 Berechne das kgV der folgenden Zahlen
mit Hilfe der Primfaktorenzerlegung.

H2
I1

a) kgV (138, 204)   **d)** kgV (110, 175)

b) kgV (90, 160)   **e)** kgV (182, 210)

c) kgV (52, 168)   **f)** kgV (75, 114)

102 FORSCHE WEITER

H2
H4
I1

Vergleicht die Methoden!

Wann ist die Bestimmung des kgV über die Vielfachenmengen,
wann über die Primfaktorenzerlegung einfacher?
Argumentiert mit selbst gerechneten Beispielen,
die in den Aufgaben auf dieser Seite vorgekommen sind.

Lernziel

⇒ das kgV von zwei
oder mehr Zahlen
berechnen können

Wissen

**kgV aus Primfaktoren
berechnen**

1. Berechne die
Primfaktoren der Zahlen.

2. Suche zuerst die
gemeinsamen Faktoren
und schreibe sie
einmal an.

3. Schreibe nun alle
übrigen Faktoren dazu
und berechne das
gemeinsame Produkt.

Beispiel:

kgV (4, 6, 30) = ?

1. Primfaktoren
berechnen:
  $4 = \underline{2} \cdot 2$
  $6 = \underline{2} \cdot \underline{3}$
  $30 = \underline{2} \cdot \underline{3} \cdot 5$

2. gemeinsame Faktoren:
  $\underline{2}$ und $\underline{3}$

3. sonstige Faktoren:
  2 und 5

→ kgV (4, 6, 30) = $\underline{2} \cdot \underline{3} \cdot 2 \cdot 5$
→ kgV (4, 6, 30) = 60

→ Übungsteil, S. 21
→ Cyber Homework 4

Checkpoint

Löse die Aufgaben und kontrolliere deine Ergebnisse (Lösungen ab Seite 167).
Kreuze an, was du noch üben möchtest.

Teilbarkeitsregeln

103 Kreuze an, durch welche Teiler die Zahlen ohne Rest teilbar sind.

H2
I1

Teiler	2	3	4	5	9	10	25
15							
70							
225							
1 604							
8 205							
4 716							

↺ B2
↺ B3
↺ B4

104 Zwei der Aussagen sind richtig.

H3
I1

Kreuze sie an.

☐ Ob eine Zahl durch 3 teilbar ist oder nicht, erkennt man an ihrer Ziffernsumme.

☐ Zahlen mit der Ziffer 4 an der Einerstelle sind ohne Rest durch 4 teilbar.

☐ Jede Zahl, die ohne Rest durch 10 teilbar ist,
kann man auch ohne Rest durch 5 teilen.

☐ Ungerade Zahlen sind ohne Rest durch 2 teilbar.

☐ Es gibt keine gerade Zahl, die man ohne Rest durch 9 teilen kann.

↺ B2
↺ B3
↺ B4

Primfaktorenzerlegung, ggT und kgV

105 Gib drei Primzahlen zwischen 10 und 30 an.

H1
I1

_____ _____ _____

↺ B1

106 Zerlege die folgenden Zahlen in ihre Primfaktoren.

H2
I1

a) 18   b) 65   c) 120   d) 312

↺ B5

107 Gib die Teilermengen (T) und Vielfachenmengen (V) an.

H2
I1

a) T(9) = _____   c) T(15) = _____

b) V(9) = _____   d) V(15) = _____

↺ B6
↺ B8

108 Berechne jeweils den ggT und das kgV zu den angegebenen Zahlen

H2
I1

mit Hilfe der Primfaktorenzerlegung.

a) 8, 10   b) 24, 40   c) 6, 15, 25   d) 13, 42, 56

↺ B7
↺ B9

109 Finde ein Zahlenpaar, dessen ggT und kgV gleich groß sind.

H1
H4
I1

Ist das überhaupt möglich?
Begründe deine Entscheidung mit Beispielen, wenn möglich.

↺ B7
↺ B9

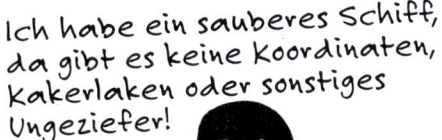

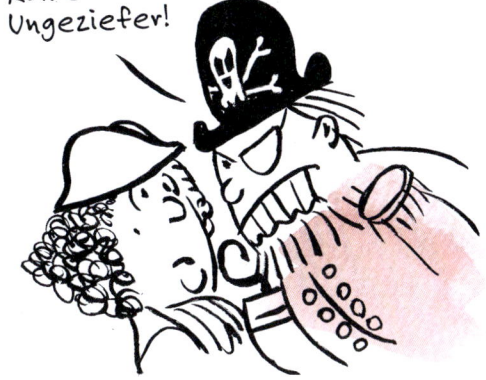

Inhalt

110 Schaut euch den Comic an.
H3
H4
I3
Dann löst die Aufgaben.

a) Was ist mit dem Piratenschiff los?
Kreuzt an.

☐ Der Kapitän will es verkaufen.
☐ Es ist kaputt und muss repariert werden.
☐ Es wurde gestohlen.

b) Weiß der Kapitän, was Koordinaten sind?

c) **FORSCHE WEITER**
Wo habt ihr das Wort „Koordinaten" schon einmal gehört?
Schreibt eure Gedanken dazu auf einem Zettel auf.
Dann sucht im Internet oder in einem Lexikon
nach dem Begriff und vergleicht eure Ergebnisse.

d) Hat jedes Schiff Koordinaten?
Begründet eure Entscheidung.

Warm-up

Zeig, was du bereits kannst.

Griechische Buchstaben

111 Übe die Buchstaben Alpha, Beta, Gamma und Delta.

H1
I3

Alpha  _____

Gamma  _____

Beta  _____

Delta  _____

Winkel zeichnen und messen

112 Miss die Größe der Winkel ab.

H2
I3

Verlängere die Schenkel, wenn es dir hilft.

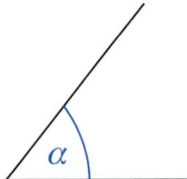

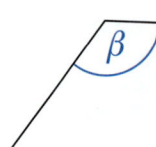

113 Zeichne die angegebenen Winkel in dein Heft.

H2
I3

a) α = 20°, β = 75°, γ = 15°, δ = 90°   b) α = 110°, β = 175°, γ = 240°, δ = 345°

Längenmaße in Dezimalschreibweise

114 Wandle in mm um.

H2
I1

7,2 cm = _____   0,5 cm = _____

6,9 cm = _____   0,2 cm = _____

1,5 cm = _____   14,8 cm = _____

115 Wandle in dm um.

H2
I1

25 cm = _____   3 cm = _____

53 cm = _____   9 cm = _____

420 mm = _____   815 cm = _____

Arbeiten mit dem Zirkel

116 Zeichne Kreise mit den angegebenen Radien.

H2
I3

Beschrifte die Mittelpunkte und gib jeweils die Länge des Durchmessers in cm an.

a) r = 1,5 cm   d) r = 3,7 cm

b) r = 3 cm   e) r = 5,2 cm

c) r = 4 cm   f) r = 4,6 cm

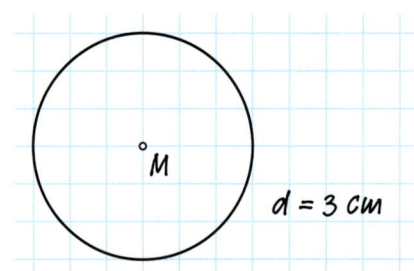

C1 Koordinatensystem

117 Gib die Koordinaten der Punkte A, B, C, D, E, F, G und H an.

H1
I3

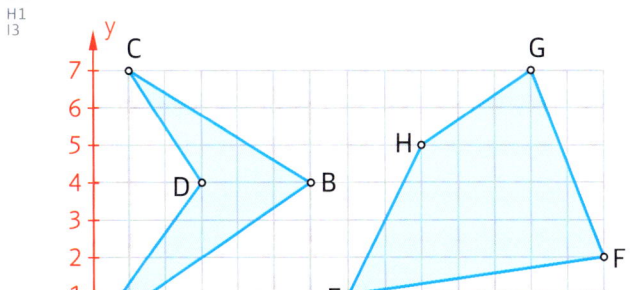

Erst schaut man in die x-Richtung nach rechts, dann in die y-Richtung nach oben. Bei Punkt B ist das 6 bei x und 4 bei y. Du schreibst: B (6|4)

118 Zeichne die angegebenen Punkte in das unten aufgezeichnete Koordinatensystem ein. Verbinde sie zu einer Figur. Welcher Buchstabe entsteht?

H1
I3

A (1|2), B (2|0), C (4|4), D (6|1), E (8|4), F (10|1), G (13|3), H (10|6), I (8|7), J (6|4), K (5|7), L (3|6)

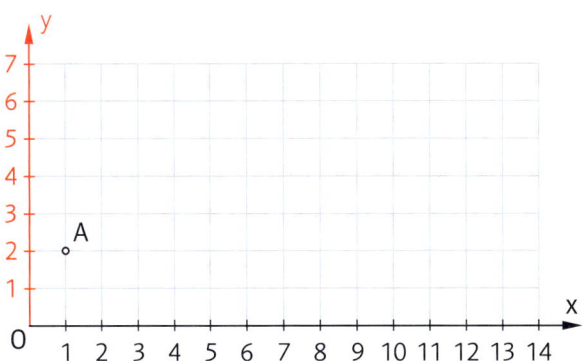

119 Zeichne ein Koordinatensystem in dein Heft. Die Einheitsstrecke von 0 bis 1 soll 1 cm lang sein. Zeichne die x-Achse 10 cm und die y-Achse 7 cm lang. Dann löse die Aufgaben.

H2
H3
I3

a) Wie lautet die größte x-Koordinate, die man in deinem Koordinatensystem noch darstellen kann?

b) Zeichne den Anfangsbuchstaben deines Vornamens ein. Gib die Koordinaten der Eckpunkte an.
Hinweis: Bestimme Größe und Design des Buchstabens selbst, verschiedene Lösungen sind möglich!

c) Gehe wie in Aufgabe b) vor, zeichne aber diesmal den Endbuchstaben deines Vornamens ein.

Lernziel

⇒ Angaben aus einem Koordinatensystem ablesen können und diese Angaben interpretieren können

Wissen

Fachbegriffe Koordinatensystem

x-Achse ...
waagrechte Achse (von links nach rechts)

y-Achse ...
senkrechte Achse (von unten nach oben)

Ursprung ... Punkt (0|0)

Einheitsstrecke ...
Strecke von 0 bis 1

Schreibweise Koordinatensystem

P (x-Wert|y-Wert)

Beispiel:

A (3|8) bedeutet:
▶ 3 nach rechts UND
▲ 8 nach oben

Interessant

Computergrafik – Mathematik mit Koordinaten

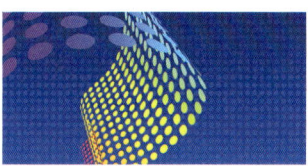

Die Darstellung von Bildpunkten auf Computerbildschirmen und Handys wird mit Koordinatensystemen berechnet.

→ Übungsteil, S. 23

C2 Dreiecke richtig beschriften

120 Dreiecke im Koordinatensystem

H2
H3
I3

a) Zeichne die folgenden Dreiecke in den angegebenen Farben ein und beschrifte sie:

blaues Dreieck: A (3|0), B (13|1), C (3|5)
rotes Dreieck: A (1|6), B (12|8), C (4|10)
grünes Dreieck: A (7|5), B (16|1), C (16|9)

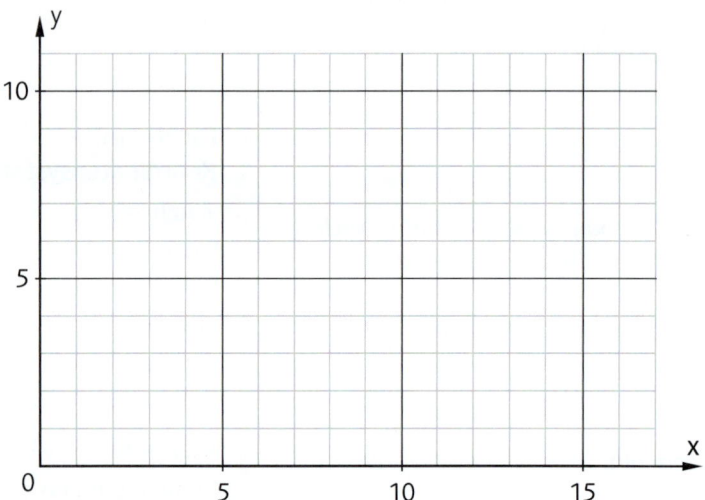

b) Gib jeweils die Größe der Winkel an.
Welches Dreieck hat den größten Winkel?

c) Gib jeweils die Länge der Seiten in mm an.
Welches Dreieck hat zwei gleich lange Seiten?

d) Gib jeweils den Umfang des Dreiecks in cm an.
Welches Dreieck hat den kleinsten Umfang?

121 Ergänze die Dreiecke!

H1
H2
I3

Von zwei Dreiecken sind jeweils zwei Punkte gegeben:

blaues Dreieck: A (2|2), B (12|6)   rotes Dreieck: A (7|1), B (16|3)

a) Zeichne die angegebenen Punkte in das Koordinatensystem unten ein.

b) Wähle die Koordinaten der fehlenden Punkte C so, dass
- das blaue Dreieck einen rechten Winkel hat
- das rote Dreieck und das blaue Dreieck sich überschneiden

c) Sind verschiedene Lösungen möglich? Vergleiche mit anderen.

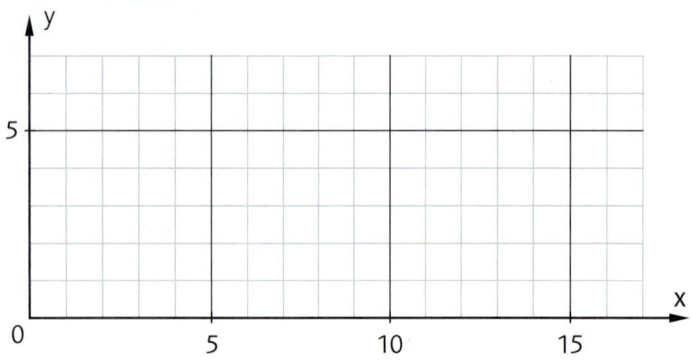

→ Übungsteil, S. 24

Lernziel

⇒ Konventionen bei der Beschriftung von Dreiecken kennen und richtig anwenden können

Wissen

Dreiecke richtig beschriften

1) Eckpunkte
- Verwende die Großbuchstaben A, B, C.
- A ist der Eckpunkt links unten.
- Beschrifte B und C entgegen dem Uhrzeigersinn.

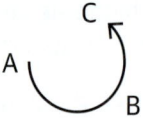

2) Winkel
- Verwende die griechischen Buchstaben α, β und γ.
- α ist bei Eckpunkt A, β bei B und γ bei C.

3) Seiten
- Verwende die Kleinbuchstaben a, b, c.
- a liegt dem Eckpunkt A gegenüber, b liegt B gegenüber und c liegt C gegenüber.

Beispiel:

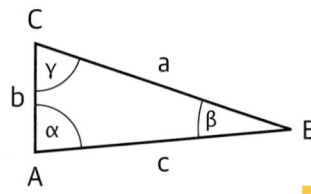

C3 SSS-Satz und Kongruenz

122 Zeichne das angegebene Dreieck fertig.

H2
I3

$a = 5$ cm, $b = 4$ cm, $c = 6$ cm

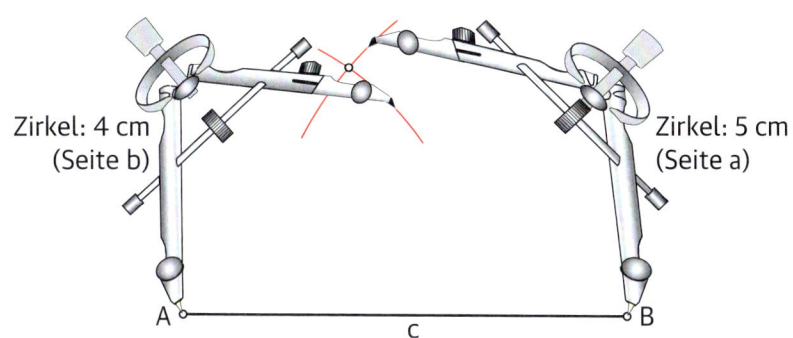

Zirkel: 4 cm
(Seite b)

Zirkel: 5 cm
(Seite a)

1) Ich beginne üblicherweise mit Punkt A und zeichne die Seite c waagrecht ein. Dann habe ich Punkt B.

2) Nun muss ich die beiden Seitenlängen a und b mit dem Zirkel abschlagen und erhalte Punkt C.

3) Jetzt kann ich das Dreieck fertig zeichnen!

123 Kreuze an, ob die angegebenen Dreiecke konstruierbar sind oder nicht.
Dann konstruiere sie mit Zirkel und Lineal in deinem Heft.
Miss jeweils die Winkel des Dreiecks ab
und gib ihre Größe in Grad an.

H2
H4
I3

a) $a = 4$ cm, $b = 6$ cm, $c = 5$ cm   konstruierbar ☐

b) $a = 18$ mm, $b = 65$ mm, $c = 47$ mm   konstruierbar ☐

c) $a = 8,5$ cm, $b = 7,3$ cm, $c = 7,3$ cm   konstruierbar ☐

d) $a = 3,5$ cm, $b = 2$ cm, $c = 7$ cm   konstruierbar ☐

e) $a = 0,3$ dm, $b = 0,4$ dm, $c = 0,5$ dm   konstruierbar ☐

f) $a = 5,5$ cm, $b = 3$ cm, $c = 1,8$ cm   konstruierbar ☐

124 Sind die folgenden Dreiecke kongruent?

H1
I3

a) Zeichne ein Dreieck ($a = 9$ cm, $b = 7$ cm, $c = 8$ cm)
auf ein Blatt Papier.

b) Schneide das Dreieck aus und vergleiche es
mit den Dreiecken anderer Kinder.
Sind alle Dreiecke deckungsgleich?

125 Übe den lateinischen Begriff für „deckungsgleich".

H1
I3

kongruent, _____

→ Übungsteil, S. 25

Lernziele

⇒ Dreiecke mit drei gegebenen Seiten konstruieren können

⇒ den Begriff „kongruent" richtig verwenden

Wissen

Konstruktion mit drei Seiten (SSS-Satz)

Ein Dreieck kann mit Zirkel und Lineal eindeutig konstruiert werden, wenn:

– die Längen aller drei Seiten gegeben sind

– die längste Seite kürzer als die Summe der beiden anderen Seiten ist (Dreiecksungleichung)

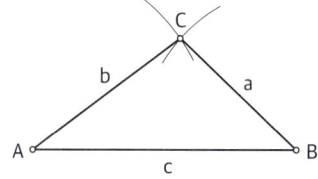

Kongruent

Das Wort „kongruent" bedeutet „deckungsgleich".

Zwei Dreiecke, deren Seiten gleich lang sind, sind immer kongruent!

Tipp

Dreiecksungleichung

Ein Dreieck ist nur dann konstruierbar, wenn seine längste Seite kürzer als die Summe der beiden anderen Seiten ist. Sonst schneiden sich bei deiner Konstruktion die beiden Zirkelkreise nicht!

C4 Konstruktion mit drei Winkeln

126 Konstruiert ein Dreieck mit den Winkeln
$\alpha = 40°$, $\beta = 60°$ und $\gamma = 80°$.

H2
H3
I3

a) Beschreibt, wie Kai die Aufgabe gelöst hat.

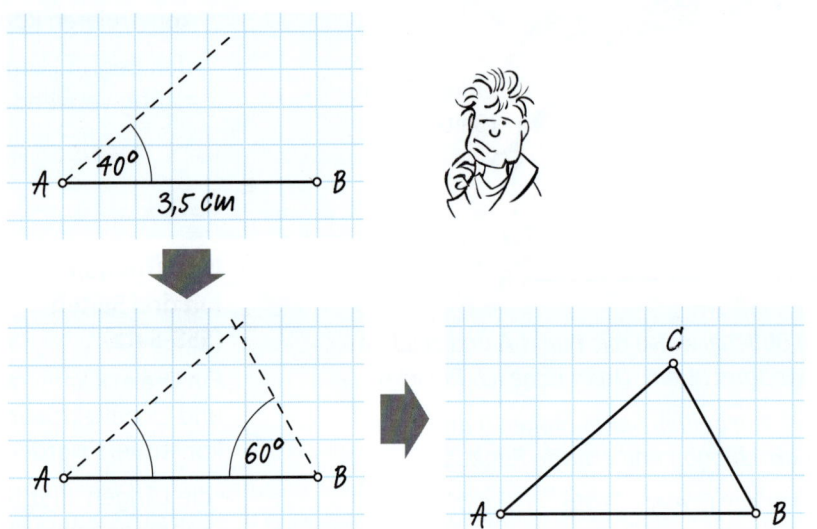

b) Welche Länge hat Kai für die Seite c gewählt?

c) Überlegt: Muss man Kais Seitenlänge nehmen?

d) Zeichnet selbst ein Dreieck mit den angegebenen Winkeln.
Sind verschiedene Lösungen möglich?

e) Konstruiert die angegebenen Dreiecke jede/r für sich.
Gebt jeweils die Längen eurer Seiten a, b und c in mm an.

(1) $\alpha = 90°$, $\beta = 35°$, $\gamma = 55°$ (2) $\alpha = 120°$, $\beta = 20°$, $\gamma = 40°$

....

127 Genügen auch zwei Winkel?

H2
H4
I3

Anna behauptet:

> „Wenn ich zwei Winkel kenne,
> kenne ich auch den dritten Winkel."

a) Stimmt Annas Behauptung?
Begründe deine Entscheidung.

b) Berechne bei den folgenden Dreiecken den fehlenden Winkel.
Beschreibe, wie du vorgegangen bist.

Dreieck 1: $\alpha = 130°$, $\beta = 40°$, $\gamma = $ _____

Dreieck 2: $\alpha = 50°$, $\beta = $ _____, $\gamma = 60°$

Dreieck 3: $\alpha = 90°$, $\beta = $ _____, $\gamma = 45°$

....

128 Wie nennt man verschieden große Figuren,
deren Winkel gleich groß sind?

H1
I3

Kreuze den richtigen Begriff an und schreibe ihn dann dreimal.

☐ endlich   ☐ kongruent   ☐ ähnlich

_____ , _____ , _____

Lernziele

⇒ Dreiecke mit drei
gegebenen Winkeln
konstruieren können
und wissen, dass es
dafür verschiedene
Lösungen gibt

⇒ den Begriff „ähnlich"
richtig verwenden

Wissen

**Konstruktion
mit drei Winkeln**

Sind die Winkel eines
Dreiecks bekannt,
kann man es mit Zirkel
und Lineal konstruieren.

**Die Größe des Dreiecks ist
jedoch nicht festgelegt.**

**Es gibt also verschiedene
Lösungen!**

Bei der Konstruktion
muss man die Länge
einer Seite frei wählen.

Ähnlich

Figuren, die gleiche
Winkel, aber verschiedene
Größen haben, nennt man
„ähnlich".

Interessant

Ähnliche Figuren

Ähnliche Figuren
unterscheiden sich nur in
ihrer Größe voneinander.

→ Übungsteil, S. 26

C5 WSW-Satz und SWS-Satz

---

129 Bei den folgenden Dreiecken sind zwei Winkel
und eine Seite gegeben.

Dreieck 1: $\alpha = 58°$, $\beta = 90°$, $c = 5$ cm

Dreieck 2: $\beta = 45°$, $\gamma = 85°$, $a = 4$ cm

Dreieck 3: $\alpha = 60°$, $\gamma = 80°$, $c = 7$ cm

a) Erstelle jeweils eine Skizze,
in der du farbig markierst,
welche Bestimmungsstücke
des Dreiecks du kennst.

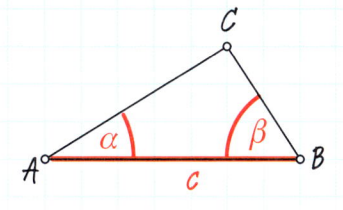

Skizze zu Dreieck 1

b) Berechne jeweils den fehlenden Winkel.

c) Konstruiere die Dreiecke.

d) Bestimme die fehlenden Seitenlängen durch Abmessen.

e) Vergleiche deine Dreiecke mit denen anderer.
Sind sie kongruent?
Sind sie ähnlich?
Fasst eure Ergebnisse zusammen.

---

130 Bei den folgenden Dreiecken sind zwei Seiten
und der von ihnen eingeschlossene Winkel gegeben.

Dreieck 1:
$\alpha = 100°$, $c = 5$ cm, $b = 3$ cm

Dreieck 2:
$\gamma = 80°$, $a = 6$ cm, $b = 2$ cm

Dreieck 3:
$\beta = 75°$, $c = 7$ cm, $a = 3$ cm

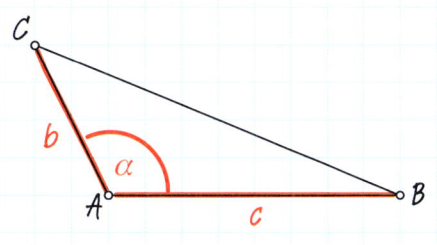

Skizze zu Dreieck 1

a) Konstruiere die Dreiecke.
*Tipp: Erstelle zuerst eine
Skizze, in der du die
bekannten Angaben
farbig markierst!*

*Hier würde ich zuerst c zeichnen,
dann den Winkel α konstruieren,
und schließlich b mit dem Zirkel
abschlagen.*

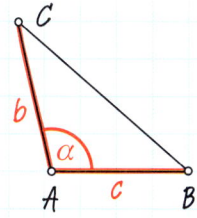

b) Bestimme die fehlenden
Winkel und Seitenlängen
der Dreiecke durch Abmessen.

c) Vergleiche deine Dreiecke mit denen anderer.
Sind sie kongruent?
Sind sie ähnlich?
Fasst eure Ergebnisse zusammen.

---

131 Konstruiere die folgenden Dreiecke.
Bestimme die fehlenden Seitenlängen und Winkel.
*Tipp: Erstelle zuerst eine Skizze, in der du
die bekannten Angaben farbig markierst!*

a) $\alpha = 42°$, $\beta = 80°$, $b = 4{,}3$ cm

b) $\alpha = 42°$, $b = 58$ mm, $c = 3{,}5$ cm

c) $\alpha = 99°$, $\gamma = 35°$, $a = 0{,}7$ dm

d) $a = 62$ mm, $b = 7$ cm, $\gamma = 90°$

Lernziele

⇒ Dreiecke mit
gemischten Angaben
(Winkel/Seiten)
konstruieren können

⇒ Verwenden von Skizzen
als Konstruktionshilfe

Wissen

**Konstruktion
mit zwei Winkeln
und einer Seite
(WSW-Satz)**

Kennt man zwei Winkel
und eine Seite eines
Dreiecks, so kann man es
eindeutig konstruieren.

**Konstruktion
mit zwei Seiten und
dem eingeschlossenen
Winkel (SWS-Satz)**

Kennt man zwei Seiten
eines Dreiecks und den
Winkel, den diese Seiten
einschließen, ist die
Konstruktion eindeutig.

Tipp

Skizzieren hilft!

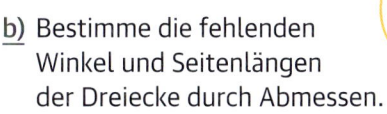

Eine Skizze hilft dir
herauszufinden,
wie du das Dreieck
konstruieren musst.

→ Übungsteil, S. 27

C6 SSW-Satz

132 Konstruiere die unten angegebenen Dreiecke.
Deryas Beschreibung hilft dir dabei.

H2
I3

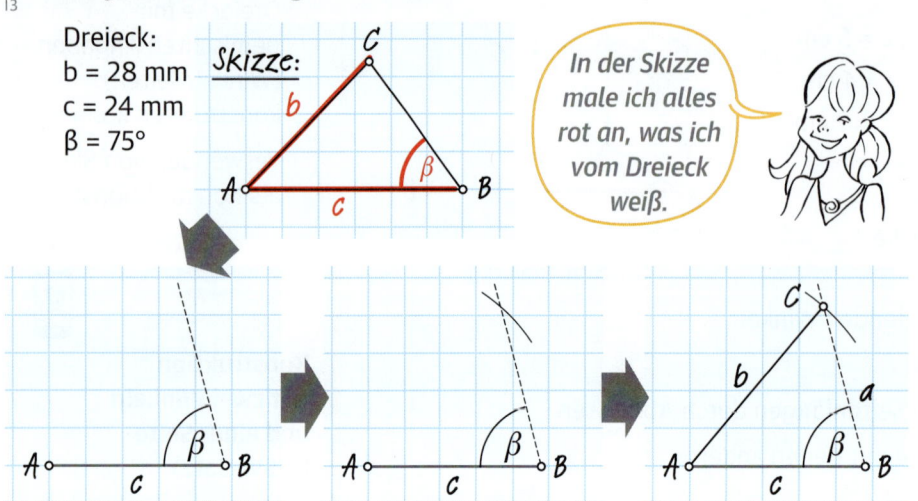

Dreieck:
b = 28 mm
c = 24 mm
β = 75°

In der Skizze male ich alles rot an, was ich vom Dreieck weiß.

Ich beginne mit der Seite, die an den Winkel grenzt. Die unbekannte Seite zeichne ich im richtigen Winkel auf.

Mit dem Zirkel schlage ich die andere mir bekannte Seite ab.

Sobald die drei Eckpunkte feststehen, ist das Dreieck fertig.

a) b = 35 mm, c = 30 mm, β = 75°

b) b = 4 cm, c = 2 cm, β = 120°

c) a = 4,5 cm, c = 4,2 cm, α = 80°

d) a = 5 cm, b = 6 cm, β = 65°

133 Bei den unten angegebenen Dreiecken gibt es zwei verschiedene Lösungen. Konstruiere beide in deinem Heft.

H2
I3

a) a = 36 mm
c = 47 mm
α = 45°

b) a = 4 cm
c = 5 cm
α = 20°

c) b = 6,3 cm
c = 5,4 cm
γ = 50°

d) a = 42 mm
b = 63 mm
α = 30°

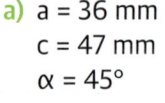

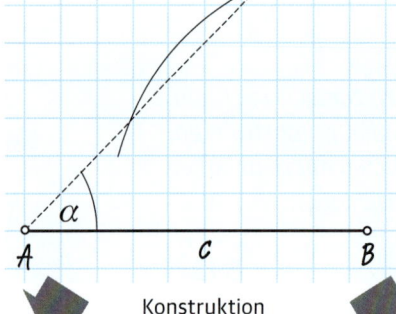

Konstruktion

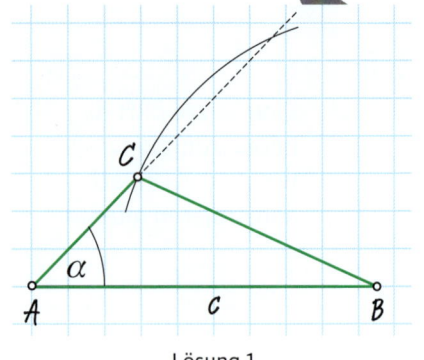

Lösung 1

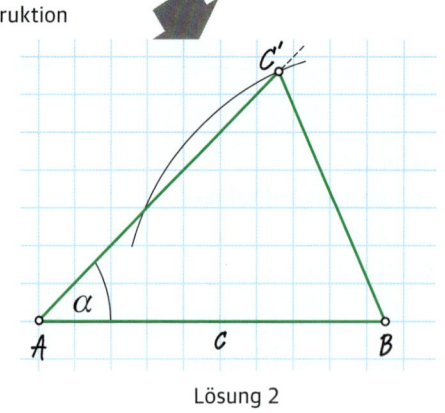

Lösung 2

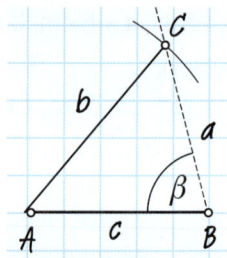
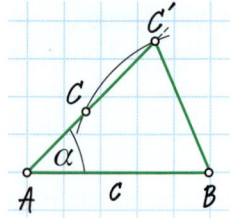

C7 Einteilung von Dreiecken nach Seiten

134 Findet gleichseitige, gleichschenkelige und ungleichseitige Dreiecke in den Bildern.

H3
I3

135 FORSCHE WEITER

H3
I3

Gleichseitige und gleichschenkelige Dreiecke

Findet gleichseitige und gleichschenkelige Dreiecke in eurer Umwelt und fotografiert sie.

136 Konstruiere ein gleichseitiges Dreieck mit Seitenlänge a = 5,3 cm. Berechne den Umfang und gib die Größe der Winkel an.

H2
H4
I3

Was fällt dir auf?

137 Konstruiere ein gleichschenkeliges Dreieck mit der Basis c = 6 cm und einer Schenkellänge von a = b = 4,5 cm. Berechne den Umfang und gib die Größe der Winkel an.

H2
H4
I3

Was fällt dir auf?

138 Konstruiere die folgenden besonderen Dreiecke. Bestimme, ob sie gleichseitig, gleichschenkelig oder ungleichseitig sind.

H2
H3
I3

a) a = 52 mm, b = 40 mm, c = 52 mm

b) a = 50 mm, b = 45 mm, c = 36 mm

c) a = 4 cm, b = 4 cm, c = 4 cm

d) c = 5 cm, α = 60°, β = 60°

e) a = 4,3 cm, α = 60°, β = 40°

f) b = 4,2 cm, β = 70°, γ = 70°

g) c = 5,4 cm, α = 45°, β = 80°

Verwende für die Konstruktionen den SSS-Satz oder den WSW-Satz!

Wissen

Einteilung von Dreiecken nach Seiten

gleichseitige Dreiecke
Dreiecke, deren Seiten a, b und c alle gleich lang sind.

gleichschenkelige Dreiecke
Dreiecke, bei denen zwei Seiten gleich lang sind. Diese Seiten nennt man die „Schenkel" eines Dreiecks.

ungleichseitige Dreiecke
Dreiecke, deren Seiten a, b und c alle verschieden lang sind.

Gleichseitige und gleichschenkelige Dreiecke nennt man **besondere Dreiecke**.

Interessant

Besondere Dreiecke im Alltag

Überraschend viele Dreiecke in unserer Umwelt sind besondere Dreiecke!

→ Übungsteil, S. 29

C8 Einteilung von Dreiecken nach Winkeln

139 Spitzwinkelig oder stumpfwinkelig? Kreuze an.

H3
I3

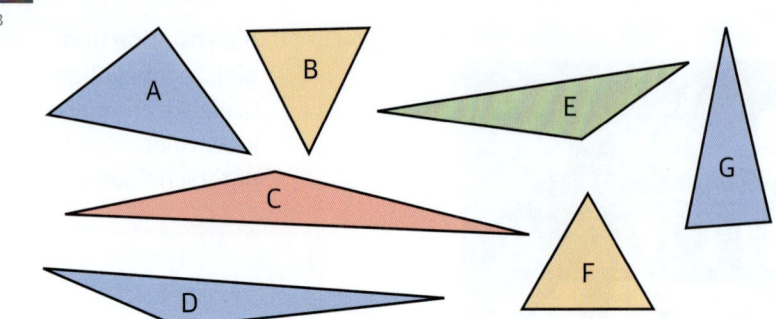

Dreieck:	A	B	C	D	E	F	G
spitzwinkelig							
stumpfwinkelig							

140 Zeichne die Dreiecke ABC_1, ABC_2 und ABC_3 ein.
Welche Dreiecke entstehen? Kreuze an.

H2
H3
I3

C_1 C_2 C_3

A ——— B

Dreieck AB...	C_1	C_2	C_3
spitzwinkelig			
rechtwinkelig			
stumpfwinkelig			

141 Konstruiere die folgenden Dreiecke.
Bestimme, ob sie spitzwinkelig, rechtwinkelig,
oder stumpfwinkelig sind.

H2
H3
I3

a) $a = 3$ cm, $b = 4$ cm, $c = 5$ cm

c) $a = 3$ cm, $\alpha = 50°$, $\beta = 40°$

b) $a = 3$ cm, $\alpha = 110°$, $\beta = 40°$

d) $a = 2$ cm, $b = c = 5$ cm

142 Ergänze die Aussagen so, dass sie richtig werden.

H3
I3

– „Spitzwinkelige Dreiecke haben stets _____ spitze Winkel."

– „Rechtwinkelige Dreiecke besitzen immer

  einen _____ Winkel und zwei _____ Winkel."

– „Stumpfwinkelige Dreiecke haben genau

  _____ stumpfe(n) Winkel und _____ spitze(n) Winkel."

143 Drei Arten eines gleichschenkeligen Dreiecks

H1
I3

Konstruiert gleichschenkelige Dreiecke mit einer Basislänge von $c = 6$ cm.
Das Dreieck soll ...

a) spitzwinkelig   b) rechtwinkelig   c) stumpfwinkelig   ... sein.

Gibt es bei allen drei Aufgaben verschiedene Lösungen?
Besprecht eure Überlegungen mit anderen.

Lernziel

⇒ rechtwinkelige,
spitzwinkelige und
stumpfwinkelige
Dreiecke erkennen,
konstruieren und
unterscheiden können

Wissen

Einteilung von Dreiecken nach Winkeln

spitzwinkelige Dreiecke nennt man Dreiecke, deren Winkel α, β und γ alle spitz sind.

rechtwinkelige Dreiecke nennt man Dreiecke, die einen rechten Winkel besitzen (90°).

stumpfwinkelige Dreiecke nennt man Dreiecke, die einen stumpfen Winkel besitzen.

Tipp

Winkelsumme in Dreiecken

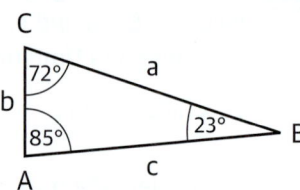

Bei allen Dreiecken ist die Summe der drei Winkel gleich 180°.

Je größer ein Winkel des Dreiecks wird, desto kleiner wird die Summe der beiden anderen.

→ Übungsteil, S. 30

English Corner

144 One angle of a triangle measures 60° and another one 90°.

H2
I3

   a) What is the measure of the third angle?

   b) Draw a triangle with these angle measurements.

145 One angle of a triangle measures 110° and
another one measures half that.

H2
I3

   a) What is the measure of the third angle?

   b) Draw a triangle with these angle measurements.

146 One angle of a triangle measures 50°.
The other two angles have equal measure.

H2
I3

   a) What is the measure of the two angles?

   b) Draw a triangle with these angle measurements.

Wörterbuch

angle ...
Winkel

triangle ...
Dreieck

one / another ...
einer / ein anderer

measure ...
Größe, Abmessung

draw ...
zeichnen

half ... halb

equal ... gleich

Technik-Labor

147 GeoGebra-Aufgabe: Der Satz von Thales

H1
H2
I3

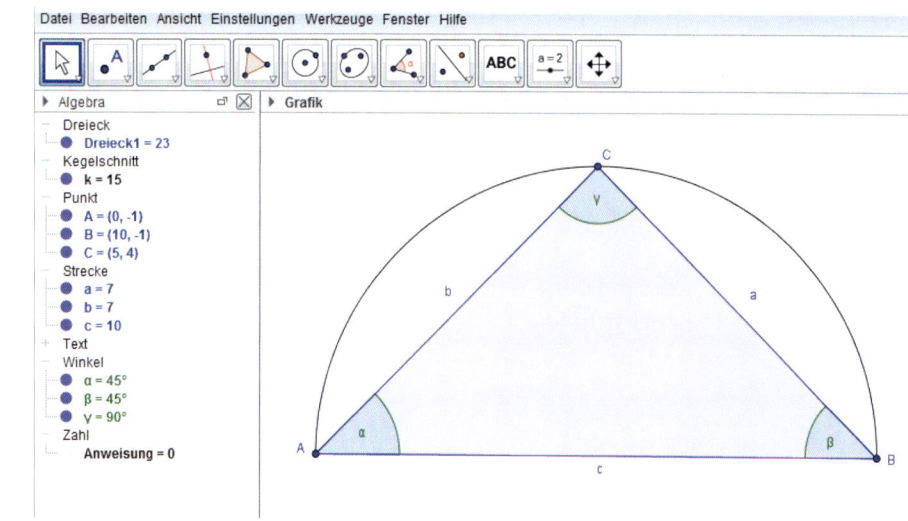

a) Lies die Winkel und die Seitenlängen des Dreiecks ab.

b) Beschreibe das Dreieck.

c) Kreuze an: Wie würde sich der Winkel Gamma ändern,
wenn man C ein Stück gerade nach oben schieben würde?

   ☐ gleich bleiben   ☐ größer werden   ☐ kleiner werden

⇒ Diese Datei und weitere Aufgaben dazu findest du
in der e-zone, Klasse 2 – C.

Der beste Staat ist der, der weder allzu Reiche noch allzu Arme hat.[1]

Thales von Milet
griechischer Mathematiker
und Philosoph

[1] Zitat nach Plutarchs „Gastmahl der sieben Weisen"

C9 Anwendung — Vermessungsaufgaben

148 **Bestimme die Höhe der Bäume!**

H1
H2
I3

Erstelle zunächst eine maßstabsgetreue Zeichnung im Maßstab 1 : 100.
Dann miss jeweils die Höhe des Baumes ab.
Hinweis: Denke daran, die Ergebnisse deiner Messungen
mit dem Maßstab wieder umzurechnen!

a) Abstand zum Baum: a = 8 m
Blickwinkel vom Boden: β = 20°

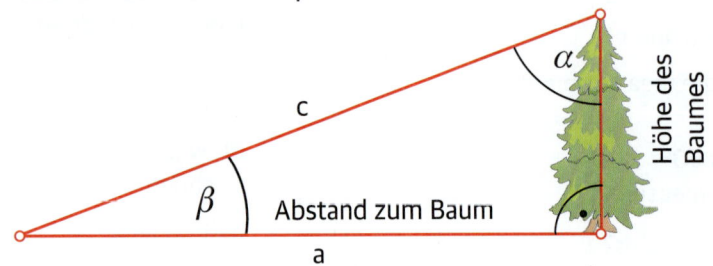

b) a = 7 m, β = 45°   **f)** a = 8 m, α = 47°

c) a = 10 m, β = 32°   **g)** c = 7,7 m, a = 4,4 m

d) c = 10 m, β = 25°   **h)** a = 6,1 m, α = 64°

e) c = 11,8 m, β = 30°   **i)** c = 8,9 m, a = 5,7 m

149 **Bestimme den Abstand zu den Leuchttürmen!**

H1
H2
I3

Erstelle zunächst eine maßstabsgetreue Skizze im Maßstab 1 : 100 000.
Dann miss die Abstände des Schiffes zu den Leuchttürmen ab.
Hinweis: Denke daran, die Ergebnisse deiner Messungen
mit dem Maßstab wieder umzurechnen!
Überlege dir, welchen Konstruktionssatz du beim
Erstellen deiner Zeichnung jeweils anwenden musst!

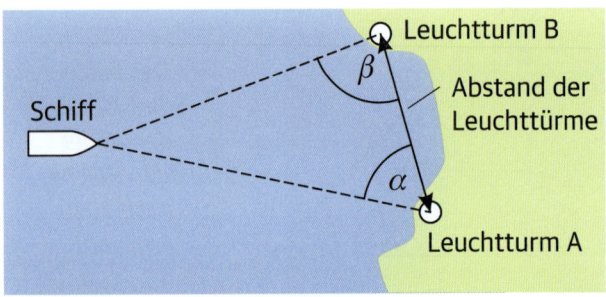

a) Abstand der Leuchttürme: 5 km, Winkel: β = 80°, α = 40°

b) Abstand der Leuchttürme: 6 km, Winkel: β = 50°, α = 50°

c) Abstand der Leuchttürme: 4,8 km, Winkel: β = 35°, α = 70°

d) Abstand der Leuchttürme: 2,9 km, Winkel: β = 150°, α = 15°

e) FORSCHE WEITER

Leuchttürme

Welche Funktion haben Leuchttürme? Wie sehen sie aus?
Suche im Internet nach Erklärungen und Fotos und
gestalte daraus ein Plakat für deine Klasse.

Lernziel

⇒ Konstruktionen
von Dreiecken und
Berechnungen mit
dem Maßstab in
Sachsituationen
anwenden können

Wissen

Wiederholung
Maßstab

M 1 : 100 bedeutet:

1 cm am Plan sind
100 cm (= 1 m) in der
Wirklichkeit.

· 100

PLAN   WIRKLICHKEIT

1 cm   100 cm (= 1 m)

: 100

Interessant

Geometrie und Seefahrt

Viel von dem Wissen,
das wir heute über Winkel
und Dreiecke haben,
wurde für die Seefahrt
entwickelt.

Kapitäne arbeiteten
mit Karten, Zirkel und
Kompass, um nicht vom
Kurs abzukommen.

Heute verwenden Schiffe
meist GPS-Signale von
Satelliten, die ihnen ihre
Position angeben.

→ Übungsteil, S. 31

→ Cyber Homework 6

Checkpoint (1/2)

Löse die Aufgaben und kontrolliere deine Ergebnisse (Lösungen ab Seite 167).
Kreuze an, was du noch üben möchtest.

Koordinatensystem, besondere Dreiecke

150 Zeichne die folgenden Dreiecke in das unten angegebene Koordinatensystem ein.

H1
H3
I3

a) Dreieck 1: A (2|1), B (8|3), C (4|5)

b) Dreieck 2: A (11|0), B (16|5), C (10|3)

c) Beide Dreiecke sind besondere Dreiecke.
Um welche Art von Dreieck handelt es sich jeweils?

↺ C1
↺ C2
↺ C7
↺ C8

151 Zeichne ein Koordinatensystem.

H1
H2
H4
I3

Die Strecke von 0 bis 1 soll jeweils 1 Zentimeter lang sein.
Zeichne die x-Achse 10 cm und die y-Achse 10 cm lang.

a) Zeichne die Punkte A (1|3) und B (7|3) ein.

b) Wähle Punkt C so, dass aus dem Dreieck ABC ein gleichschenkeliges Dreieck wird.
Zeichne das Dreieck ein.

c) Gibt es für Punkt C verschiedene Lösungsmöglichkeiten?
Begründe deine Entscheidung und gib, wenn ja, zwei Möglichkeiten an.

↺ C1
↺ C2
↺ C7

Dreieckskonstruktion mit drei gegebenen Seiten (SSS-Satz)

152 Konstruiere die folgenden Dreiecke mit Zirkel und Lineal.

H2
I3

Gib jeweils die Größe der Winkel α, β und γ an.

a) a = 2 cm, b = 4 cm, c = 6 cm   **b)** a = 3,5 cm, b = 6,3 cm, c = 48 mm

↺ C3

153 Konstruiere ein gleichseitiges Dreieck mit einer Seitenlänge von 5,6 cm.

H4
I3

Gib jeweils die Größe der Winkel α, β und γ an.

Was fällt dir auf?

↺ C3
↺ C7

154 Was bedeutet der Begriff „kongruent"?

H1
H4
I3

a) Erkläre den Begriff auf Deutsch.

b) Beschreibe den Unterschied zwischen „ähnlich" und „kongruent".

c) Kreuze an: Sind zwei Dreiecke, deren Seiten gleich lang sind, kongruent?

☐ ja, immer   ☐ manchmal   ☐ nie

↺ C3
↺ C4

Checkpoint (2/2)

Löse die Aufgaben und kontrolliere deine Ergebnisse (Lösungen ab Seite 167).
Kreuze an, was du noch üben möchtest.

Dreieckskonstruktion mit drei gegebenen Winkeln

155 Gegeben sind die Winkel: $\alpha = 30°$, $\beta = 50°$ und $\gamma = 100°$.

H1
H2
I3

  a) Konstruiere ein Dreieck mit den oben angegebenen Winkeln.
     Die Seite c soll in diesem Dreieck 6,5 cm lang sein.

  b) Konstruiere ein Dreieck mit den oben angegebenen Winkeln.
     Wähle eine andere Länge für die Seite c als in Aufgabe a).

  c) Erkläre den Begriff „ähnlich" anhand der Dreiecke aus a) und b).

☐ ↺ C4

156 Vervollständige den folgenden Satz.

H1
I3

Die Summe aller Winkel eines Dreiecks beträgt immer _____ .

☐ ↺ C8

Dreieckskonstruktion mit gemischten Angaben (SWS-Satz, WSW-Satz, SSW-Satz)

157 Konstruiere die folgenden Dreiecke.

H1
H2
I3

Verwende dafür den SWS-Satz oder den WSW-Satz.
Tipp: Erstelle zuerst eine Skizze, in der du die bekannten Angaben farbig markierst!

  a) $\alpha = 45°$, $\beta = 37°$, c = 7,3 cm   c) c = 7 cm, $\beta = 25°$, a = 5 cm

  b) a = 62 mm, $\beta = 90°$, $\gamma = 28°$ d) $\alpha = 45°$, b = 3,8 cm, c = 4,9 cm

☐ ↺ C5

158 Konstruiere die folgenden Dreiecke mit Hilfe des SSW-Satzes.

H2
I3

Achtung: Zu einem Dreieck gibt es zwei Lösungen!

  a) $\alpha = 50°$, a = 6 cm, c = 7 cm   b) $\beta = 90°$, a = 30 mm, b = 45 mm

☐ ↺ C6

Vermessungsaufgaben

159 Wie hoch ist der Turm?

H1
H2
I3

  a) Sieh dir die Skizze rechts an.
     Erstelle eine maßstabsgetreue
     Zeichnung (M 1 : 2 000).

  b) Bestimme die Höhe des Turmes.

Skizze:

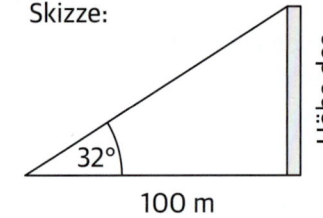

Höhe des Turmes

32°

100 m

☐ ↺ C9

160 Wie hoch ist der Baum?

H1
H2
I3

Es ist Nachmittag. Die Sonne scheint in
einem Winkel von 45° auf einen Baum.

  a) Wie hoch ist der Baum, wenn sein
     Schatten genau 12 Meter lang ist?

  b) Erkläre, wie du beim Lösen
     der Aufgabe vorgegangen bist.

☐ ↺ C9

D

Merkwürdige Punkte im Dreieck
Umkreis, Inkreis und Symmetrie

Inhalt

161 Schaut euch den Comic mit Jakob und Kai an.
Dann löst die Aufgaben.

H1
H3
H4
I3

a) Warum haben Jakob und Kai die Straße zum Seilziehen ausgesucht?

b) Zeichne zwei parallele Linien auf ein Blatt Papier.
Konstruiere dann eine ganz exakte Mittellinie.

c) Beschreibe, wie du Aufgabe b) gelöst hast.

d) KNOBELAUFGABE
Linien für das Seilziehen

Wie kann man zwei parallele Linien und eine
exakte Mittellinie auf einem Feld errichten?
Hinweis: Denkt daran, dass es kein so großes Lineal gibt!

Warm-up

Zeig, was du bereits kannst.

Symmetrie

162 Das Bild unten sollte symmetrisch sein.
H3
I3
Es haben sich aber drei Fehler eingeschlichen.
Finde sie und kreise sie ein.

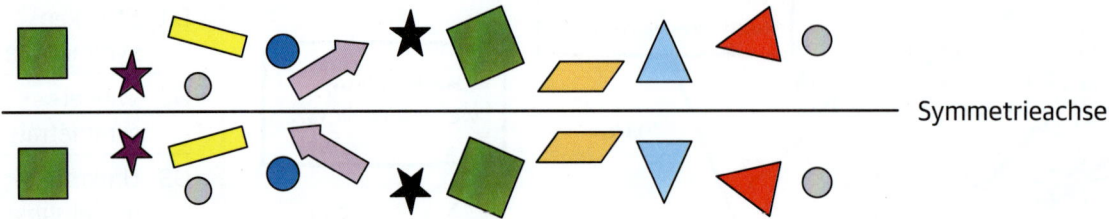

Symmetrieachse

163 Übe die Wörter „Symmetrie" und „symmetrisch".
H1
I3
Symmetrie, symmetrisch, _____

Koordinatensystem und Kreis

164 Gib die Koordinaten der Punkte A, B und C an.
H3
I3
_____

165 Zeichne die folgenden Punkte
H1
I3
in das Koordinatensystem ein.

D (1|10), E (8|4), F (13|9)

166 Zeichne einen Kreis mit
H2
I3
Mittelpunkt C und Radius r = 2,5 cm.

167 Zeichne eine Gerade g durch das
H1
I3
Koordinatensystem, auf der vier der
eingezeichneten Punkte liegen.

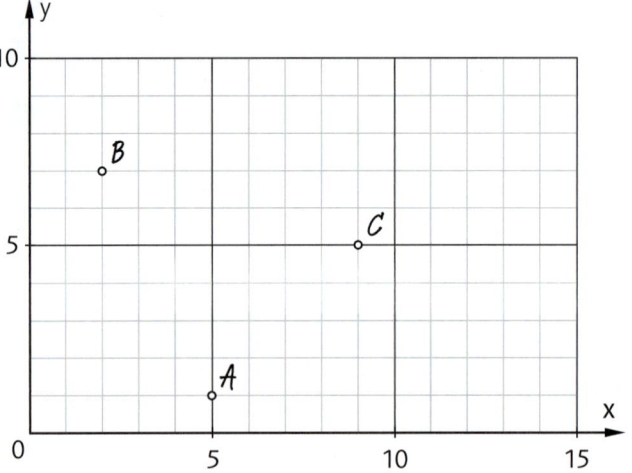

Dreiecke konstruieren

168 Konstruiere ein Dreieck mit a = 5 cm, b = 4 cm und c = 8 cm.
H2
I3
Bestimme die Winkel α, β und γ durch Abmessen.

169 Konstruiere ein Dreieck mit c = 6,5 cm, b = 5,8 cm und α = 50°.
H2
I3
Bestimme die Länge der Seite a durch Abmessen.

170 Konstruiere ein Dreieck mit c = 7,5 cm, α = 30° und β = 70°.
H2
I3
Bestimme die Länge der Seite a durch Abmessen.

Streckensymmetrale

171 Zeichne die angegebenen Strecken und Punkte ein.
Dann konstruiere die Streckensymmetralen mit Hilfe eines Geodreiecks.

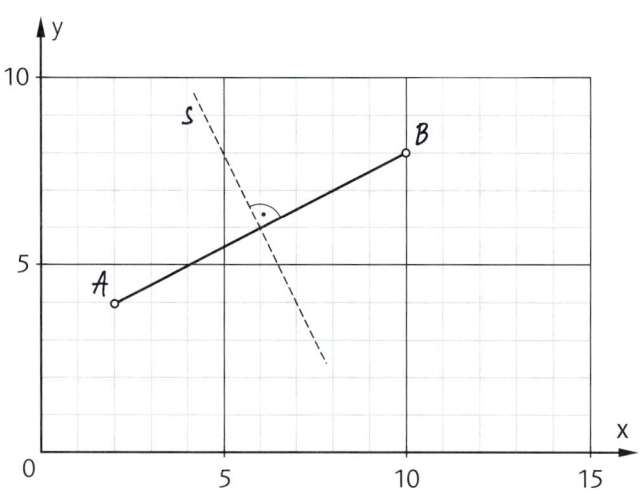

a) Strecke AB mit A (2|4) und B (10|8), Streckensymmetrale s

b) Strecke CD mit C (3|1) und D (15|1), Streckensymmetrale t

c) Strecke EF mit E (14|3) und F (9|6), Streckensymmetrale u

172 Zeichne die angegebenen Strecken.
Konstruiere dazu jeweils die Streckensymmetrale
mit dem Geodreieck.

a) $\overline{AB}$ = 4 cm   c) $\overline{CD}$ = 58 mm

b) $\overline{BF}$ = 6,6 cm   d) $\overline{EG}$ = 0,7 dm

Profis arbeiten immer mit gespitztem Bleistift!

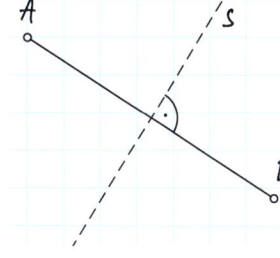

173 Zeichne die angegebenen Strecken.
Konstruiere dazu jeweils
die Streckensymmetrale mit dem Zirkel.

a) $\overline{AB}$ = 5 cm   c) $\overline{CD}$ = 43 mm

b) $\overline{FH}$ = 7,1 cm   d) $\overline{GJ}$ = 0,37 dm

e)

Bei mir schneiden sich die beiden Bögen nie!

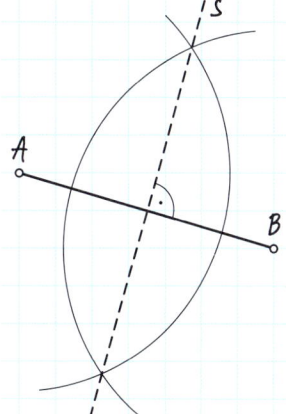

Hilf Mesut, eine Lösung für
sein Problem zu finden.

174 Vergleicht die Konstruktionsmethoden
aus den Aufgaben 172 und 173.

Findet jeweils einen Vorteil und einen Nachteil.

Lernziel

⇒ Streckensymmetralen
konstruieren können

Wissen

Streckensymmetrale

Eine Streckensymmetrale
teilt eine Strecke genau
in der Mitte und steht
normal auf die Strecke.

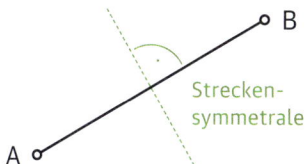
Strecken-
symmetrale

Konstruktion mit dem Geodreieck

1. Zeichne den Mittelpunkt
   der Strecke ein.

2. Zeichne eine Normale
   durch den Mittelpunkt.

Konstruktion mit dem Zirkel

1. Stich in Punkt A ein
   und zeichne einen
   Kreisbogen.
   Verstelle nun die
   Zirkelweite nicht mehr.

2. Stich in Punkt B ein
   und zeichne einen
   Kreisbogen.

3. Zeichne durch den
   Schnittpunkt der
   Kreisbögen eine
   Normale auf die
   Strecke.

→ Übungsteil, S. 33

175 Konstruiere die Winkelsymmetralen mit Hilfe eines Geodreiecks.

H2
I3

a)

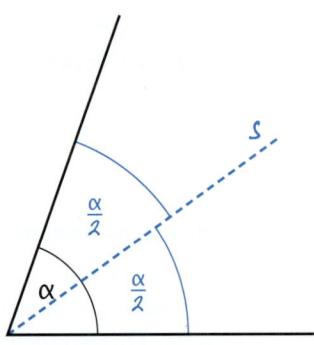

Messung: $\alpha = 70°$

$\rightarrow \frac{\alpha}{2} = 35°$

b)

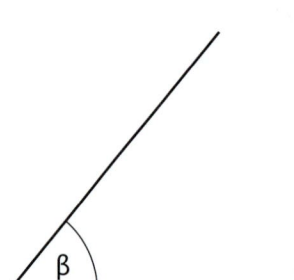

176 Konstruiere zuerst den Winkel mit dem Geodreieck.
Dann berechne die Hälfte des Winkels und
zeichne die Winkelsymmetrale mit dem Geodreieck ein.

H2
I3

a) $\alpha = 90°$ c) $\gamma = 120°$ e) $\epsilon = 75°$ g) $\mu = 230°$

b) $\beta = 30°$ d) $\delta = 170°$ f) $\phi = 153°$ h) $\psi = 285°$

177 Konstruiere die Winkelsymmetralen mit Hilfe eines Zirkels.

H2
I3

a)

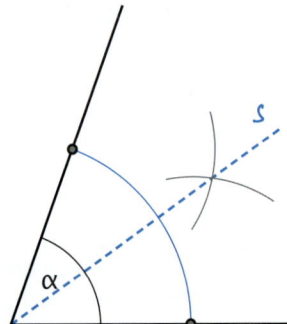

b)

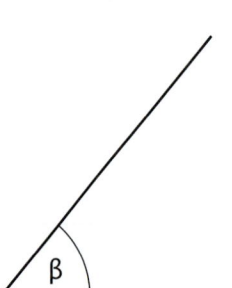

178 Konstruiere zuerst den Winkel mit dem Geodreieck.
Dann konstruiere die Winkelsymmetrale mit dem Zirkel.

H2
I3

a) $\alpha = 60°$ c) $\gamma = 24°$ e) $\epsilon = 166°$ g) $\phi = 270°$

b) $\beta = 82°$ d) $\delta = 140°$ f) $\psi = 200°$ h) $\omega = 306°$

i) Hilf Sonja, eine Lösung für ihr Problem zu finden.

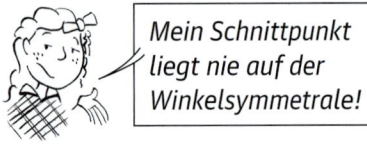

*Mein Schnittpunkt
liegt nie auf der
Winkelsymmetrale!*

179 Vergleicht die Konstruktionsmethoden
aus den Aufgaben 176 und 178.

H1
I3

Findet jeweils einen Vorteil und einen Nachteil.

Lernziele

⇒ den Begriff Winkel-
symmetrale kennen

⇒ Winkelsymmetralen
konstruieren können

Wissen

Winkelsymmetrale

Die Winkelsymmetrale
teilt einen Winkel
in der Mitte.

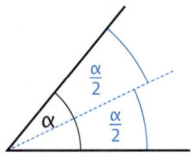

Winkel-
symmetrale

**Konstruktion
mit dem Geodreieck**

1. Miss den Winkel und
berechne die Hälfte
des Winkels.

2. Zeichne den halben
Winkel ein.

**Konstruktion
mit dem Zirkel**

1. Stich am Scheitelpunkt
des Winkels ein. Zeichne
einen Bogen, der beide
Schenkel schneidet.

2. Stich an beiden Schnitt-
punkten ein und
zeichne jeweils einen
Kreisbogen. Verstelle
die Zirkelweite dabei
nicht.

3. Zeichne die Winkel-
symmetrale durch den
Scheitelpunkt des
Winkels und den
Schnittpunkt der
beiden Kreisbögen.

→ Übungsteil, S. 34

Umkreismittelpunkt

180 Finde den Umkreismittelpunkt (U) der folgenden Dreiecke
mit Hilfe der Streckensymmetralen und zeichne den Umkreis ein.

H2
I3

a)

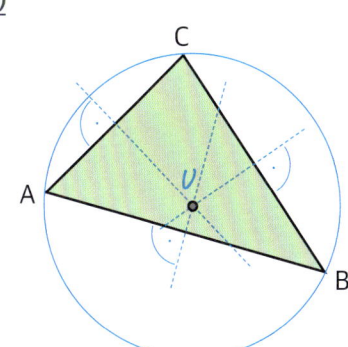

b)

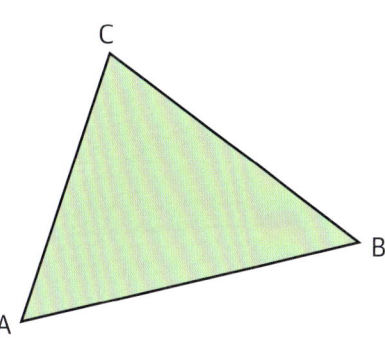

181 Miss jeweils die Abstände der Umkreismittelpunkte
zu den drei Eckpunkten A, B und C aus Beispiel 180.

H4
I3

Was fällt dir auf?
Besprich deine Ergebnisse mit anderen.

182 Konstruiere die angegebenen Dreiecke in deinem Heft.
Dann bestimme jeweils den Umkreismittelpunkt mit Hilfe
der Streckensymmetralen und zeichne den Umkreis ein.
Gib den Radius des Umkreises in mm an.

H2
I3

a) a = 4 cm, b = 6 cm, c = 7 cm

b) c = 5,5 cm, α = 45°, b = 4 cm

c) a = 6,3 cm, b = 3,4 cm, c = 5,8 cm

d) β = 90°, c = 4,5 cm, α = 60°

e) a = 0,35 dm, b = 0,35 dm, c = 0,6 dm
Was fällt dir auf?

f) gleichseitiges Dreieck mit a = 54 mm

183 Sabine behauptet:

H4
I3

*Bei allen rechtwinkeligen Dreiecken liegt der
Umkreismittelpunkt genau auf einer der Seiten.*

a) Kann Sabines Behauptung stimmen?
Zeichne selbst ein paar rechtwinkelige Dreiecke in dein Heft
und überprüfe Sabines Aussage.

b) FORSCHE WEITER
Satz des Thales

*„Konstruiert man ein Dreieck aus den beiden Endpunkten eines
Halbkreises und einem weiteren Punkt dieses Halbkreises,
so erhält man immer ein rechtwinkliges Dreieck."*

Hilft dieser Satz, Sabines Aussage zu beweisen oder zu widerlegen?

Lernziel

⇒ den Umkreismittelpunkt
im Dreieck konstruieren
können und seine
Eigenschaften kennen

Wissen

Umkreismittelpunkt

Zu jedem Dreieck gibt es
genau einen Punkt U, der
**von allen Eckpunkten
des Dreiecks gleich
weit entfernt** ist
(= Umkreismittelpunkt).

Umkreis eines Dreiecks

Den Kreis, der von diesem
Punkt U ausgeht, nennt
man den **Umkreis** des
Dreiecks.

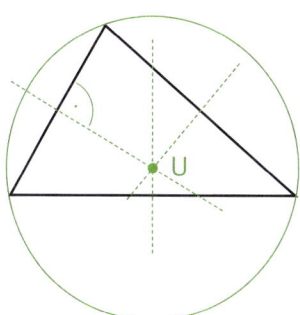

Konstruktion

1. Konstruiere die drei
Streckensymmetralen.
Sie schneiden sich in U.

2. Stich mit dem Zirkel im
Umkreismittelpunkt ein.
Stelle den Radius des
Zirkels vom Mittelpunkt
bis zu einem Eckpunkt
ein und zeichne einen
Kreis.

→ Übungsteil, S. 35

D4 Inkreismittelpunkt

184 Finde den Inkreismittelpunkt (I) der folgenden Dreiecke
H2 mit Hilfe der Winkelsymmetralen und zeichne den Inkreis ein.
I3

a)

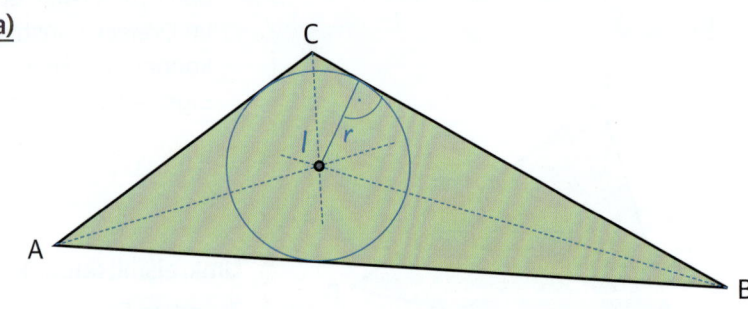

b)

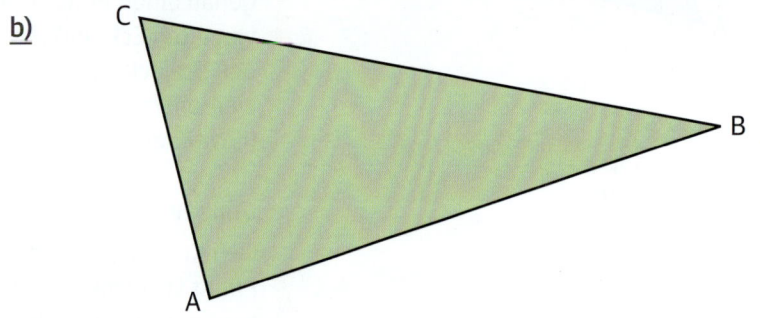

185 Zeichne die Dreiecke in das Koordinatensystem ein.
H2 Dann konstruiere den Inkreis mit Hilfe der Winkelsymmetralen.
I3 Gib den Radius des Inkreises in mm an.

a) Dreieck ABC mit A (0|9), B (5|0), C (8|5)

b) Dreieck DEF mit D (7|6), E (14|10), F (5|10)

c) Dreieck GHJ mit G (8|2), H (17|0), J (15|9)

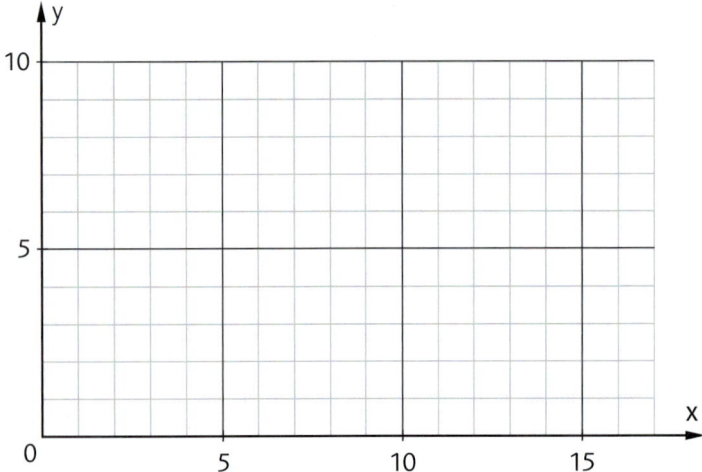

186 KNOBELAUFGABE

H4 Genügt es bei der Konstruktion des Inkreismittelpunktes
I3 nur zwei Winkelsymmetralen zu zeichnen?

Begründe deine Antwort mit Hilfe von zwei Beispielen.

Lernziel

⇒ den Inkreismittelpunkt
im Dreieck konstruieren
können und seine
Eigenschaften kennen

Wissen

Inkreismittelpunkt

Zu jedem Dreieck gibt
es genau einen Punkt I,
der **von allen Seiten
des Dreiecks gleich
weit entfernt** liegt
(= Inkreismittelpunkt).

Inkreis eines Dreiecks

Den Kreis, der von diesem
Punkt I ausgeht, nennt
man den **Inkreis** des
Dreiecks.

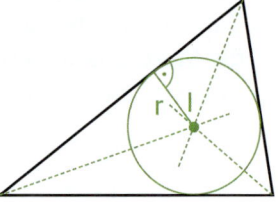

Konstruktion

1. Konstruiere die
Winkelsymmetralen.
Sie schneiden sich in I.

2. Zeichne den Radius ein,
indem du eine Normale
auf eine Seite des
Dreiecks durch den
Punkt I zeichnest.

3. Stich mit dem Zirkel im
Inkreismittelpunkt ein.
Stelle den Radius ein,
den du bei 2)
eingezeichnet hast und
zeichne einen Kreis.

→ Übungsteil, S. 36

→ Cyber Homework 7

English Corner

187 Draw a triangle with a = 52 mm, b = 52 mm and c = 85 mm.

H2
I3

a) Construct the inner circle of the triangle.
Measure the radius of the inner circle.

b) Construct the outer circle of the triangle.
Measure the radius of the outer circle.

c) Which radius is larger? How much is it larger?

188 Draw an equilateral triangle with side length 5 cm.

H2
I3

a) Construct the inner circle of the triangle.

b) Construct the outer circle of the triangle.

c) Are the centers of the circles the same?

Wörterbuch

draw ... zeichnen

triangle ... Dreieck

measure ...
messen

inner circle ...
Inkreis

outer circle ...
Umkreis

equilateral ...
gleichseitig

Technik-Labor

189 GeoGebra-Aufgabe: Umkreismittelpunkt

H2
H3
H4
I3

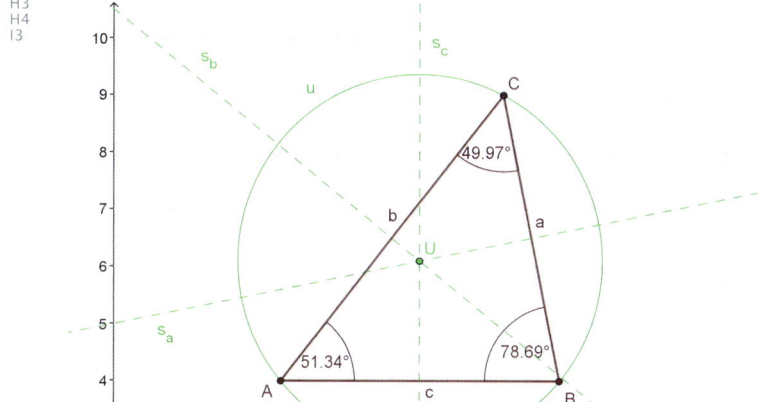

a) Gebt die Koordinaten der Punkte A, B, C und U an.

b) Gebt jeweils die Größe der Winkel α, β und γ an.
   *Tipp: Dezimalzahlen werden in GeoGebra mit einem „." angegeben,
   also: 34.55° = 34,55°*

c) Überlegt gemeinsam: Wie lautet die Winkelsumme der Winkel α, β und γ?
   Begründet eure Entscheidung und kontrolliert sie durch Nachrechnen.

⇒ Diese Datei und weitere Aufgaben dazu findest du in der e-zone, Klasse 2 – D.

D5 Schwerpunkt

190 Finde den Schwerpunkt (S) der folgenden Dreiecke mit Hilfe der Schwerlinien.

H2
I3

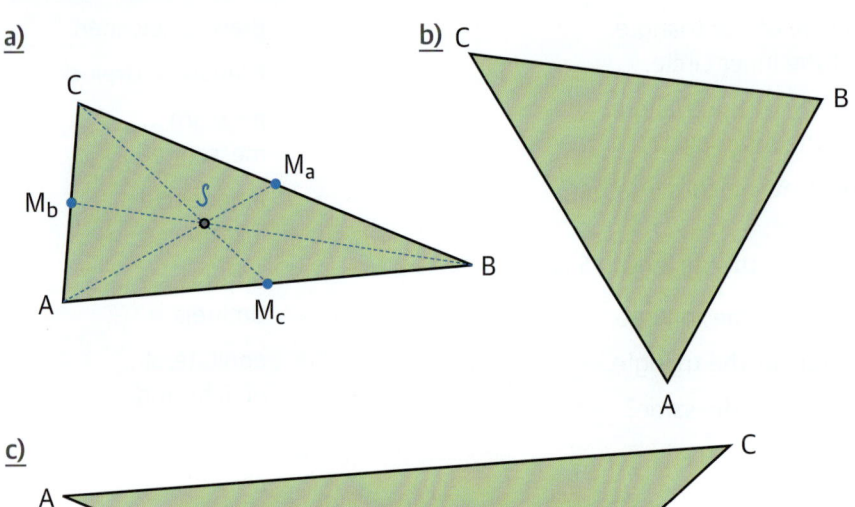

a)

b)

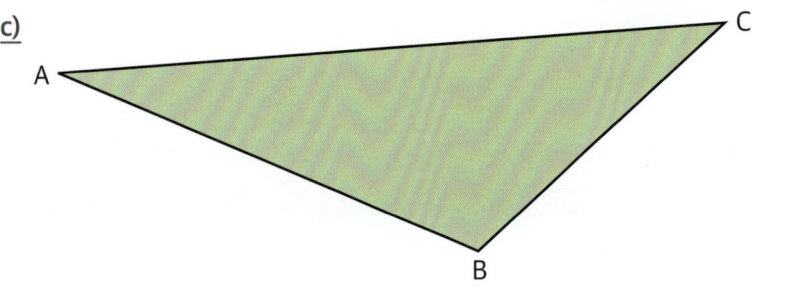

c)

---

191 Erstelle zunächst jeweils ein geeignetes Koordinatensystem in deinem Heft.
Dann zeichne das Dreieck in deinem Koordinatensystem ein.
Konstruiere die Schwerlinien und gib jeweils die Koordinaten des Schwerpunktes an.

H1
H2
I3

a) Dreieck ABC: A (0|2), B (4|0), C (1|9)

b) Dreieck ABC: A (3|6), B (10|7), C (5|10)

c) Dreieck ABC: A (5|0), B (9|0), C (5|5)

d) Dreieck ABC: A (8|3), B (9|1), C (10|10)

---

192 Konstruiere die Dreiecke in deinem Heft.
Zeichne jeweils die Schwerlinien und den Schwerpunkt ein.

H2
I3

a) $a = 5$ cm, $b = 7$ cm, $c = 6,4$ cm

b) $c = 6$ cm, $\alpha = 45°$, $\beta = 70°$

c) $b = 4,8$ cm, $c = 6$ cm, $\alpha = 60°$

d) gleichschenkeliges Dreieck:
Basis $c = 7,5$ cm, $\alpha = \beta = 55°$

e) gleichschenkeliges Dreieck:
Schenkel $a = b = 4$ cm, $\gamma = 80°$

f) gleichseitiges Dreieck: $a = 0,52$ dm

g) rechtwinkeliges Dreieck:
$a = 4,5$ cm, $b = 5,5$ cm, $\gamma = 90°$

Arbeite stets mit gespitztem Bleistift! Das Zeichnen fällt dir leichter und die Konstruktionen werden genauer.

Lernziel

⇒ Schwerlinien und Schwerpunkt im Dreieck konstruieren können und ihre Eigenschaften kennen

Wissen

Schwerpunkt und Schwerlinien

Schwerlinien teilen ein Dreieck in „gleich schwere" Hälften. Sie schneiden sich im Schwerpunkt S.

Konstruktion

1. Zeichne die Mittelpunkte der Seiten a, b und c als M_a, M_b und M_c ein.

2. Verbinde die Mittelpunkte mit den gegenüberliegenden Eckpunkten des Dreiecks. Du erhältst die Schwerlinien.

3. Der Schnittpunkt der Schwerlinien ergibt den Schwerpunkt S.

Interessant

Eine Figur am Schwerpunkt balancieren!

Schwerpunkt eines Dreiecks

Probiere es selbst bei deinem Geodreieck aus!

→ Übungsteil, S. 37

Extra: Schwerpunkt-Experiment

193 Schwerpunkt-Experiment

Findet die Schwerlinien und den Schwerpunkt eines Dreiecks mit Hilfe der Schwerkraft.

Ihr benötigt: 1 Stück Karton, 1 Büroklammer, 1 Stück Schnur, 1 Wäscheklammer, Bleistift

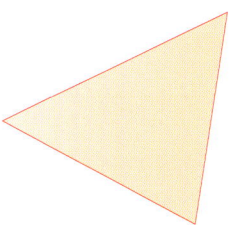

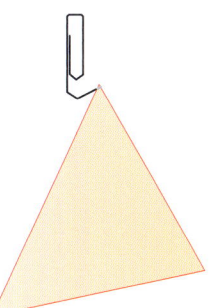

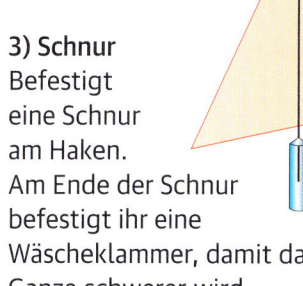

1) Dreieck aus Karton
Zeichnet ein beliebiges Dreieck (nicht zu klein!) auf einen Karton und schneidet es aus.

2) An den Haken hängen
Formt einen Haken aus einer Büroklammer und spießt ihn durch eine Ecke des Dreiecks.

3) Schnur
Befestigt eine Schnur am Haken. Am Ende der Schnur befestigt ihr eine Wäscheklammer, damit das Ganze schwerer wird.

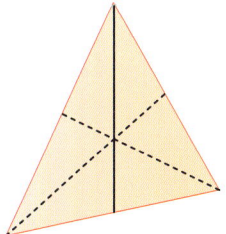

4) Schwerlinien
Zeichnet die Schwerlinie entlang der Schnur ein. Findet so auch die anderen beiden Schwerlinien und den Schwerpunkt.

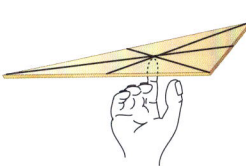

5) Test
Balanciert das Dreieck mit einem Finger genau am Schwerpunkt!

Extra: Sangaku

194 KNOBELAUFGABE

Sangaku

a) Konstruiere das Bild mit dem gleichseitigen Dreieck und den vier Kreisen. Wähle als Seitenlänge für das Dreieck eine Länge von 10 cm.

b) Beschreibe, wie du vorgegangen bist.

c) Überprüfe deine Genauigkeit: Der Radius des roten Kreises muss genau 3-mal so groß wie der Radius eines blauen Kreises sein.

d) FORSCHE WEITER
Finde weitere Bilder von Sangaku-Rätseln im Internet. Versuche eines davon zu lösen.

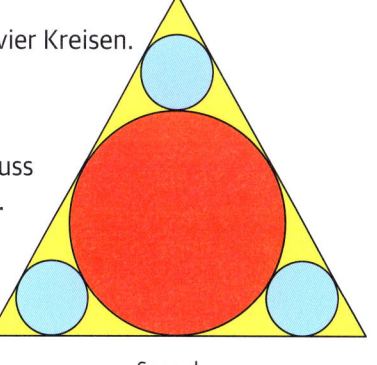

Sangaku

Mathematik-Geschichte: Sangaku

Sangakus sind Geometrie-Rätsel, die vor rund 300 Jahren in Japan sehr beliebt waren. Sie wurden auf Holztafeln gemalt und in Tempeln aufgehängt. Jeder konnte sich daran versuchen.

Höhen eines Dreiecks

195 Zeichne zuerst die Höhen h_a, h_b und h_c ein.
Dann gib ihre Längen jeweils in mm an.

H2
I3

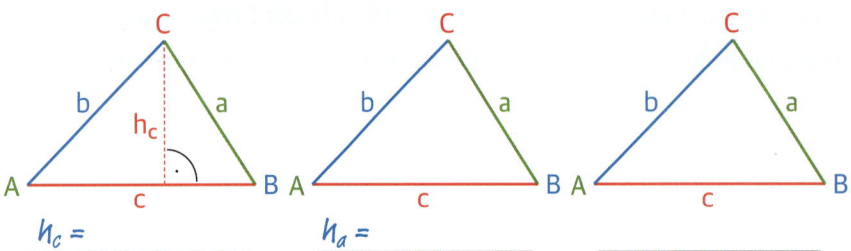

$h_c =$ _____ $h_a =$ _____ _____

196 Zeichne jeweils die gesuchte Höhe ein.

H2
I3

a) h_b

c) h_a

b) h_c

d) h_a

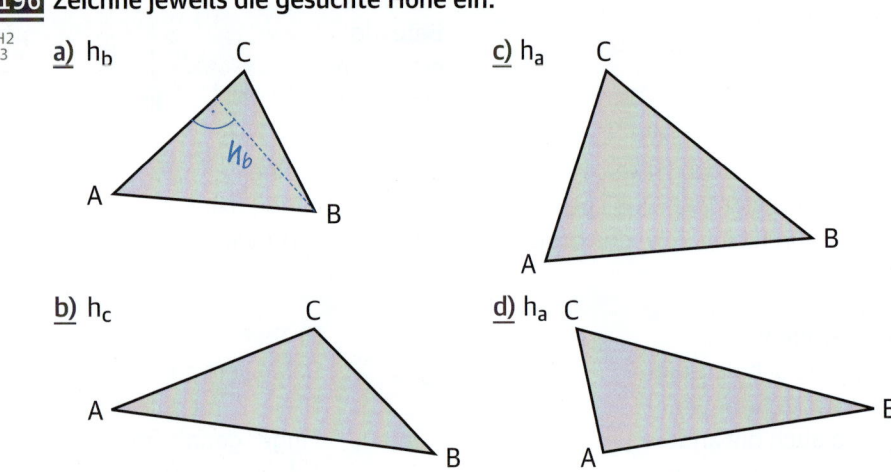

197 Zeichne jeweils die Höhe h_c ein.
Dann gib ihre Länge in mm an.

H2
I3

Höhen können auch außerhalb des Dreiecks liegen! In so einem Fall musst du die Seite verlängern!

$h_c =$ _____ _____

198 Konstruiere die angegebenen Dreiecke zuerst in deinem Heft.
Dann zeichne die gesuchte Höhe ein
und gib ihre Länge in cm an.

H2
I3

a) Dreieck ABC mit a = 3,5 cm, b = 4,2 cm und c = 5 cm,
Höhe h_c einzeichnen und Länge bestimmen

b) Dreieck ABC mit c = 6 cm, α = 120° und b = 4 cm,
Höhe h_a einzeichnen und Länge bestimmen

c) Dreieck ABC mit c = 68 mm, α = 71° und β = 47°,
Höhe h_b einzeichnen und Länge bestimmen

Lernziel

⇒ die Höhen eines Dreiecks konstruieren können und ihre Eigenschaften kennen

Wissen

Höhen eines Dreiecks

Ein **Dreieck** hat **drei Höhen.** Sie sind der kürzeste Abstand vom Eckpunkt zur gegenüberliegenden Seite.

Man bezeichnet sie mit

h_a ... Höhe auf die Seite a
h_b ... Höhe auf die Seite b
h_c ... Höhe auf die Seite c

Konstruktion
(am Beispiel der Höhe h_b)

Zeichne eine **Normale auf die Seite b,** die **durch den Punkt B** geht.

Interessant

Höhenmessung

Die Höhe eines Berges ist definiert durch den Normalabstand des höchsten Gipfels zum Meeresspiegel.

→ Übungsteil, S. 38

199 Zeichne die drei Höhen in jedem Dreieck ein.
H2 Dann kennzeichne jeweils den Höhenschnittpunkt H.
I3

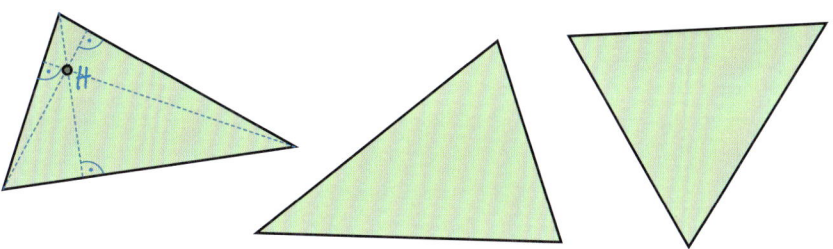

200 Konstruiere ein Dreieck mit c = 4 cm, b = 3 cm und α = 120°.
H2 Zeichne dann die drei Höhen des Dreiecks ein.
I3 Finde den Höhenschnittpunkt H und kennzeichne ihn.

Hinweis: Der Höhenschnittpunkt liegt außerhalb des Dreiecks!
Verlängere daher die Höhen, bis sie sich schneiden!

201 Konstruiere die Dreiecke und ihren Höhenschnittpunkt.
H2
I3
a) a = 2 cm, b = 5 cm, c = 5 cm   c) b = 0,55 dm, α = 40°, γ = 110°

b) c = 82 mm, α = 90°, b = 10 cm   d) gleichseitiges Dreieck: a = 0,063 m

202 Konstruiere die Dreiecke ABC zunächst in deinem Heft.
H2 Finde zu jedem Dreieck den Höhenschnittpunkt H,
H3 den Schwerpunkt S und den Umkreismittelpunkt U.
I3 Zeichne in jedem Dreieck die Eulersche Gerade e ein.

a) a = 5 cm
  b = 6 cm
  c = 7 cm

b) a = 7 cm
  b = 4,5 cm
  c = 9 cm

c) a = 4 cm
  b = 6,2 cm
  c = 8,3 cm

d) a = 6 cm
  b = 6 cm
  c = 7 cm

e) Zeichne bei den Dreiecken in a) bis d) auch
den Inkreismittelpunkt I ein.
Liegt der Inkreismittelpunkt immer auf der Eulerschen Geraden?

203 Konstruiere das gleichseitige Dreieck ABC (a = 7 cm).
H2 Dann finde den Höhenschnittpunkt H, den Schwerpunkt S, den
H4 Umkreismittelpunkt U sowie den Inkreismittelpunkt I des Dreiecks.
I3

Was fällt dir auf?
Beschreibe deine Beobachtungen und begründe.
Belege deine Ergebnisse mit Hilfe eines zweiten gleichseitigen Dreiecks.

Lernziele

⇒ den Höhenschnittpunkt
im Dreieck konstruieren
können

⇒ die Eulersche Gerade
bestimmen können

Wissen

Höhenschnittpunkt

Die drei Höhen schneiden
sich in einem Punkt.
Man nennt diesen Punkt
den **Höhenschnittpunkt H**
des Dreiecks.

Eulersche Gerade

Der Umkreismittelpunkt U,
der Schwerpunkt S und
der Höhenschnittpunkt H
eines Dreiecks liegen stets
auf einer Geraden, der
Eulerschen Gerade e.

Interessant

**Leonhard Euler
(1707–1783)**

Obwohl der berühmte
Mathematiker und
Physiker im Alter blind
wurde, schrieb er mit
Hilfe seiner Söhne noch
bedeutende Bücher.

Sein Bild war früher auf
den Banknoten seines
Heimatlandes, der
Schweiz, zu finden.

→ Übungsteil, S. 39
→ Cyber Homework 8

Checkpoint

Löse die Aufgaben und kontrolliere deine Ergebnisse (Lösungen ab Seite 167).
Kreuze an, was du noch üben möchtest.

Inkreismittelpunkt und Umkreismittelpunkt

204 Zeichne das angegebene Dreieck in das Koordinatensystem oben ein.

H2 I3

Beschrifte das Dreieck richtig und konstruiere seinen Umkreis.
Gib den Radius des Umkreises in cm an.

A (8|6), B (16|1), C (15|8)

☐
↺ D1
↺ D3

205 Zeichne das angegebene Dreieck in das Koordinatensystem oben ein.

H2 I3

Beschrifte das Dreieck richtig und konstruiere seinen Inkreis.
Gib den Durchmesser des Inkreises in cm an.

A (1|0), B (8|2), C (2|10)

☐
↺ D2
↺ D4

Höhenschnittpunkt, Schwerpunkt und Eulersche Gerade

206 Konstruiere das angegebene Dreieck ABC.

H2 I3

Dann finde den Schwerpunkt des Dreiecks.

a = 5,8 cm, b = 7,2 cm, c = 9,5 cm

☐
↺ D5

207 Konstruiere das angegebene Dreieck ABC.

H2 I3

Dann finde den Höhenschnittpunkt des Dreiecks.
Gib die Länge der Höhe h_c in cm an.

c = 6,5 cm, α = 35°, β = 63°

☐
↺ D6
↺ D7

208 Konstruiere die Eulersche Gerade zum angegebenen Dreieck ABC.

H2 I3

a = 3,9 cm, b = 4,8 cm, β = 45°

☐
↺ D7

209 Welche dieser Punkte liegen immer innerhalb eines Dreiecks?

H3 H4 I3

Kreuze an und begründe deine Entscheidung jeweils mit Beispielen.

☐ Höhenschnittpunkt   ☐ Inkreismittelpunkt

☐ Umkreismittelpunkt   ☐ Schwerpunkt

☐
↺ D3
↺ D4
↺ D5
↺ D7

Inhalt

210 Schaut euch den Comic mit Mesut und Mario an. Dann löst die Aufgaben.

H1
H3
I1
I4

a) Was ist an Marios Antwort im zweiten Bild komisch?

b) Wenn man ein Gehirn in Drittel teilt, wie viele Teile hat man dann?

c) Würde man ein Gehirn in Achtel teilen, wie viele Teile hätte man dann?

d) Ändert Marios Antwort im zweiten Bild so um, dass sie einen Sinn ergibt.

e) FORSCHE WEITER

Ist die Behauptung, dass wir nur ein Drittel unseres Gehirns nutzen, wissenschaftlich erwiesen?

Sammelt Informationen über die Nutzung unseres Gehirns. Als Suchbegriff im Internet könnt ihr zum Beispiel „Gehirn Nutzung" eingeben. Vergleicht eure Ergebnisse. Sind die Aussagen widersprüchlich oder gibt es unter den Wissenschaftler/innen eine einhellige Meinung?

Warm-up

Zeig, was du bereits kannst.

Darstellung und Begriffe

211 Finde die gesuchten Zahlen.

H1
I1

a) Wie lautet der Nenner des Bruchs $\frac{3}{4}$? _____

b) Wie lautet der Zähler des Bruchs $\frac{59}{12}$? _____

c) Schreibe den folgenden Bruch an:
Der Zähler ist 7, der Nenner lautet 5. _____

d) Schreibe den Bruch „*sechs Zwölftel*" an. _____

e) Schreibe den Bruch „*zwölf Neuntel*" an. _____

212 Welche Bruchzahlen sind hier dargestellt?
Schreibe sie in Bruchdarstellung auf.

H1
I1

a)

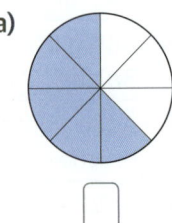

b)

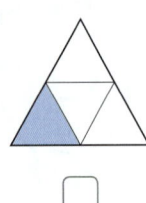

c)

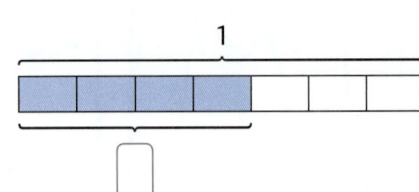

Vergleichen von Bruchzahlen

213 Vergleiche die Bruchzahlen mit gleichem Nenner.
Setze <, > oder = ein.

H2
I1

a) $\frac{5}{7} \bigcirc \frac{3}{7}$ b) $\frac{2}{8} \bigcirc \frac{7}{8}$ c) $\frac{3}{14} \bigcirc \frac{3}{14}$ d) $\frac{15}{20} \bigcirc \frac{14}{20}$

214 Vergleiche die Bruchzahlen mit gleichem Zähler.
Setze <, > oder = ein.

H2
I1

a) $\frac{3}{5} \bigcirc \frac{3}{4}$ b) $\frac{1}{10} \bigcirc \frac{1}{20}$ c) $\frac{7}{8} \bigcirc \frac{7}{10}$ d) $\frac{2}{9} \bigcirc \frac{2}{9}$

215 Vergleiche die Zahlen miteinander.
Setze <, > oder = ein.

H2
I1

a) $\frac{5}{4} \bigcirc 1$ b) $\frac{7}{8} \bigcirc 1$ c) $\frac{9}{9} \bigcirc 1$ d) $\frac{8}{10} \bigcirc \frac{10}{8}$

Ergänzen auf ein Ganzes

216 Ergänze immer auf ein Ganzes.

H2
I1

a) $\frac{3}{4} + \boxed{} = 1$ c) $\frac{2}{7} + \boxed{} = 1$ e) $\boxed{} + \frac{1}{5} = 1$ g) $\boxed{} + \frac{2}{9} = 1$

b) $\frac{3}{8} + \boxed{} = 1$ d) $\frac{4}{10} + \boxed{} = 1$ f) $\boxed{} + \frac{1}{8} = 1$ h) $\boxed{} + \frac{2}{13} = 1$

Arten von Brüchen

217 Echt oder unecht?

H1
I1

Ordne die Brüche zu.

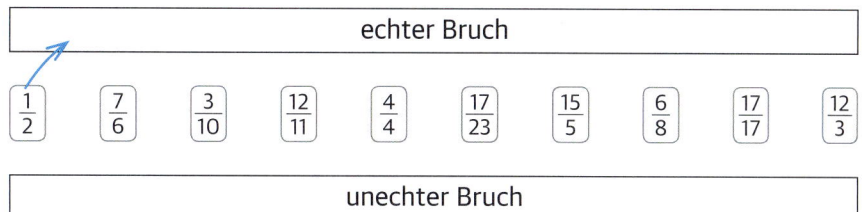

echter Bruch

$\frac{1}{2}$ $\frac{7}{6}$ $\frac{3}{10}$ $\frac{12}{11}$ $\frac{4}{4}$ $\frac{17}{23}$ $\frac{15}{5}$ $\frac{6}{8}$ $\frac{17}{17}$ $\frac{12}{3}$

unechter Bruch

218 Ergänze die Zahlen so, dass echte Brüche entstehen.

H1
H4
I1

$\frac{3}{8}$ $\frac{2}{5}$ $\frac{72}{}$ $\frac{5}{2}$ $\frac{1}{}$

Vergleiche deine Lösungen mit anderen.
Begründe: Gibt es verschiedene Lösungen?
Wenn ja, gib jeweils eine weitere Lösung an.

219 Ergänze die Zahlen so, dass unechte Brüche entstehen.

H1
H4
I1

$\frac{5}{3}$ $\frac{}{2}$ $\frac{15}{}$ $\frac{1}{8}$ $\frac{2}{}$ $\frac{34}{}$

Vergleiche deine Lösungen mit anderen.
Begründe: Gibt es verschiedene Lösungen?
Wenn ja, gib jeweils eine weitere Lösung an.

220 KNOBELAUFGABE

H1
I1

Schreibe eine Anleitung für Elias,
wie er alle Lösungen in den
Aufgaben 218/219 finden kann.

221 Wandle die unechten Brüche in gemischte Zahlen um.

H1
I1

a) $\frac{5}{4}$ b) $\frac{5}{3}$ c) $\frac{7}{4}$ d) $\frac{10}{9}$ e) $\frac{8}{6}$ h) $\frac{74}{50}$

f) $\frac{15}{12}$ i) $\frac{37}{32}$

g) $\frac{19}{10}$ j) $\frac{111}{40}$

$\frac{4}{4}$ sind 1 Ganzes.
Also sind $\frac{5}{4} = 1\frac{1}{4}$!

222 Wandle die gemischten Zahlen in unechte Brüche um.

H1
I1

a) $1\frac{1}{2}$ b) $1\frac{5}{9}$ c) $1\frac{2}{5}$ d) $1\frac{17}{20}$ e) $2\frac{2}{3}$ f) $5\frac{1}{4}$

223 Stammbrüche

H1
H2
H4
I1

a) Schreibe fünf verschiedene Stammbrüche auf.

b) Ordne sie vom kleinsten bis zum größten.

c) Setze „kleiner" oder „größer" in den Satz richtig ein.

„Je größer der Nenner eines Stammbruchs ist,

desto _____ ist der Wert des Bruchs."

Lernziel

⇒ die Begriffe
„echter Bruch",
„unechter Bruch",
„gemischte Zahl" und
„Stammbruch" richtig
verwenden können

Wissen

Echter Bruch

Brüche, deren Zähler
kleiner als ihr Nenner ist,
nennt man „echte Brüche".
Ihr Wert ist kleiner als 1.

Beispiel: $\frac{3}{4}$

Unechter Bruch

Brüche, deren Zähler
größer als oder gleich
groß wie ihr Nenner ist,
nennt man „unechte
Brüche". Ihr Wert ist
größer oder gleich 1.

Beispiel: $\frac{5}{4}$

Gemischte Zahl

Eine Zahl, die aus Ganzen
und einer Bruchzahl
besteht, nennt man
„gemischte Zahl".

Beispiel: $2\frac{3}{4}$

Stammbruch

Brüche, deren Zähler
gleich 1 ist, nennt man
„Stammbrüche".

Beispiel: $\frac{1}{4}$ ist der
Stammbruch
aller Viertel.

→ Übungsteil, S. 41

E2 Bruchzahl als Dezimalzahl schreiben

224 Das Bild zeigt, wie zwei Torten auf drei Teller aufgeteilt wurden.

H1
H3
I1

2 ganze Torten

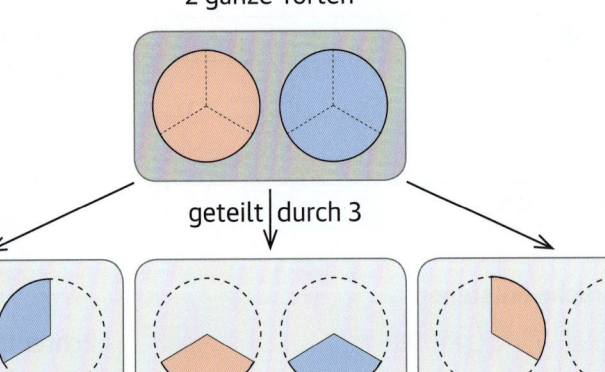

geteilt durch 3

a) Erkläre anhand des Bildes, warum $2 : 3 = \frac{2}{3}$ sind.

b) Erkläre, warum $2 : 4 = \frac{2}{4}$ sind.

c) Gib die folgenden Divisionen als Bruchzahlen an.

$3 : 5 = \boxed{\frac{3}{5}}$ $\qquad$ $2 : 9 = \boxed{}$ $\qquad$ $8 : 3 = \boxed{}$ $\qquad$ $6 : 17 = \boxed{}$

d) Gib die folgenden Bruchzahlen als Divisionen an.

$\frac{1}{4} = \underline{\ 1 : 4\ }$ $\qquad$ $\frac{3}{8} = \underline{\hphantom{1 : 4}}$ $\qquad$ $\frac{4}{5} = \underline{\hphantom{1 : 4}}$ $\qquad$ $\frac{8}{3} = \underline{\hphantom{1 : 4}}$

225 Schreibe die Brüche als Dezimalzahlen an,
indem du die Divisionen rechnest.

H1
I1

a) $\frac{1}{4}$ $\qquad$ c) $\frac{2}{5}$ $\qquad$ e) $\frac{6}{4}$ $\qquad$ g) $\frac{15}{6}$

b) $\frac{3}{8}$ $\qquad$ d) $\frac{3}{4}$ $\qquad$ f) $\frac{11}{8}$ $\qquad$ h) $\frac{8}{5}$

$\frac{1}{4} = 1 : 4 = 0,25$

$\phantom{\frac{1}{4} = 1 :} 1\,0$

$\phantom{\frac{1}{4} = 1 :} 2\,0$

$\phantom{\frac{1}{4} = 1 :} 0\ Rest$

226 Schreibe die Brüche als Dezimalzahlen an.

H1
I1

*Achtung: Bei diesen Brüchen treten
periodische Zahlen auf!*

a) $\frac{7}{3}$ $\qquad$ d) $\frac{1}{3}$ $\qquad$ g) $\frac{5}{12}$

b) $\frac{5}{6}$ $\qquad$ e) $\frac{16}{6}$ $\qquad$ h) $\frac{36}{27}$

c) $\frac{2}{9}$ $\qquad$ f) $\frac{3}{18}$ $\qquad$ i) $\frac{66}{99}$

$7 : 3 = 2,333\ldots = 2,\dot{3}$

$ 1\,0$

$ 1\,0$ $\quad$ *Rest wiederholt sich !*

$ 1\,0$

$ \ldots$

227 Schreibe die Brüche als Dezimalzahlen an.

H1
I1

*Achtung: Bei diesen Brüchen
treten periodische
Zahlen auf!*

a) $\frac{6}{11}$ $\qquad$ d) $\frac{5}{66}$ $\qquad$ g) $\frac{45}{33}$

b) $\frac{2}{11}$ $\qquad$ e) $\frac{3}{7}$ $\qquad$ h) $\frac{50}{99}$

c) $\frac{4}{27}$ $\qquad$ f) $\frac{8}{13}$ $\qquad$ i) $\frac{35}{27}$

$6 : 11 = 0,5454\ldots = 0,\overline{54}$

$ 6\,0$

$ 5\,0$

$ 6\,0$ $\quad$ *Reste wiederholen sich !*

$ 5\,0$

$ \ldots$

→ Übungsteil, S. 42

Lernziele

⇒ Bruchzahlen in
Dezimalzahlen
umwandeln können

⇒ periodische Zahlen
anschreiben können

Wissen

**Bruchzahlen als
Dezimalzahlen schreiben**

Möchtest du eine
Bruchzahl als Dezimalzahl
schreiben, musst du den
Zähler durch den Nenner
dividieren.

Beispiel: $\frac{3}{4} = 3 : 4 = \underline{0,75}$

Periodische Zahlen

Nicht alle Divisionen
gehen sich mit 0 Rest aus.

Beispiel: $7 : 3 = 2,33\ldots$
$ 10$
$ 10$
$ \ldots$ immer
$ $ so weiter!

Man schreibt: $2,\dot{3}$
Man sagt: *„zwei komma
drei periodisch"*

Das bedeutet, dass die 3er
hinter dem Komma ewig
weitergehen.

Hat die Periode mehr
Stellen, macht man einen
Strich statt einem Punkt.

Beispiel:

anstatt $5,1872727272\ldots$
schreibt man: $5,18\overline{72}$

228 Beschrifte die markierten Bruchzahlen auf dem Zahlenstrahl.

H1 I1

Hinweis: Brüche, die größer als 1 sind, kannst du als gemischte Zahlen oder als unechte Brüche beschriften!

a)

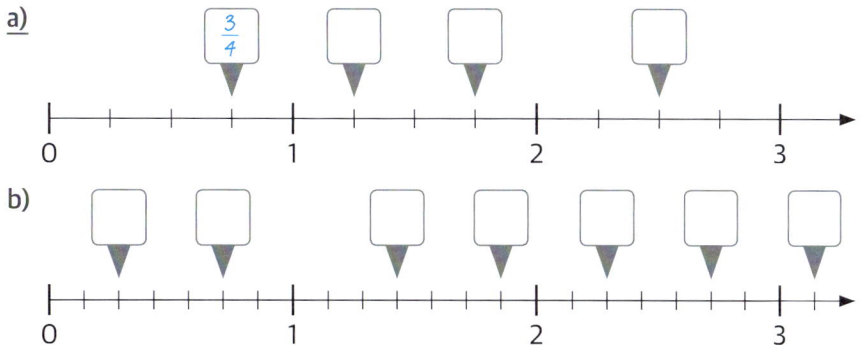

b)

229 Markiere die angegebenen Bruchzahlen auf dem Zahlenstrahl.

H1 I1

a) $\frac{1}{4}$ | $\frac{6}{4}$ | $\frac{8}{4}$ | $\frac{11}{4}$

b) $\frac{2}{3}$ | $\frac{4}{3}$ | $\frac{6}{3}$ | $\frac{8}{3}$

230 Markiere die angegebenen Zahlen auf dem Zahlenstrahl.

H1 I1

Tipp: Wenn es dir hilft, rechne die Bruchzahlen in Dezimalzahlen um, bevor du sie einzeichnest!

a) 0,3 | $\frac{6}{10}$ | $3\frac{1}{5}$ | $\frac{18}{10}$ | $\frac{7}{5}$ | 2,4 | $\frac{30}{10}$

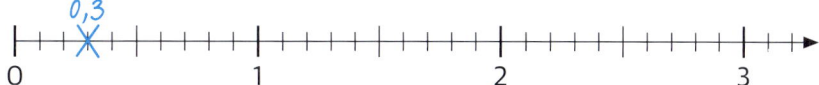

b) 0,15 | $\frac{3}{4}$ | 2,05 | $\frac{14}{8}$ | $2\frac{1}{3}$ | $\frac{4}{3}$ | $\frac{13}{4}$

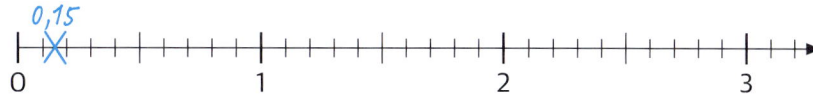

231 Ordne die Bruchzahlen der Größe nach.

H2 I1

Tipp: Wenn es dir hilft, rechne die Bruchzahlen in Dezimalzahlen um!

a) $\frac{3}{5}$, $\frac{1}{2}$, $\frac{8}{7}$

b) $\frac{9}{6}$, $\frac{7}{8}$, $\frac{12}{14}$

c) $\frac{2}{10}$, $\frac{10}{2}$, $\frac{3}{4}$, $\frac{16}{3}$

d) $\frac{6}{4}$, $\frac{10}{8}$, $\frac{16}{12}$

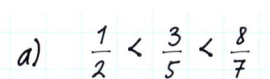

a) $\frac{1}{2} < \frac{3}{5} < \frac{8}{7}$

NR: 3 : 5 = 0,6
30
0 Rest

Echte Brüche sind immer kleiner als unechte Brüche!

Lernziele

⇒ Bruchzahlen auf dem Zahlenstrahl einzeichnen können

⇒ Bruchzahlen mit Hilfe verschiedener Strategien ordnen können

Wissen

Skala am Zahlenstrahl

Bevor man Bruchzahlen auf einem Zahlenstrahl einzeichnen kann, muss man herausfinden, **welchen Wert die Striche** am Zahlenstrahl **haben.**

Dazu kann man die **Anzahl der Abstände** zwischen 0 und 1 zählen.

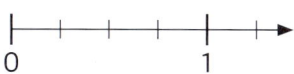

Sind es wie oben 4 Abstände, so markieren die Striche Viertel.

Sind es zum Beispiel 7 Abstände, markieren sie Siebtel.

Tipp

Größenvergleich

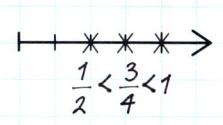

$\frac{1}{2} < \frac{3}{4} < 1$

Wie bei allen Zahlen gilt **auch bei Bruchzahlen:**

Je weiter rechts eine Zahl am Zahlenstrahl steht, **desto größer** ist sie!

→ Übungsteil, S. 43

English Corner

232 Express these fractions as mixed numbers.

H1
I1

$\frac{6}{5}$ = _____ $\frac{7}{2}$ = _____ $\frac{10}{3}$ = _____ $\frac{20}{7}$ = _____

233 Find the missing numbers.

H2
I1

$\frac{\boxed{}}{6}$ = 1 $\frac{2}{\boxed{}}$ = 1 $\frac{\boxed{}}{2}$ = 2 $\frac{9}{3}$ = $\boxed{}$

Wörterbuch

express ...
ausdrücken

fraction ...
Bruchzahl

mixed number ...
gemischte Zahl

Technik-Labor

234 Löse die Divisionen mit dem Taschenrechner.

H2
I1

Schreibe die Ergebnisse in die Tabelle.

	Division	Ergebnis am Taschenrechner	periodische Zahl
a)	13 : 3 =	4,33333333	4,$\dot{3}$
b)	2 : 3 =		
c)	25 : 6 =		
d)	16 : 9 =		
e)	36 : 11 =		
f)	35 : 12 =		
g)	41 : 18 =		
h)	100 : 13 =		
i)	25 : 13 =		

4,33333333

C	+/-	%	÷
1	2	3	×
4	5	6	−
7	8	9	+
0	,		=

235 33 : 9 = 3,66666667

H1
H2
I1

Erkläre, warum der Taschenrechner im Ergebnis eine 7 als letzte Ziffer anzeigt.

236 Zahlenstrahl-Spiel

H1
I1

Das Programm zeigt an, an welcher Stelle des Zahlenstrahls der nächste Apfel fallen wird.

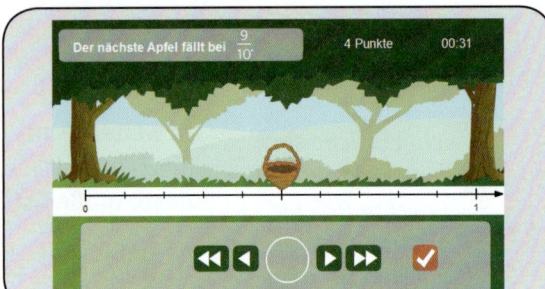

Der nächste Apfel fällt bei $\frac{9}{10}$ 4 Punkte   00:31

a) Wie lautet die Zahl? _____

b) Wird der Apfel in den Korb fallen?

☐ ja   ☐ nein

Falls nein, zeichne den Korb so ein, dass er den Apfel auffangen wird.

⇒ Dieses Spiel findest du in der e-zone, Klasse 2 – E.

Alltägliche Brüche

237 Ordne die Bruchzahlen den richtigen Dezimalzahlen zu.

H1
I1

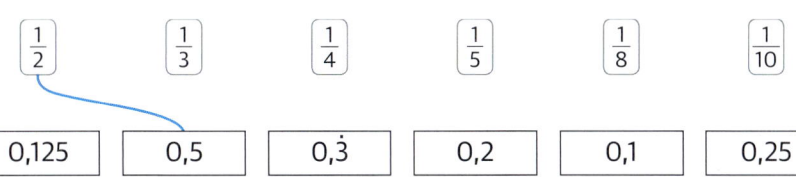

$\frac{1}{2}$ $\frac{1}{3}$ $\frac{1}{4}$ $\frac{1}{5}$ $\frac{1}{8}$ $\frac{1}{10}$

0,125   0,5   0,$\dot{3}$ 0,2   0,1   0,25

238 Schreibe die folgenden Brüche als Dezimalzahlen an.

H1
I1

Tipp: Mach Nebenrechnungen, wenn es dir hilft!

a) $\frac{1}{4}$, $\frac{2}{4}$, $\frac{3}{4}$, $\frac{4}{4}$

c) $\frac{1}{3}$, $\frac{2}{3}$, $\frac{3}{3}$

b) $\frac{1}{8}$, $\frac{3}{8}$, $\frac{5}{8}$, $\frac{7}{8}$

d) $\frac{1}{2}$, $\frac{2}{5}$, $\frac{3}{5}$, $\frac{4}{5}$

239 Schreibe die folgenden Massenangaben als Dezimalzahlen an.
Dann wandle sie in Gramm um.

H1
H2
I1

$\frac{1}{4}$ kg = _____ *0,25 kg* _____ = _____ *250 g* _____ $\frac{1}{8}$ kg = _____ = _____

$\frac{1}{2}$ kg = _____ = _____ $\frac{3}{4}$ kg = _____ = _____

240 All die abgebildeten Produkte wiegen $\frac{1}{4}$ kg.

H3
I1

a) Finde die Gewichtsangaben auf den Bildern und kreise sie ein.

b) **FORSCHE WEITER**
Finde in deiner Umwelt Dinge, die $\frac{1}{2}$ kg schwer sind.
Mach Fotos davon und schreibe eine Liste.

241 **KNOBELAUFGABE**

H3
I1

Brüche und Zeitangaben

a) Amelie braucht für die Hausübung eine Viertelstunde,
Beate nur halb so lange.
Um wie viele Sekunden ist Beate schneller?

b) Beschreibe, wie du Aufgabe a) gelöst hast.

c) Toni behauptet:

*„Ich habe nur ein Sechstel
von einer Dreiviertelstunde gebraucht."*

Vergleiche seine Zeiten mit den Zeiten der Mädchen.

Lernziel

⇒ Kompetenz im Umgang
mit häufig auftretenden
Brüchen im Alltag
gewinnen

Wissen

**Bruchzahlen
im Laufe der Zeit**

In den meisten Fällen
werden im Alltag
Dezimalzahlen statt
Bruchzahlen verwendet.

Beim Essen und Trinken
kommen Bruchzahlen
hingegen öfters vor.

$\frac{1}{4}$ kg Mehl, $\frac{1}{2}$ Teelöffel
und ähnliche Angaben
finden wir in Rezepten
für Kuchen und andere
Speisen.

Getränke werden oft in
Viertel-, Drittel- oder
Halblitermengen
angeboten.

Interessant

Zeitangaben mit Brüchen

Auch bei Zeitangaben sind
uns Brüche geläufig.

Beispiele: *„halb zehn"*
„viertel fünf"
„dreiviertel acht"
*„viertel nach
zwölf"*

→ Übungsteil, S. 44
→ Cyber Homework 9

E5 Äquivalente Brüche

242 Erstelle, falte und bemale einen Papierstreifen wie abgebildet.
Dann löse die Aufgaben.

H1
I1

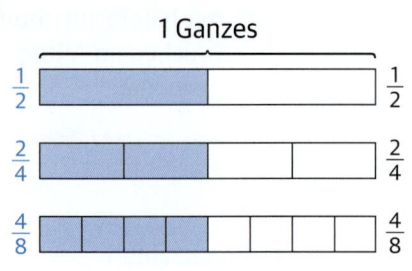

1 Ganzes

$\frac{1}{2}$ ◻◻ $\frac{1}{2}$

$\frac{2}{4}$ ◻◻◻ $\frac{2}{4}$

$\frac{4}{8}$ ◻◻◻◻ $\frac{4}{8}$

Anleitung:

1) Schneide einen Papierstreifen aus: 8 cm lang, 1 cm hoch.

2) Falte den Streifen in der Mitte.

3) Bemale eine Hälfte blau.

4) Durch weiteres Falten teilst du den Streifen in Viertel und schließlich in Achtel.

a) Erkläre mit Hilfe des Papierstreifens, warum gilt: $\frac{1}{2} = \frac{2}{4}$

b) Erkläre mit Hilfe des Papierstreifens, warum gilt: $\frac{1}{2} = \frac{4}{8}$

c) Erkläre mit Hilfe des Papierstreifens, warum gilt: $\frac{2}{8} = \frac{1}{4}$

243 Finde äquivalente Brüche.

H1
I1

a) $\frac{2}{4} = \frac{\square}{8}$ b) $\frac{1}{\square} = \frac{2}{8}$ c) $\frac{3}{4} = \frac{\square}{8}$

244 Finde äquivalente Brüche.

H1
I1

Tipp: Die Skizze unten hilft dir bei deinen Überlegungen!

a) $\frac{2}{3} = \frac{\square}{6}$ c) $\frac{\square}{6} = \frac{2}{12}$ e) $\frac{1}{2} = \frac{\square}{6}$

b) $\frac{2}{3} = \frac{\square}{12}$ d) $\frac{4}{12} = \frac{\square}{6}$ f) $\frac{1}{2} = \frac{6}{\square}$

1 Ganzes:

Drittel:

Sechstel:

Zwölftel:

245 Gib die Brüche als Dezimalzahlen an.
Zeige dann, ob sie äquivalent sind (=) oder nicht (≠).

H1
I1

a) $\frac{3}{6}$ und $\frac{5}{8}$ b) $\frac{8}{10}$ und $\frac{4}{5}$ c) $\frac{10}{4}$ und $\frac{8}{2}$

$\frac{3}{6} = 3 : 6 = 0,5$

$\frac{5}{8} = 5 : 8 = 0,625$ } $\frac{3}{6} \neq \frac{5}{8}$

d) $\frac{6}{10}$ und $\frac{4}{5}$

e) $\frac{1}{3}$ und $\frac{4}{15}$

f) $\frac{8}{12}$ und $\frac{2}{3}$

g) $\frac{10}{6}$ und $\frac{5}{3}$

Lernziele

⇒ Äquivalenz bei einfachen Bruchzahlen erkennen und erklären können

⇒ Äquivalenz durch Division zeigen können

Wissen

Äquivalent

bedeutet „gleichwertig". Zwei Bruchzahlen sind **äquivalent**, wenn ihr **Wert gleich groß** ist.

Zeigen kann man die Äquivalenz zweier Bruchzahlen, indem man sie **in Dezimalzahlen umwandelt** und diese dann miteinander vergleicht.

Nicht das Gleiche, aber äquivalent:

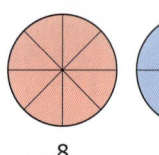 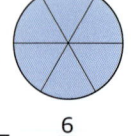

$\frac{8}{8}$ = $\frac{6}{6}$

$\frac{8}{8}$ und $\frac{6}{6}$ sind also **äquivalent.**

Interessant

Äquivalenz im Alltag

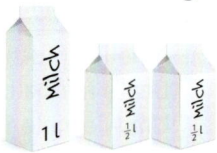

Obwohl der Inhalt äquivalent ist, sind größere Packungen oft günstiger als mehrere kleine.

→ Übungsteil, S. 45

Brüche erweitern

246 Das Bild zeigt, wie der Bruch $\frac{1}{4}$ mit 2 erweitert wurde.

H1
I1

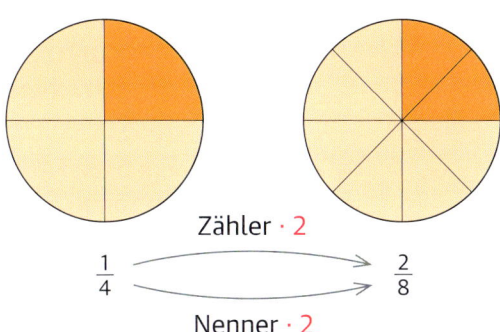

Zähler · 2

$$\frac{1}{4} \longrightarrow \frac{2}{8}$$

Nenner · 2

Wenn die Stücke nur halb so groß sind, will ich natürlich doppelt so viele!

a) Besprecht miteinander, warum der Bruch rechts äquivalent zum Bruch links ist.
Tipp: Stellt euch vor, ihr redet über eine Pizza!

b) Wie wäre es, wenn man $\frac{1}{2}$ mit 2 erweitern würde?
Erstellt zu diesem Sachverhalt eine Skizze wie oben.

247 Erweitere die Brüche mit der Zahl 2.

H2
I1

Wandle dann die Bruchzahlen in Dezimalzahlen um und zeige, dass sie äquivalent sind.

a) $\frac{2}{3}$ c) $\frac{3}{4}$ e) $\frac{5}{12}$

b) $\frac{1}{5}$ d) $\frac{3}{7}$ f) $\frac{8}{5}$

$$\frac{2}{3} \overset{(\cdot 2)}{=} \frac{4}{6}$$

$2 : 3 = 0{,}666 = 0{,}\dot{6}$
$2\ 0$
$\quad 2\ 0$
$\quad \quad \dots$

$4 : 6 = 0{,}666 = 0{,}\dot{6}$
$4\ 0$
$\quad 4\ 0$
$\quad \quad \dots$

248 Erweitere die Brüche mit den angegebenen Zahlen.

H2
I1

a) $\frac{1}{7}$ mit 3   c) $\frac{6}{9}$ mit 7   e) $\frac{5}{12}$ mit 38

b) $\frac{4}{3}$ mit 5   d) $\frac{10}{6}$ mit 4   f) $\frac{17}{42}$ mit 56

249 KNOBELAUFGABE

H2
I1

Gib an, mit welchen Zahlen die Brüche jeweils erweitert wurden!

a) $\frac{1}{6} = \frac{7}{42}$ c) $\frac{3}{8} = \frac{12}{32}$ e) $\frac{8}{35} = \frac{216}{945}$

b) $\frac{3}{4} = \frac{9}{12}$ d) $\frac{5}{2} = \frac{25}{10}$ f) $\frac{7}{9} = \frac{119}{153}$

250 Finde die Fehler!

H2
I1

Schreibe dazu, ob es sich jeweils um einen Rechenfehler oder um eine falsche Vorgehensweise handelt.
Dann stelle die Rechnungen selbst richtig.

a) $\frac{2}{7}$ erweitert mit 3 $= \frac{5}{10}$ c) $\frac{5}{9}$ erweitert mit 2 $= \frac{10}{9}$

b) $\frac{6}{13}$ erweitert mit 4 $= \frac{24}{42}$ d) $\frac{8}{3}$ erweitert mit 7 $= \frac{87}{37}$

Lernziele

⇒ Grundverständnis für das Erweitern von Brüchen entwickeln

⇒ Brüche mit vorgegebenen Faktoren erweitern können

Wissen

Brüche erweitern

Beim **Erweitern** von Brüchen **multipliziert** man **Zähler und Nenner mit der gleichen Zahl.**

Der **Wert des Bruches ändert sich** dabei **nicht.**

Beispiel:

Der Bruch $\frac{3}{4}$ wird um den Faktor 5 erweitert:

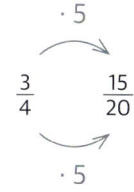

· 5

$$\frac{3}{4} \quad \frac{15}{20}$$

· 5

Interessant

Wozu erweitern?

$$\frac{1}{2} + \frac{1}{4} = \frac{2}{4} + \frac{1}{4} = \frac{3}{4}$$

Das Erweitern von Brüchen benötigst du vor allem, um ungleichnamige Brüche miteinander addieren und subtrahieren zu können (siehe Kapitel F).

→ Übungsteil, S. 46

Brüche kürzen

251 Das Bild zeigt, wie der Bruch $\frac{1}{4}$ zuerst mit 2 erweitert
H1 I1 und dann durch 2 gekürzt wurde.

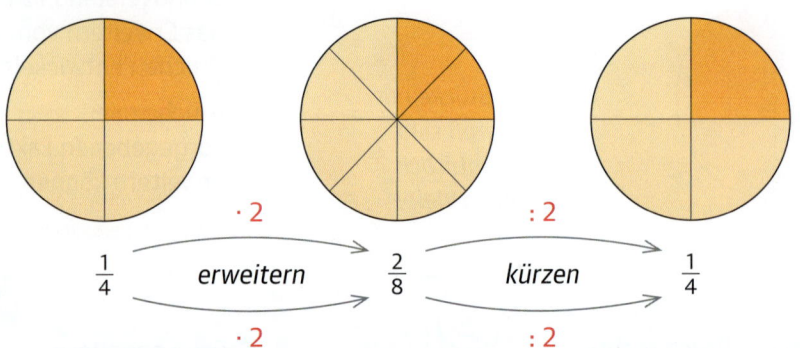

a) Besprecht miteinander, wie Erweitern und Kürzen zusammenhängen.
Notiert drei Stichworte dazu.

b) Zeichnet auf, wie man ein Halbes erst mit 2 erweitern
und dann durch 2 kürzen könnte.

252 Kürze die Brüche jeweils durch die angegebenen Zahlen.
H2 I1

Wandle dann die Bruchzahlen
in Dezimalzahlen um und
zeige, dass sie äquivalent sind.

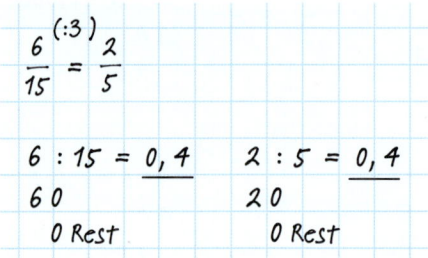

a) $\frac{6}{15}$ durch 3   d) $\frac{4}{12}$ durch 4

b) $\frac{8}{10}$ durch 2   e) $\frac{10}{15}$ durch 5

c) $\frac{12}{18}$ durch 6   f) $\frac{14}{49}$ durch 7

253 Kürze die folgenden Bruchzahlen.
H2 I1 Gib jeweils an, durch welche Zahl du gekürzt hast.

a) $\frac{4}{6}$ $\frac{4}{6} \overset{(:2)}{=} \frac{2}{3}$ b) $\frac{5}{15}$ c) $\frac{8}{20}$ d) $\frac{6}{21}$ e) $\frac{10}{45}$

f) Bei welcher der Aufgaben aus a) bis e)
gibt es für das Kürzen verschiedene Möglichkeiten?
Schreibe jeweils alle Möglichkeiten auf.

254 Kürze die Brüche schrittweise bis zu ihrer einfachsten Form.
H2 I1

a) $\frac{28}{42}$ $\frac{28}{42} \overset{(:2)}{=} \frac{14}{21} \overset{(:7)}{=} \frac{2}{3}$ c) $\frac{8}{28}$ e) $\frac{16}{136}$ g) $\frac{40}{180}$

b) $\frac{18}{24}$ d) $\frac{4}{64}$ f) $\frac{42}{70}$ h) $\frac{28}{140}$

255 Lies die Aussagen und kreuze an, ob sie wahr oder falsch sind.
H3 I1

a) „Man kann jeden Bruch kürzen."   ☐ wahr ☐ falsch

b) „Man kann jeden Bruch erweitern."   ☐ wahr ☐ falsch

c) „Der Bruch $\frac{5}{12}$ ist unkürzbar."   ☐ wahr ☐ falsch

d) „$\frac{72}{96}$ ist durch 3 kürzbar."   ☐ wahr ☐ falsch

Lernziele

⇒ Grundverständnis
für das Kürzen von
Brüchen entwickeln

⇒ Brüche durch
vorgegebene Faktoren
kürzen können

⇒ den Begriff „unkürzbar"
bei Brüchen kennen

Wissen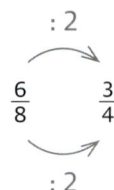

Brüche kürzen

Beim **Kürzen** von Brüchen
dividiert man **Zähler**
und Nenner durch die
gleiche Zahl.

Der **Wert des Bruches**
ändert sich dabei **nicht.**

Beispiel:

Der Bruch $\frac{6}{8}$ wird

durch 2 gekürzt:

: 2

$\frac{6}{8}$ $\frac{3}{4}$

: 2

Einfachste Form

Wenn man einen Bruch
nicht mehr weiter kürzen
kann, sagt man, er ist
„unkürzbar".

Oft werden solche Brüche
auch als „durchgekürzt"
bezeichnet.

→ Übungsteil, S. 47

E8 Dezimalzahl als Bruchzahl schreiben

256 Schreibe die Dezimalzahlen als Dezimalbrüche an.

H1
I1

a) $0,5 = \frac{5}{10}$ b) $0,17 =$ _____   c) $0,205 =$ _____

$0,2 =$ _____ $0,36 =$ _____ $0,001 =$ _____

$0,9 =$ _____ $0,04 =$ _____ $0,028 =$ _____

---

257 Schreibe die Dezimalzahlen als Dezimalbrüche an.
Dann kürze so weit wie möglich.

H1
I1

a) 0,6   e) 0,48

b) 0,5   f) 0,75

c) 0,4   g) 0,72

d) 0,8   h) 0,64

$$0,36 = \frac{36}{100} \overset{(:2)}{=} \frac{18}{50} \overset{(:2)}{=} \frac{9}{25}$$

---

258 Schreibe die Dezimalzahlen als Dezimalbrüche an.
Dann kürze so weit wie möglich.

H1
I1

a) 0,205   c) 0,132   e) 0,875   g) 0,084

b) 0,428   d) 0,068   f) 0,902   h) 0,008

---

259 Schreibe die Dezimalzahlen als gemischte Zahlen an.
Dann kürze so weit wie möglich.

H1
I1

a) 2,25   d) 12,125   g) 7,15

b) 6,31   e) 32,8   h) 215,2

c) 8,45   f) 69,08   i) 398,375

$$2,25 = 2\frac{25}{100} = 2\frac{1}{4}$$

---

260 Schreibe die Maßangaben mit Bruchzahlen an.

H1
I1

a) $0,25 \text{ kg} = \frac{1}{4} \text{ kg}$ e) $0,1 \text{ l} =$ _____   i) $0,2 \text{ m} =$ _____

b) $0,75 \text{ kg} =$ _____   f) $0,\dot{3} \text{ l} =$ _____   j) $1,25 \text{ m} =$ _____

c) $0,5 \text{ kg} =$ _____   g) $0,125 \text{ l} =$ _____   k) $0,625 \text{ m} =$ _____

d) $0,8 \text{ kg} =$ _____   h) $0,4 \text{ l} =$ _____   l) $0,\dot{6} \text{ m} =$ _____

---

261 Wandle die Maßangaben so um,
dass du sie als Dezimalzahlen kleiner 1 anschreiben kannst.
Dann schreibe die Dezimalzahlen als Bruchzahlen an
und kürze so weit wie möglich.

H1
I1

a) 80 cm   b) 75 cm   c) 5 mm   i) 800 kg

d) 160 m   j) 250 kg

e) 125 m   k) 30 dag

f) 2 mm   l) 750 g

g) 5 dm   m) 500 kg

h) 37,5 cm   n) 125 kg

$$80 \text{ cm} = 0,8 \text{ m}$$
$$0,8 = \frac{8}{10} \overset{(:2)}{=} \frac{4}{5}$$
$$\longrightarrow 80 \text{ cm} = \frac{4}{5} \text{ m}$$

Lernziele

⇒ mit Dezimalbrüchen arbeiten können

⇒ endliche Dezimalzahlen als Bruchzahlen darstellen können

⇒ Maßumwandlungen durchführen können

Wissen

Dezimalbrüche

Brüche, deren Nenner dekadische Einheiten sind (10, 100, 1 000, ...), nennt man Dezimalbrüche.

Beispiele: $\frac{3}{10}$, $\frac{8}{100}$, ...

Umwandlung von Dezimalzahlen in Bruchzahlen

Die Umwandlung erfolgt nach dem Stellenwertprinzip:

Beispiel:

3,5 = 3 Ganze und
     5 Zehntel

$$3,5 = 3\frac{5}{10} = 3\frac{1}{2}$$

Tipp

Leichter anzuschreiben

$$0,\dot{3} = \frac{1}{3}, \; 0,1\dot{6} = \frac{1}{6}, \; 0,\dot{1} = \frac{1}{9}, ...$$

Bruchzahldarstellungen sind oft angenehmer anzuschreiben als Dezimalzahldarstellungen, vor allem bei periodischen Zahlen.

→ Übungsteil, S. 48

→ Cyber Homework 10

Checkpoint

Löse die Aufgaben und kontrolliere deine Ergebnisse (Lösungen ab Seite 167).
Kreuze an, was du noch üben möchtest.

Grundkenntnisse zu Brüchen

262 Kreise die beschriebenen Brüche ein.

H1
I1

a) Welche dieser Brüche sind „Stammbrüche"? $\frac{2}{5}$ $\frac{1}{10}$ $\frac{4}{10}$ $\frac{1}{3}$ $\frac{8}{8}$

b) Welche dieser Brüche sind „unechte Brüche"? $\frac{3}{3}$ $\frac{2}{4}$ $\frac{7}{17}$ $\frac{1}{3}$ $\frac{5}{4}$

↻ E1

263 Beschrifte die markierten Bruchzahlen auf dem Zahlenstrahl.

H1
I1

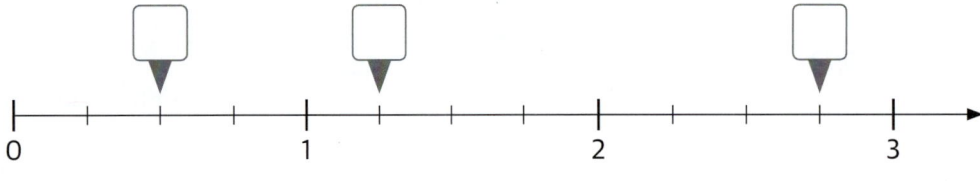

0   1   2   3

↻ E3

264 Ordne die Zahlen von der größten bis zur kleinsten.

H2
I1

$\frac{1}{2}$ $\frac{9}{5}$ $\frac{3}{8}$ $2\frac{2}{3}$ $1\frac{1}{5}$ geordnet: _____

↻ E3

Periodische Zahlen

265 Schreibe die Zahlen als periodische Zahlen an.

H1
I1

a) 1,777777... = _____

b) 2,666666... = _____

c) 5,2186386386... = _____

d) 3,18525252... = _____

↻ E2

266 Nenne drei Bruchzahlen, die als Dezimalzahlen periodisch sind.

H1
I1

_____, _____, _____

↻ E2

Brüche erweitern und kürzen

267 Erweitere die Brüche mit den angegebenen Zahlen.

H2
I1

Wandle dann die Bruchzahlen in Dezimalzahlen um und zeige, dass sie äquivalent sind.

a) $\frac{3}{9}$ mit 4   b) $\frac{8}{7}$ mit 2   c) $\frac{5}{9}$ mit 7   d) $\frac{12}{53}$ mit 13

↻ E5
↻ E6

268 Erweitere $\frac{3}{4}$ so, dass der erweiterte Bruch die Zahl 20 als Nenner hat.

H2
I1

↻ E6

269 Kürze die Brüche schrittweise bis zu ihrer einfachsten Form.

H2
I1

a) $\frac{8}{12}$ b) $\frac{9}{15}$ c) $\frac{20}{35}$ d) $\frac{27}{216}$

↻ E5
↻ E7

Brüche und Dezimalzahlen im Alltag

270 Ergänze die fehlenden Zahlen.

H2
I1

a) $\frac{1}{4}$ km = _____ m   b) $\frac{1}{2}$ kg = _____ g   c) $\frac{1}{8}$ m = _____ dm

↻ E4
↻ E8

F Rechnen mit Bruchzahlen
Verbindung der Grundrechnungsarten

271 Schaut euch den Comic mit Stefan und seinem Vater an.
H1 H4 I1 Dann löst die Aufgaben.

a) Schreibt die Rechnung aus dem Comic mit Bruchzahlen an. Notiert neben Stefans Ergebnis erst mal ein Fragezeichen.

b) Stellt ein Drittel, ein Viertel und darunter $\frac{1}{3} + \frac{1}{4}$ mit Hilfe von Balkenmodellen dar.

c) Glaubt ihr, dass die Lösung aus dem Comic stimmt? Besprecht eure Vermutungen und begründet.

Warm-up

Zeig, was du bereits kannst.

Vorrangregeln

272 Rechne und beachte dabei die Vorrangregeln.

H2
I1

a) $3 + 4 \cdot 2$

c) $16 : 4 - 2$

e) $13 - (2 + 10) : (12 - 8)$

b) $(6 + 15) : 3$

d) $10 + 6 : 2$

f) $(3 - 1) : 2 + 1 \cdot (4 + 20 : 10)$

Teilbarkeit und kgV

273 Setze | oder ∤ ein.

H3
I1

$2 \bigcirc 87$ $3 \bigcirc 72$ $5 \bigcirc 512$ $9 \bigcirc 684$

$2 \bigcirc 102$ $3 \bigcirc 90$ $5 \bigcirc 27$ $9 \bigcirc 719$

274 Berechne das kleinste gemeinsame Vielfache (kgV) der angegebenen Zahlen.

H2
I1

a) kgV (3,4)   b) kgV (2, 6)   c) kgV (8, 12)   d) kgV (2, 3, 4)   e) kgV (4, 6, 8)

Addition und Subtraktion gleichnamiger Brüche

275 Berechne jeweils die Summe der Bruchzahlen.

H2
I1

a) $\frac{2}{5} + \frac{1}{5} = \boxed{}$

b) $\frac{3}{4} + \frac{1}{4} = \boxed{}$

c) $\frac{4}{10} + \frac{7}{10} = \boxed{}$

d) $\frac{6}{7} + \frac{2}{7} = \boxed{}$

276 Berechne jeweils die Differenz der Bruchzahlen.

H2
I1

a) $\frac{5}{6} - \frac{1}{6} = \boxed{}$

b) $\frac{7}{8} - \frac{2}{8} = \boxed{}$

c) $\frac{8}{10} - \frac{5}{10} = \boxed{}$

d) $\frac{3}{4} - \frac{1}{4} = \boxed{}$

Unechte Brüche und gemischte Zahlen

277 Schreibe die gemischten Zahlen jeweils als unechten Bruch an.

H1
I1

a) $1\frac{2}{3} = \boxed{\frac{5}{3}}$

b) $3\frac{3}{5} = \boxed{}$

c) $2\frac{1}{4} = \boxed{}$

d) $8\frac{4}{9} = \boxed{}$

278 Schreibe die unechten Brüche jeweils als gemischte Zahl.

H1
I1

a) $\frac{7}{4} = \boxed{1\frac{3}{4}}$

b) $\frac{10}{3} = \boxed{}$

c) $\frac{20}{7} = \boxed{}$

d) $\frac{15}{2} = \boxed{}$

279 Erweitere die Brüche mit den angegebenen Zahlen.

H2
I1

a) $\frac{2}{3}$ mit 5

b) $\frac{4}{9}$ mit 2

c) $\frac{1}{6}$ mit 6

d) $\frac{7}{8}$ mit 4

280 Kürze die Brüche schrittweise bis zu ihrer einfachsten Form.

H2
I1

a) $\frac{6}{8}$

b) $\frac{10}{15}$

c) $\frac{24}{72}$

d) $\frac{12}{52}$

e) $\frac{18}{12}$

f) $\frac{36}{64}$

281 Ergänze die fehlenden Zahlen.

H2
I1

a) $\frac{3}{5} = \frac{\boxed{}}{10}$

b) $\frac{4}{8} = \frac{1}{\boxed{}}$

c) $\frac{\boxed{}}{3} = \frac{6}{9}$

d) $\frac{8}{\boxed{}} = 2$

F1 # Einführung Addition

282 Malen und Rechnen

H1
H2
I1

Stelle die Additionen zuerst in den Kreisbildern dar.
Dann schreibe sie als Rechnungen an und löse sie.

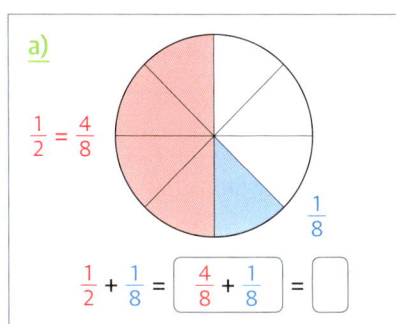

a)
$\frac{1}{2} = \frac{4}{8}$
$\frac{1}{8}$
$\frac{1}{2} + \frac{1}{8} = \boxed{\frac{4}{8}} + \frac{1}{8} = \boxed{}$

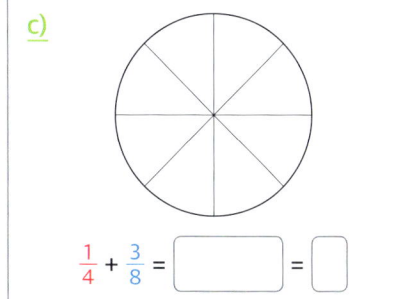

c)
$\frac{1}{4} + \frac{3}{8} = \boxed{} = \boxed{}$

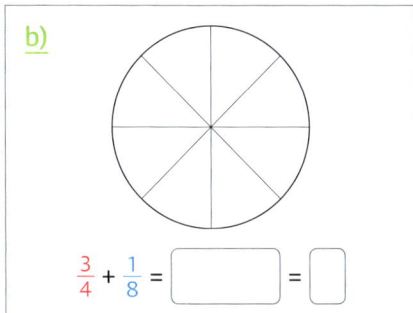

b)
$\frac{3}{4} + \frac{1}{8} = \boxed{} = \boxed{}$

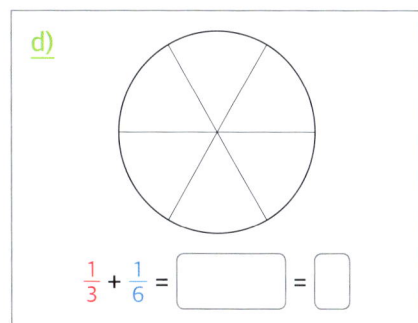

d)
$\frac{1}{3} + \frac{1}{6} = \boxed{} = \boxed{}$

283 Bringe die Brüche zuerst auf den gleichen Nenner.
Dann addiere sie.

H2
I1

a) $\frac{1}{4} + \frac{1}{8}$ **c)** $\frac{1}{6} + \frac{2}{3}$ **e)** $\frac{1}{5} + \frac{1}{10}$ **g)** $\frac{1}{10} + \frac{1}{2}$

b) $\frac{1}{2} + \frac{1}{4}$ **d)** $\frac{1}{2} + \frac{3}{8}$ **f)** $\frac{3}{10} + \frac{3}{5}$ **h)** $\frac{1}{2} + \frac{3}{10}$

284 Bringe die Brüche zuerst auf den gleichen Nenner.
Dann addiere sie.

H2
I1

*Hinweis: Berechne zuerst das kleinste gemeinsame
Vielfache (kgV) der beiden Nenner!
Dann erweitere die Brüche auf das kgV!*

a) $\frac{2}{3} + \frac{1}{4}$ **i)** $\frac{1}{12} + \frac{2}{9}$

b) $\frac{1}{3} + \frac{1}{4}$ **j)** $\frac{3}{7} + \frac{1}{5}$

c) $\frac{1}{6} + \frac{3}{4}$ **k)** $\frac{5}{7} + \frac{2}{5}$

d) $\frac{2}{3} + \frac{1}{5}$ **l)** $\frac{7}{13} + \frac{1}{11}$

e) $\frac{4}{5} + \frac{1}{3}$ **m)** $\frac{6}{25} + \frac{1}{10}$

f) $\frac{4}{9} + \frac{5}{12}$ **n)** $\frac{2}{15} + \frac{4}{9}$

g) $\frac{1}{4} + \frac{3}{6}$ **o)** $\frac{3}{14} + \frac{3}{4}$

h) $\frac{2}{9} + \frac{5}{6}$ **p)** $\frac{22}{30} + \frac{7}{12}$

$$\frac{2}{3} + \frac{1}{4} = \frac{8}{12} + \frac{3}{12} = \frac{11}{12}$$

kgV: $V(3) = \{3, 6, 9, 12, 15, \dots\}$
$V(4) = \{4, 8, 12, \dots\}$
$kgV(3,4) = 12$

Erweitern: $\frac{2}{3} \overset{(\cdot 4)}{=} \frac{8}{12}$

$\frac{1}{4} \overset{(\cdot 3)}{=} \frac{3}{12}$

→ Übungsteil, S. 50

Lernziele

⇒ Brüche auf den gleichen Nenner bringen können

⇒ ungleichnamige Brüche addieren können

Wissen

Addition von Brüchen

Grundsätzlich können **nur Brüche mit gleichem Nenner addiert** werden.

Sind die Summanden ungleichnamig,
z. B. $\frac{1}{2} + \frac{1}{3}$

so muss man sie zuerst **durch Erweitern (oder Kürzen) gleichnamig machen.**

Üblicherweise verwendet man dafür das **kleinste gemeinsame Vielfache (kgV)** der Nenner.

Beispiel:

$$\frac{1}{2} + \frac{1}{3} = \frac{3}{6} + \frac{2}{6} = \frac{5}{6}$$
$\cdot 3 \quad \cdot 2$

Du kannst aber auch jedes andere gemeinsame Vielfache verwenden.

Einführung Subtraktion

285 Malen und Rechnen

H1
H2
I1

Stelle die Subtraktionen zuerst in den Kreisbildern dar.
Dann schreibe sie als Rechnungen an und löse sie.

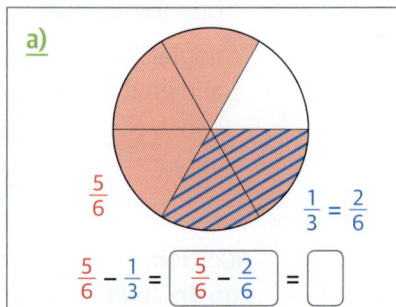

a)

$\frac{5}{6}$ $\frac{1}{3} = \frac{2}{6}$

$\frac{5}{6} - \frac{1}{3} = \boxed{\frac{5}{6} - \frac{2}{6}} = \boxed{}$

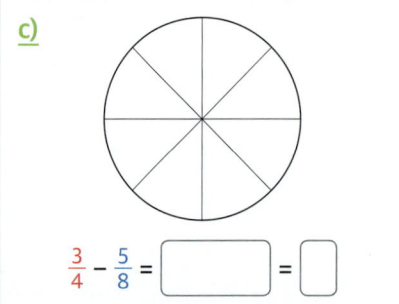

c)

$\frac{3}{4} - \frac{5}{8} = \boxed{} = \boxed{}$

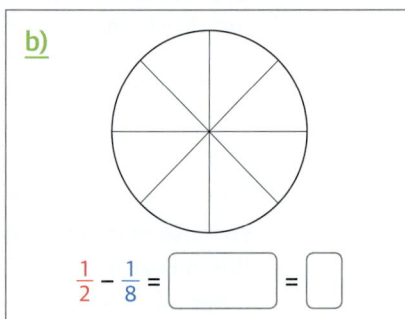

b)

$\frac{1}{2} - \frac{1}{8} = \boxed{} = \boxed{}$

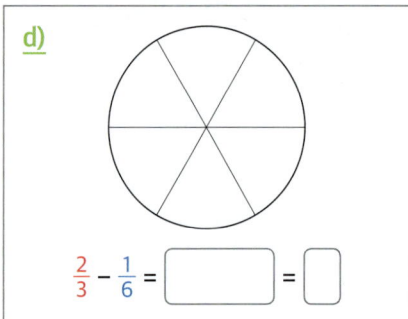

d)

$\frac{2}{3} - \frac{1}{6} = \boxed{} = \boxed{}$

286 Bringe die Brüche zuerst auf den gleichen Nenner.
Dann subtrahiere sie.

H2
I1

a) $\frac{1}{2} - \frac{1}{4}$ c) $\frac{3}{4} - \frac{5}{8}$ e) $\frac{2}{3} - \frac{1}{6}$ g) $\frac{7}{10} - \frac{2}{5}$

b) $\frac{3}{4} - \frac{1}{8}$ d) $\frac{1}{2} - \frac{1}{8}$ f) $\frac{4}{3} - \frac{5}{6}$ h) $\frac{4}{5} - \frac{3}{10}$

287 Bringe die Brüche zuerst auf den gleichen Nenner.
Dann subtrahiere sie.

H2
I1

Hinweis: Berechne zuerst das kleinste gemeinsame
Vielfache (kgV) der beiden Nenner!
Dann erweitere die Brüche auf das kgV!

a) $\frac{5}{6} - \frac{3}{8}$ i) $\frac{5}{16} - \frac{1}{5}$

b) $\frac{1}{6} - \frac{1}{8}$ j) $\frac{21}{24} - \frac{3}{16}$

c) $\frac{3}{4} - \frac{1}{3}$ k) $\frac{4}{5} - \frac{1}{10}$

d) $\frac{7}{9} - \frac{1}{6}$ l) $\frac{9}{16} - \frac{5}{12}$

e) $\frac{7}{8} - \frac{4}{6}$ m) $\frac{7}{8} - \frac{3}{14}$

f) $\frac{3}{4} - \frac{7}{22}$ n) $\frac{19}{24} - \frac{5}{16}$

g) $\frac{8}{14} - \frac{5}{21}$ o) $\frac{3}{7} - \frac{4}{11}$

h) $\frac{13}{20} - \frac{5}{12}$ p) $\frac{8}{35} - \frac{5}{42}$

$\frac{5}{6} - \frac{3}{8} = \frac{20}{24} - \frac{9}{24} = \underline{\frac{11}{24}}$

kgV: $6 = 2 \cdot 3$
          $8 = 2 \cdot 2 \cdot 2$
kgV(6,8) $= 2 \cdot 3 \cdot 2 \cdot 2 = 24$

Erweitern: $\frac{5}{6} \overset{(\cdot 4)}{=} \frac{20}{24}$

$\frac{3}{8} \overset{(\cdot 3)}{=} \frac{9}{24}$

→ Übungsteil, S. 51

Lernziel

⇒ ungleichnamige Brüche
subtrahieren können

Wissen

**Subtraktion
von Brüchen**

Grundsätzlich können
**nur Brüche mit gleichem
Nenner subtrahiert**
werden.

Wie bei der Addition
müssen **ungleichnamige
Brüche** zuerst **durch
Erweitern gleichnamig**
gemacht werden.

Tipp

kgV bestimmen

kgV (6, 15) = ?

**1) mit Hilfe der
Primfaktorenzerlegung:**

$6 = 2 \cdot 3$
$15 = 3 \cdot 5$
→ kgV (6, 15) = $3 \cdot 2 \cdot 5 = 30$

2) mit Vielfachenmengen:

V(6) = {6, 12, 18, 24, 30, ...}
V(15) = {15, 30, 45, 60, ...}
→ kgV (6, 15) = 30

Manchmal ist die Methode
mit Primfaktoren einfacher,
manchmal das Aufschreiben
der Vielfachenmengen.

Wähle die beste Methode
für jedes Beispiel selbst aus.

Rechnen mit gemischten Zahlen

288 Berechne zuerst die Summe der Zahlen.
H2
I1
Dann gib die Ergebnisse in der einfachsten Form an.

a) $1\frac{2}{5} + \frac{3}{4}$

b) $\frac{4}{9} + 2\frac{2}{3}$

$$1\frac{2}{5} + \frac{3}{4} = 1\frac{8}{20} + \frac{15}{20} = 1\frac{23}{20} = \underline{\underline{2\frac{3}{20}}}$$

c) $2\frac{1}{6} + 4\frac{7}{8}$ d) $3\frac{1}{4} + 2\frac{2}{3}$ e) $4\frac{2}{21} + \frac{13}{14}$ f) $\frac{5}{7} + 1\frac{2}{3}$

289 Berechne zuerst die Differenz der Zahlen.
H2
I1
Dann gib die Ergebnisse in der einfachsten Form an.

So gehst du vor:

1. *auf gleichen Nenner bringen*
2. *bei Bedarf ausborgen und ausrechnen*
3. *umwandeln und kürzen*

$$8\frac{1}{3} - 2\frac{5}{6} =$$
$$8\frac{2}{6} - 2\frac{5}{6} =$$
$$7\frac{8}{6} - 2\frac{5}{6} = 5\frac{3}{6} = \underline{\underline{5\frac{1}{2}}}$$

a) $8\frac{1}{3} - 2\frac{5}{6}$ c) $15\frac{3}{10} - 6\frac{3}{5}$ e) $4\frac{5}{6} - 1\frac{8}{9}$ g) $5\frac{3}{7} - 1\frac{4}{6}$

b) $4\frac{1}{2} - 1\frac{5}{8}$ d) $1\frac{1}{9} - \frac{2}{3}$ f) $9\frac{3}{8} - 8\frac{7}{12}$ h) $1\frac{8}{9} - \frac{4}{15}$

290 Schreibe die Aufgaben zuerst in deinem Heft an.
H1
I1
Dann berechne das Ergebnis.

a) Berechne die Differenz von $\frac{2}{3}$ und $\frac{5}{8}$.

b) Berechne die Summe von $4\frac{1}{6}$ und $2\frac{3}{10}$.

c) Berechne die Summe von $3\frac{7}{8}$ und $2\frac{1}{4}$.

d) Berechne die Differenz von $5\frac{2}{7}$ und $3\frac{1}{3}$.

291 Bringe die Brüche zuerst auf den gleichen Nenner.
H2
I1
Dann addiere sie.

a) $\frac{2}{3} + \frac{1}{6} + \frac{1}{3}$ d) $\frac{3}{4} + \frac{7}{8} + \frac{1}{2}$ g) $\frac{5}{6} + \frac{1}{4} + \frac{2}{3}$

b) $\frac{1}{8} + \frac{3}{4} + 1\frac{5}{8}$ e) $1\frac{2}{9} + \frac{1}{3} + 5\frac{1}{3}$ h) $\frac{3}{8} + 2\frac{1}{4} + 1\frac{7}{12}$

c) $\frac{4}{10} + 2\frac{3}{10} + 4\frac{2}{5}$ f) $\frac{5}{6} + 1\frac{7}{12} + 2\frac{3}{6}$ i) $5\frac{1}{6} + \frac{4}{15} + 1\frac{2}{3}$

292 Vergleicht die beiden Rechenwege. 👥
H2
I1
Warum ist Lauras Rechenweg kürzer als der von Marie?

Laura

$$\frac{1}{6} + \frac{2}{6} + 3\frac{1}{4} + \frac{1}{4} =$$
$$\frac{1}{2} + 3\frac{1}{2} = \underline{\underline{4}}$$

Marie

$$\frac{1}{6} + \frac{2}{6} + 3\frac{1}{4} + \frac{1}{4} =$$
$$\frac{2}{12} + \frac{4}{12} + 3\frac{3}{12} + \frac{3}{12} = 3\frac{12}{12} = \underline{\underline{4}}$$

Lernziel

⇒ Brüche und gemischte Zahlen addieren und subtrahieren können

Wissen

Rechnen mit gemischten Zahlen

Unechte Brüche umwandeln

Unechte Brüche werden im Ergebnis in **echte Brüche** umgewandelt:

$$2\frac{3}{7} + 1\frac{6}{7} = 3\frac{9}{7} = \underline{\underline{4\frac{2}{7}}}$$

Einfachste Form: Kürzen

Achte darauf, dass der **Bruch im Endergebnis durchgekürzt** ist:

$$1\frac{1}{8} + 3\frac{3}{8} = 4\frac{4}{8} = \underline{\underline{4\frac{1}{2}}}$$

Ausborgen

Beim **Subtrahieren von gemischten Zahlen** kann es vorkommen, dass man sich vor der Subtraktion ein Ganzes ausborgen muss:

$$2\frac{2}{5} - \frac{4}{5} = 1\frac{7}{5} - \frac{4}{5} = \underline{\underline{1\frac{3}{5}}}$$

„Auf der linken Seite sind nicht genug Fünftel zum Abziehen da, daher muss ich mir ein Ganzes (5 Fünftel) ausborgen!"

→ Übungsteil, S. 52
→ Cyber Homework 11

F4 Multiplikation mit ganzen Zahlen

293 Vielfache von Bruchteilen

H1
I1

a) Erkläre anhand der Darstellung, warum man den 2er bei der Multiplikation in den Zähler schreiben darf.

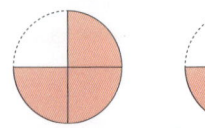 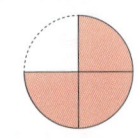

Rechnung:

$$2 \cdot \frac{3}{4} = \frac{2 \cdot 3}{4} = \frac{6}{4}$$

2 mal 3 Viertel = 6 Viertel

b) Ergänze die fehlenden Zahlen.

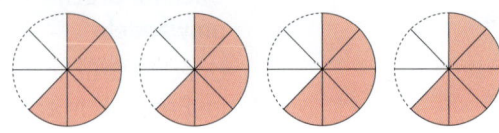

Rechnung:

$$\underline{\quad} \cdot \frac{5}{8} = \frac{\cdot}{8} = \frac{}{8}$$

4 mal 5 Achtel= _____ Achtel

294 Multipliziere die Zahlen zuerst.
Dann gib das Ergebnis in der einfachsten Form an.

H2
I1

a) $6 \cdot \frac{3}{4}$

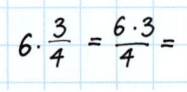
$$6 \cdot \frac{3}{4} = \frac{6 \cdot 3}{4} = \frac{18}{4} \overset{(:2)}{=} \frac{9}{2} = 4\frac{1}{2}$$

b) $5 \cdot \frac{3}{10}$

c) $3 \cdot \frac{3}{7}$ d) $15 \cdot \frac{2}{3}$ e) $12 \cdot \frac{5}{18}$ f) $25 \cdot \frac{11}{15}$ g) $34 \cdot \frac{13}{68}$

295 Versuche zuerst, kreuzweise zu kürzen.
Dann löse die Aufgaben.

H2
I1

a) $\frac{4 \cdot 7}{6}$

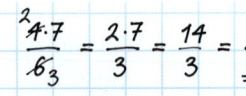
$$\frac{\overset{2}{4} \cdot 7}{\underset{3}{6}} = \frac{2 \cdot 7}{3} = \frac{14}{3} = 4\frac{2}{3}$$

b) $\frac{6 \cdot 3}{8}$

c) $\frac{7 \cdot 6}{9}$ d) $\frac{15 \cdot 3}{10}$ e) $\frac{3 \cdot 5}{9}$ f) $\frac{8 \cdot 5}{4}$ g) $\frac{11 \cdot 6}{12}$

296 Löse die Aufgaben.

H2
I1

Tipp: Versuche zuerst, kreuzweise zu kürzen, bevor du im Zähler multiplizierst!

a) $5 \cdot 6 \cdot \frac{7}{40}$

$$5 \cdot 6 \cdot \frac{7}{40} = \frac{\overset{1}{5} \cdot 6 \cdot 7}{\underset{8}{40}} = \frac{\overset{3}{6} \cdot 7}{\underset{4}{8}} = \frac{21}{4} = 5\frac{1}{4}$$

b) $4 \cdot 3 \cdot \frac{5}{18}$

c) $10 \cdot 6 \cdot \frac{7}{12}$ d) $4 \cdot 5 \cdot \frac{9}{24}$ e) $8 \cdot 2 \cdot \frac{3}{48}$ f) $21 \cdot 4 \cdot \frac{9}{14}$

297 Finde den Fehler!

Erkläre Emil in einer Kurzmitteilung, was er falsch gemacht hat.
Dann löse die Aufgabe selbst richtig.

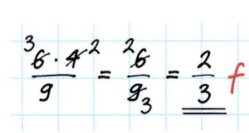
$$\frac{\overset{3}{6} \cdot 4^2}{9} = \frac{\overset{2}{6}}{\underset{3}{9}} = \frac{2}{3} \; f$$

→ Übungsteil, S. 53

Lernziele

⇒ Bruchzahlen mit natürlichen Zahlen multiplizieren können

⇒ Kreuzweises Kürzen verstehen und durchführen können

Wissen

Rechnungen in der Bruchzahl

Man darf nicht nur Zahlen in den Zähler schreiben, sondern auch Terme.

Beispiel:

$$\frac{4}{5} = \frac{3+1}{5} = \frac{2 \cdot 2}{5}$$

Kreuzweises Kürzen

Steht im Zähler eine Multiplikation, darfst du einzelne Faktoren gegen den Nenner kürzen.

Beispiel:

durch 3
$$\frac{6 \cdot 5}{9} = \frac{2 \cdot 5}{3}$$
durch 3

Teile von Mengen berechnen

298 Teile von Mengen berechnen

H1
I1

a) Erkläre anhand der Darstellung, warum $\frac{1}{2}$ von 5 der Rechnung $\frac{1}{2} \cdot 5$ entspricht.

5

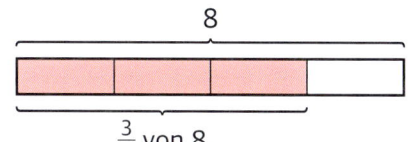

$\frac{1}{2}$ von 5

Rechnung:

$$\frac{1}{2} \cdot 5 = \frac{1 \cdot 5}{2} = \frac{5}{2} = 2\frac{1}{2}$$

Du siehst: Das Ergebnis deiner Multiplikation kann auch kleiner als die Ausgangszahl sein!

b) Ergänze die fehlenden Zahlen.

8

$\frac{3}{4}$ von 8

Rechnung:

$$\frac{\;}{4} \cdot 8 = \frac{\cdot}{4} = \frac{\;}{4} = \underline{\qquad}$$

299 Berechne die Bruchteile der folgenden Mengen.

H2
I1

a) $\frac{3}{5}$ von 20

b) $\frac{2}{5}$ von 10

$$\frac{3}{5} \text{ von } 20 = \frac{3}{5} \cdot 20 = \frac{3 \cdot 20}{5} = \frac{60}{5} \overset{(:5)}{=} \underline{\underline{12}}$$

c) $\frac{5}{8}$ von 12   d) $\frac{7}{8}$ von 30   e) $\frac{4}{9}$ von 63   f) $\frac{3}{4}$ von 50   g) $\frac{3}{8}$ von 56

300 Berechne die Bruchteile der folgenden Mengen.
Wenn möglich, kürze, bevor du rechnest und mach Nebenrechnungen, wenn es dir hilft.

H2
I1

a) $\frac{6}{102}$ von 612   c) $\frac{25}{220}$ von 1 496   e) $\frac{13}{57}$ von 17 613   g) $\frac{30}{96}$ von 11 280

b) $\frac{12}{52}$ von 4 862   d) $\frac{10}{280}$ von 420   f) $\frac{22}{84}$ von 26 418   h) $\frac{28}{84}$ von 7 116

301 Großveranstaltung

H1
I1

Bei einer Großveranstaltung sorgen 120 Polizistinnen und Polizisten für Ordnung und Sicherheit.
Ein Drittel von ihnen regelt den Verkehr rund um die Verstaltung.
Wie viele Polizistinnen und Polizisten sind das?

302 Achtung: Helmpflicht!

H1
I1

Die Polizei hat am Samstag 468 Radfahrer/innen kontrolliert.
Drei Viertel der Radfahrer/innen hatten einen Helm auf.
Den anderen gab die Polizei das Informationsblatt „Sicher mit Helm" mit.
Wie viele Informationsblätter wurden verteilt?

303 KNOBELAUFGABE

H1
I1

Losverkauf

Mia hat Lose für den Polizeiball verkauft.
Ein Los kostet 9,90 €.
Mia konnte zwei Drittel ihrer 75 Lose verkaufen.
Wie viel Geld hat sie eingenommen?

Lernziel

⇒ Anteile von Mengen als Vervielfachen von Bruchzahlen verstehen

Wissen

Multiplikation als „wie viel von"

Meist reden wir bei der Multiplikation als *„wie oft mal".*
Es bedeutet das Gleiche wie *„wie viel von".*

Beispiel:

Ein Sack Äpfel wiegt 6 kg.

– Ich habe 2 von den Apfelsäcken:
$2 \cdot 6$ kg = 12 kg

– Ich habe $\frac{1}{2}$ von den Apfelsäcken:
$\frac{1}{2} \cdot 6$ kg = 3 kg

Interessant

Beruf: Polizistin/Polizist

Als Polizist/in sorgst du für Ordnung und Sicherheit.

Dabei musst du die Gesetze kennen, körperlich belastbar sein und gute Nerven haben. Meist arbeitet man in Gruppen, teilweise auch am Wochenende oder nachts.

→ Übungsteil S. 54

F6 | Multiplikation von Bruchzahlen

304 Löse die Multiplikationen mit Hilfe der Skizzen.

H1
H2
I1

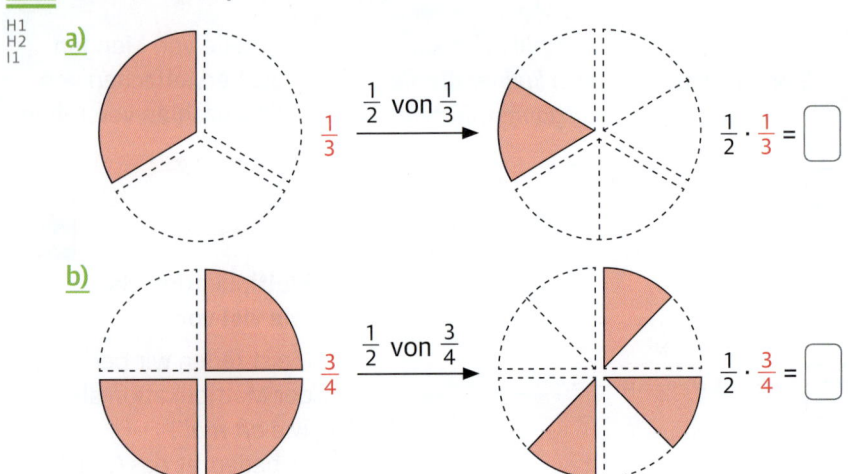

a) $\frac{1}{3}$ $\frac{1}{2}$ von $\frac{1}{3}$ → $\frac{1}{2} \cdot \frac{1}{3} = \boxed{}$

b) $\frac{3}{4}$ $\frac{1}{2}$ von $\frac{3}{4}$ → $\frac{1}{2} \cdot \frac{3}{4} = \boxed{}$

c) Schau dir die Multiplikation aus a) und b) an.
Vergleiche die Nenner der Produkte mit den Nennern der Faktoren.
Was fällt dir auf?

305 Versuche zuerst, kreuzweise zu kürzen.
Dann löse die Aufgaben.

H2
I1

a) $\frac{1}{3} \cdot \frac{3}{5}$ **b)** $\frac{1}{5} \cdot \frac{2}{7}$ **c)** $\frac{1}{6} \cdot \frac{3}{4}$ **d)** $\frac{1}{7} \cdot \frac{14}{10}$ **e)** $\frac{1}{3} \cdot \frac{4}{15}$

306 Kürze kreuzweise, wenn möglich.
Dann löse die Aufgaben.

H2
I1

a) $\frac{6}{7} \cdot \frac{5}{9}$ $\frac{6}{7} \cdot \frac{5}{9} = \frac{\overset{2}{6} \cdot 5}{7 \cdot \underset{3}{9}} = \frac{10}{21}$

b) $\frac{7}{8} \cdot \frac{2}{5}$

c) $\frac{3}{7} \cdot \frac{14}{5}$ **e)** $\frac{3}{4} \cdot \frac{5}{6}$ **g)** $\frac{4}{3} \cdot \frac{7}{8}$ **i)** $\frac{2}{9} \cdot \frac{12}{5}$ **k)** $\frac{8}{13} \cdot \frac{2}{5}$

d) $\frac{11}{10} \cdot \frac{5}{7}$ **f)** $\frac{6}{15} \cdot \frac{4}{9}$ **h)** $\frac{2}{7} \cdot \frac{7}{2}$ **j)** $\frac{8}{9} \cdot \frac{6}{10}$ **l)** $\frac{2}{3} \cdot \frac{4}{7}$

307 Löse die Aufgaben.

H2
I1

Tipp: Wandle gemischte Zahlen zuerst in unechte Brüche um!

a) $2\frac{1}{3} \cdot \frac{2}{5}$ $2\frac{1}{3} \cdot \frac{2}{5} = \frac{7}{3} \cdot \frac{2}{5} = \frac{14}{15}$ **d)** $\frac{4}{9} \cdot 2\frac{2}{3}$

b) $1\frac{1}{4} \cdot \frac{3}{5}$ **e)** $3\frac{2}{5} \cdot 1\frac{1}{4}$

c) $4\frac{1}{2} \cdot \frac{2}{3}$ **f)** $2\frac{5}{9} \cdot 4\frac{1}{10}$

308 Finde den Fehler!

H2
I1

Erkläre Julia in einer Kurzmitteilung, was sie falsch gemacht hat.
Dann löse die Aufgabe selbst richtig.

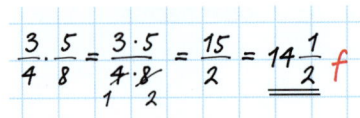 $\frac{3}{4} \cdot \frac{5}{8} = \frac{3 \cdot 5}{4 \cdot \underset{1}{8}} = \frac{15}{2} = 14\frac{1}{2}$ *f*

→ Übungsteil, S. 55

Lernziel

⇒ Bruchzahlen
miteinander
multiplizieren können

Wissen

**Multiplikation
von Bruchzahlen**

Brüche multipliziert man,
indem man die Zähler
und die Nenner jeweils
miteinander multipliziert.

Beispiel:

$$\frac{3}{7} \cdot \frac{9}{10} = \frac{3 \cdot 9}{7 \cdot 10} = \frac{27}{70}$$

Kreuzweises Kürzen

Steht im Nenner eine
Multiplikation, darfst du
einzelne Faktoren gegen
den Zähler kürzen.

Beispiel:

durch 2

$$\frac{4}{9 \cdot 6} = \frac{2}{9 \cdot 3}$$

durch 2

Tipp

**Multiplizieren
von Bruchzahlen**

Rechne einfach:

$$\frac{Z\ddot{a}hler \cdot Z\ddot{a}hler}{Nenner \cdot Nenner}$$

Extra: Zeitungsartikel

309 Lest die Zeitungsausschnitte.
H1
H3
I4
Dann findet mathematische Aufgabenstellungen dazu
und löst sie in eurem Heft.

a) Verkehr

„Im Vorjahr gab es auf den Straßen
unseres Bundeslandes 72 Verkehrstote.
Heuer werden es rund ein Drittel mehr sein ...“

b) Leben

„Von den rund 160 Schanigärten in der Salzburger Altstadt
sind fast drei Viertel größer, als es das Magistrat bewilligt hat ...“

c) Gesellschaft

„Frauen verdienen um rund ein Fünftel weniger als Männer.
Im Durchschnitt verdienen Männer etwa 2.860 € im Monat ...“

d) Politik

„Für dieses Gesetz ist eine Zweidrittel-Mehrheit
im österreichischen Nationalrat nötig.
Die 183 Abgeordneten treffen sich morgen ...“

Die Wiener Zeitung gibt es
seit 1703. Sie ist damit die
älteste Zeitung der Welt,
die heute noch erscheint.

Spiel: Schokoladenparty

310 Für die Party werden drei Tische aufgestellt:
H1
H2
H4
I1
- Tisch A mit 1 Tafel Schokolade
- Tisch B mit 2 Tafeln Schokolade
- Tisch C mit 3 Tafeln Schokolade

Tisch A   Tisch B   Tisch C

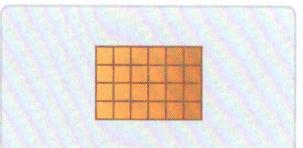      

Ein Gast nach dem anderen trifft ein und stellt sich zu einem Tisch seiner Wahl.
Wenn alle Gäste da sind, wird die Schokolade tischweise aufgeteilt.

a) Spielt das Spiel in der Klasse. Jedes Kind versucht, den Tisch so zu wählen,
dass es möglichst viel Schokolade bekommt.

b) Drückt euren Anteil an der Schokolade auf eurem Tisch mit einer Bruchzahl aus.
Beispiel: Anna steht bei Tisch B. Insgesamt sind 8 Kinder an diesem Tisch.

Annas Anteil: $\frac{2}{8} = \frac{1}{4}$ Tafel

Das macht bei einer Tafel mit 24 Stück: $\frac{1}{4} \cdot 24 = 6$ Stück

c) Stellt euch eine Klasse mit 25 Kindern vor.
Wie sieht die optimale Verteilung der Kinder auf die Tische aus,
damit jedes der Kinder möglichst gleich viel Schokolade bekommt?
Schreibt eure Überlegungen auf und begründet eure Entscheidung.
Vergleicht eure Ergebnisse mit anderen.

Kehrwert, Division durch Bruchzahlen

311 Schreibe die passenden Divisionen zu den Aufgaben an.
Berechne dann die Ergebnisse und schreibe eine Antwort.

H1
I1

a) Wie oft ist 5 in 20 enthalten?

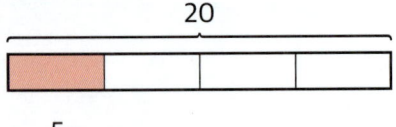

R: _20 : 5 = 4_

A: _5 ist in 20_
4-mal enthalten.

b) Wie oft ist $\frac{1}{2}$ in 3 enthalten?

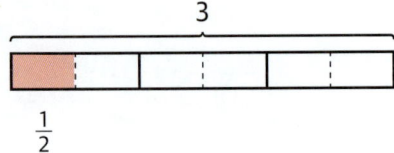

R: _____

A: _____

_____

c) Wie oft sind $\frac{2}{3}$ in 2 enthalten?

R: _____

A: _____

_____

312 Zeichne zuerst Balkenmodelle wie in der vorigen Aufgabe.
Dann löse die Divisionen.

H1
I1

a) $1 : \frac{1}{4}$ **b)** $1 : \frac{1}{5}$ **c)** $2 : \frac{1}{3}$ **d)** $2 : \frac{2}{5}$

313 Bestimme den Kehrwert der folgenden Bruchzahlen.

H1
I1

a) $\frac{2}{3}$ ... Kehrwert = $\boxed{\frac{3}{2}}$ **c)** $\frac{1}{5}$ ... Kehrwert = $\boxed{}$

b) $\frac{4}{11}$ ... Kehrwert = $\boxed{}$ **d)** $\frac{7}{2}$ ... Kehrwert = $\boxed{}$

314 Löse die folgenden Divisionen durch
Multiplikation mit dem Kehrwert.

H2
I1

a) $6 : \frac{4}{7}$

$$6 : \frac{4}{7} = 6 \cdot \frac{7}{4} = \frac{\overset{3}{\cancel{6}} \cdot 7}{\cancel{4}_{2}} = \frac{21}{2} = 10\frac{1}{2}$$

b) $1 : \frac{1}{4}$

c) $3 : \frac{1}{2}$ **e)** $1 : \frac{2}{5}$ **g)** $6 : \frac{2}{5}$ **i)** $24 : \frac{6}{10}$

d) $2 : \frac{3}{4}$ **f)** $4 : \frac{3}{7}$ **h)** $12 : \frac{8}{9}$ **j)** $9 : \frac{15}{8}$

315 Finde den Fehler!

H2
I1

Erkläre Jonathan in einer Kurzmitteilung,
was er falsch gemacht hat.
Dann löse die Aufgabe
selbst richtig.

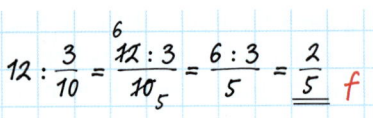

$$12 : \frac{3}{10} = \frac{\overset{6}{\cancel{12}} : 3}{\cancel{10}_{5}} = \frac{6 : 3}{5} = \frac{2}{5} \quad f$$

→ Übungsteil, S. 56

Lernziele

⇒ Vorstellungen zur
Division durch eine
Bruchzahl entwickeln

⇒ den Begriff Kehrwert
kennen und ihn
bestimmen können

⇒ Divisionen durch
Multiplikation mit dem
Kehrwert lösen können

Wissen

Kehrwert einer Bruchzahl

Den Kehrwert einer
Bruchzahl erhält man,
wenn man Zähler und
Nenner vertauscht.

$$\overset{\curvearrowright}{\underset{\curvearrowleft}{\frac{Zähler}{Nenner}}}$$

Beispiel:
$\frac{3}{5}$ ... Kehrwert = $\frac{5}{3}$

Division durch Bruchzahlen

Die Division durch eine
Bruchzahl ist äquivalent
der Multiplikation mit
ihrem Kehrwert.

Beispiele:

$$4 : \frac{1}{2} = 4 \cdot \frac{2}{1} = \underline{\underline{8}}$$

$$2 : \frac{2}{3} = 2 \cdot \frac{3}{2} = \frac{6}{2} = \underline{\underline{3}}$$

F8 Division von Bruchzahlen

316 Bestimme den Kehrwert der folgenden natürlichen Zahlen.

H1
I1

a) 3

b) 2

c) 5

d) 12

„drei = drei Eintel"
Das klingt seltsam,
stimmt aber!

$3 = \frac{3}{1}$

→ Kehrwert von 3 = $\frac{1}{3}$

e) 38   f) 50   g) 250   h) 1

317 Teile die Bruchzahlen durch natürliche Zahlen,
indem du sie mit dem Kehrwert der natürlichen Zahl multiplizierst.
Stelle die Rechnungen jeweils mit einem Balkenmodell dar.

H1
H2
I1

a) $\frac{1}{3} : 2$

b) $\frac{1}{2} : 2$

c) $\frac{1}{4} : 2$

d) $\frac{1}{2} : 3$

e) $\frac{1}{3} : 3$

f) $\frac{1}{2} : 4$

R: $\frac{1}{3} : 2 = \frac{1}{3} : \frac{2}{1} = \frac{1}{3} \cdot \frac{1}{2} = \frac{1}{6}$

Skizze:

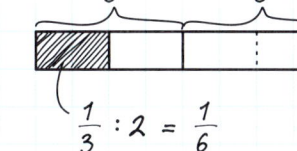

$\frac{1}{3} : 2 = \frac{1}{6}$

318 Berechne die Quotienten.

H2
I2

a) $\frac{1}{4} : 3$ b) $\frac{2}{3} : 5$ c) $\frac{2}{5} : 7$ d) $\frac{3}{10} : 4$ e) $\frac{5}{9} : 2$

319 Teile die angegebenen Bruchzahlen,
indem du sie mit dem Kehrwert der zweiten Zahl multiplizierst.

H2
I1

a) $\frac{3}{4} : \frac{2}{5}$

b) $\frac{2}{8} : \frac{3}{2}$

$\frac{3}{4} : \frac{2}{5} = \frac{3}{4} \cdot \frac{5}{2} = \frac{15}{8} = 1\frac{7}{8}$

c) $\frac{7}{9} : \frac{1}{4}$ e) $\frac{5}{6} : \frac{3}{4}$ g) $\frac{2}{11} : \frac{3}{7}$ i) $\frac{5}{100} : \frac{3}{10}$

d) $\frac{2}{3} : \frac{3}{8}$ f) $\frac{1}{2} : \frac{7}{10}$ h) $\frac{6}{10} : \frac{3}{4}$ j) $\frac{5}{8} : \frac{5}{2}$

320 Berechne die Quotienten.
Wandle gemischte Zahlen in unechte Brüche um, bevor du rechnest.

H2
I1

a) $2\frac{1}{3} : \frac{2}{5}$ b) $\frac{4}{7} : 1\frac{1}{2}$ c) $4\frac{3}{5} : 5\frac{1}{3}$ d) $2\frac{2}{5} : 1\frac{3}{7}$

321 Finde den Fehler!

H2
I1

Erkläre Tom in einer Kurzmitteilung,
was er falsch gemacht hat.
Dann löse die Aufgabe selbst richtig.

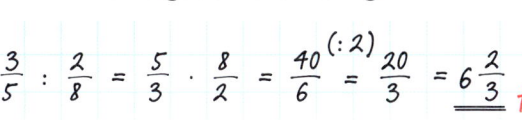

$\frac{3}{5} : \frac{2}{8} = \frac{5}{3} \cdot \frac{8}{2} = \frac{40}{6}^{(:2)} = \frac{20}{6} = 6\frac{2}{3}$ f

→ Übungsteil, S. 57

Lernziele

⇒ Kehrwert natürlicher Zahlen bestimmen können

⇒ Bruchzahlen dividieren können

Wissen

Kehrwert natürlicher Zahlen

Schreibe die natürliche Zahl zuerst als Bruch
(z. B.: $4 = \frac{4}{1}$) an.
Danach bilde den Kehrwert durch Vertauschung von Zähler und Nenner.

Division durch Bruchzahlen

Die Division durch eine Bruchzahl ist äquivalent der Multiplikation mit ihrem Kehrwert.

Beispiel:

$\frac{3}{7} : \frac{4}{5} = \frac{3}{7} \cdot \frac{5}{4} = \frac{15}{28}$

Denkanstoß

Kehrwert

Vervollständige die Sätze:

„Wenn eine Zahl sehr groß ist, ist ihr Kehrwert ..."

„Wenn eine Zahl sehr klein ist, ist ihr Kehrwert ..."

„Multipliziert man eine Zahl mit ihrem Kehrwert, so erhält man ..."

English Corner

322 KNOBELAUFGABE

H1
H2
I1

Read the rhyme and answer the question!

Ein halbes Huhn kann gar keine Eier legen!

A chicken-and-a-half
lay an egg-and-a-half
in a day-and-a-half.

How many eggs will
a chicken lay in 21 days?

In meiner Geschichte schon!

Wörterbuch

rhyme ...
Gedicht

chicken ...
Huhn

egg ...
Ei

half ...
halb

lay ...
legen

Technik-Labor

323 Kürze die folgenden Brüche mit dem Taschenrechner.

H2
I1

Nicht jeder Taschenrechner hat eine Bruchrechenfunktion!

a) $\frac{6}{8}$ Tastenfolge: [6] [Aᵇ/c] [8] [=]

b) $\frac{2}{10}$ c) $\frac{42}{126}$ d) $\frac{6}{4}$ e) $\frac{18}{222}$ f) $\frac{39}{6}$ g) $\frac{12}{56}$ h) $\frac{15}{105}$ i) $\frac{316}{8}$

324 Löse die Additionen und Subtraktionen mit dem Taschenrechner.

H2
I1

a) $\frac{1}{4} + \frac{1}{3}$ Tastenfolge: [1] [Aᵇ/c] [4] [+] [1] [Aᵇ/c] [3] [=]

b) $\frac{3}{5} + \frac{1}{10}$ d) $\frac{17}{20} + \frac{3}{4}$ f) $\frac{3}{8} - \frac{3}{12}$ h) $\frac{3}{5} - \frac{1}{4}$

c) $\frac{5}{6} + \frac{2}{9}$ e) $\frac{2}{10} + \frac{1}{6}$ g) $\frac{5}{9} - \frac{1}{6}$ i) $\frac{6}{7} - \frac{4}{13}$

325 Löse die Multiplikationen und Divisionen mit dem Taschenrechner.

H2
I1

a) $\frac{3}{4} \cdot 100$ Tastenfolge: [3] [Aᵇ/c] [4] [×] [1] [0] [0] [=]

b) $\frac{2}{5} \cdot 40$ d) $\frac{1}{2} \cdot \frac{3}{8}$ f) $2 : \frac{1}{2}$ h) $\frac{1}{2} : \frac{2}{3}$

c) $\frac{1}{10} \cdot 35$ e) $\frac{4}{3} \cdot \frac{1}{6}$ g) $10 : \frac{3}{4}$ i) $\frac{6}{5} : \frac{3}{7}$

326 Rechne die Bruchzahlen in Dezimalzahlen um.   F<>D „fraction<>decimal"

H2
I1

a) $1\frac{3}{4}$ Tastenfolge: [1] [Aᵇ/c] [3] [Aᵇ/c] [4] [2nd] [PRB] [=]

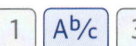

b) $4\frac{3}{10}$ c) $\frac{3}{7}$ d) $\frac{2}{3}$ e) $5\frac{3}{5}$ f) $\frac{3}{8}$ g) $\frac{7}{15}$ h) $4\frac{8}{9}$ i) $\frac{17}{4}$

327 Rechne die Dezimalzahlen in Bruchzahlen um.

H2
I1

a) 3,2

F<>D

b) 0,25   Tastenfolge: [3] [.] [2] [2nd] [PRB] [=]

c) 9,16   d) 0,825   e) 2,5   f) 4,35

Die Tastenbezeichnungen beziehen sich
auf den Taschenrechner TI 30.

F9 Verbindung der Grundrechnungsarten

328 Rechne und beachte dabei die Vorrangregeln.

H2
I1

a) $\frac{2}{3} - \frac{1}{4} \cdot 2$

b) $3 \cdot \frac{2}{5} + \frac{4}{10}$

c) $\frac{3}{4} : 2 + 4\frac{1}{2}$

d) $4\frac{1}{3} - 5\frac{1}{2} : 3$

$$\frac{2}{3} - \underbrace{\frac{1}{4} \cdot 2}_{\frac{2}{4} = \frac{1}{2}} = \underbrace{\frac{2}{3} - \frac{1}{2}}_{kgV = 6} = \frac{4}{6} - \frac{3}{6} = \frac{1}{6}$$

Arbeite Schritt für Schritt!

329 Vergleiche die Rechenwege von Luca und Anna.

H2
I1

Gegeben ist die folgende Rechnung:

$$2\frac{1}{2} - \frac{1}{3} + \frac{3}{4} = ?$$

Luca

$$2\frac{1}{2} - \frac{1}{3} + \frac{3}{4} \ \dots \ kgV = 12$$

$$2\frac{6}{12} - \frac{4}{12} + \frac{9}{12} = \frac{30 - 4 + 9}{12} = \frac{35}{12} = 2\frac{11}{12}$$

Anna

$$2\frac{1}{2} - \underbrace{\frac{1}{3} + \frac{3}{4}}_{kgV = 6} = 2\underbrace{\frac{3}{6} - \frac{2}{6}}_{2\frac{1}{6}} + \frac{3}{4} = \underbrace{2\frac{1}{6} + \frac{3}{4}}_{kgV = 12} = 2\frac{2}{12} + \frac{9}{12} = 2\frac{11}{12}$$

Wie würdest du rechnen?
Besprich deine Überlegungen mit anderen.

330 Rechne und beachte dabei die Vorrangregeln.

H2
I1

a) $\frac{2}{5} + \frac{1}{10} + \frac{3}{5} \cdot \frac{5}{2}$

b) $\frac{3}{8} : \frac{1}{4} + \frac{5}{6} \cdot 2\frac{2}{5}$

c) $\frac{3}{2} - \frac{3}{4} + \frac{3}{16} : \frac{1}{2}$

d) $3\frac{2}{3} \cdot \frac{2}{4} \cdot \frac{5}{3} - \frac{1}{6}$

e) $\frac{2}{7} : \frac{5}{7} + 4\frac{3}{10} \cdot 2$

f) $\frac{3}{4} + 1\frac{2}{5} - \frac{3}{10} : \frac{3}{4}$

Schreibe deutlich! Gut leserliche Brüche machen die Arbeit einfacher!

331 Rechne und beachte dabei die Vorrangregeln.

H2
I1

a) $3\frac{2}{5} - (\frac{3}{10} + \frac{1}{5})$

b) $(\frac{3}{8} + \frac{1}{6}) : \frac{4}{5}$

c) $(\frac{2}{3} - \frac{3}{8}) \cdot \frac{2}{5}$

d) $2\frac{3}{4} : (\frac{1}{4} + \frac{2}{3})$

e) $\frac{2}{3} : (4 - \frac{1}{7})$

f) $(\frac{3}{5} - \frac{1}{10}) \cdot 3 + \frac{7}{10}$

332 Rechne und beachte dabei die Vorrangregeln.

H2
I1

a) $2\frac{5}{8} + \frac{1}{6} : (1 - \frac{1}{4}) - 1\frac{3}{4} + \frac{1}{3} \cdot 5$

b) $(\frac{5}{3} - \frac{3}{8}) \cdot (1 + \frac{5}{6} : \frac{1}{2}) + 3\frac{2}{5} : 1\frac{2}{3}$

c) $(\frac{6}{7} + \frac{1}{4}) : \frac{3}{4} - 2\frac{1}{2} \cdot \frac{4}{9}$

d) $\frac{2}{15} + (\frac{3}{5} - \frac{1}{10}) : \frac{5}{8} - \frac{1}{12}$

Da brauche ich viel Platz ...

Lernziele

⇒ Vorrangregeln auch beim Rechnen mit Bruchzahlen anwenden können

⇒ Sicherheit bei umfangreicheren Rechnungen mit Bruchzahlen gewinnen

Wissen

Vorrangregeln

Die Rechenreihenfolge ist auch bei längeren Rechnungen mit Bruchzahlen festgelegt. Als Merkwort hilft dir „Klampustri":

1) Klammern

2) Punktrechnungen · und :

3) Strichrechnungen + und −

4) von links nach rechts

Tipp

Lange Rechnungen

Bei längeren Aufgaben mit Bruchzahlen verliert man leicht den Überblick, daher ...

– Schreibe ordentlich!

– Nimm dir Platz, auch für Nebenrechnungen!

– Je geduldiger und konzentrierter du vorgehst, desto weniger Fehler passieren!

→ Übungsteil, S. 58

→ Cyber Homework 12

Checkpoint

Löse die Aufgaben und kontrolliere deine Ergebnisse (Lösungen ab Seite 167).
Kreuze an, was du noch üben möchtest.

Addition und Subtraktion von Bruchzahlen

333 Rechne und gib die Ergebnisse in der einfachsten Form an.

H2
I1

a) $\frac{2}{3} + \frac{1}{6}$ c) $\frac{5}{6} + \frac{3}{4}$ e) $\frac{3}{4} - \frac{5}{8}$ g) $\frac{8}{9} - \frac{5}{12}$ ↺ F1

b) $2\frac{3}{4} - 1\frac{7}{8}$ d) $5\frac{1}{3} + 2\frac{6}{12}$ f) $3\frac{1}{6} - \frac{3}{4}$ h) $\frac{5}{9} + 6\frac{2}{21}$ ↺ F2
    ↺ F3

334 Finde den Fehler!

H2
I1

Erkläre Philipp in einer Kurzmitteilung,
was er falsch gemacht hat.
Dann löse die Aufgabe selbst richtig.

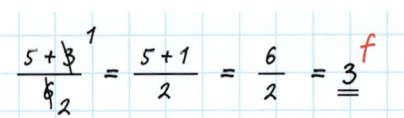 

↺ F4

Multiplikation und Division von Bruchzahlen

335 Rechne und gib die Ergebnisse in der einfachsten Form an.

H2
I1

a) $6 \cdot \frac{2}{3}$ b) $\frac{7}{10} \cdot 5$ c) $4 \cdot \frac{4}{7}$ d) $\frac{8}{15} \cdot 9$ ↺ F4

336 Ein Theatersaal hat 108 Sitzplätze.
Zwei Drittel der Plätze sind besetzt.

H1
H2
I1

Wie viele Plätze sind noch frei?

↺ F5

337 Rechne und gib die Ergebnisse in der einfachsten Form an.

H2
I1

a) $\frac{4}{5} \cdot \frac{1}{6}$ b) $\frac{3}{7} \cdot \frac{2}{9}$ c) $1\frac{2}{5} \cdot \frac{3}{4}$ d) $\frac{3}{10} \cdot 2\frac{1}{2}$ ↺ F6

338 Rechne und gib die Ergebnisse in der einfachsten Form an.

H2
I1

a) $3 : \frac{1}{2}$ b) $5 : \frac{1}{4}$ c) $6 : \frac{3}{4}$ d) $2 : \frac{5}{7}$ ↺ F7

339 Rechne und gib die Ergebnisse in der einfachsten Form an.

H2
I1

a) $\frac{8}{5} : 2$ b) $\frac{2}{9} : \frac{3}{7}$ c) $3\frac{1}{2} : \frac{2}{5}$ d) $\frac{7}{12} : 1\frac{3}{8}$ ↺ F8

Verbindung der Grundrechnungsarten

340 Rechne und gib die Ergebnisse in der einfachsten Form an.

H2
I1

a) $\frac{1}{2} + \frac{2}{5} : 2$ b) $\left(3 - \frac{3}{8}\right) \cdot \left(\frac{2}{3} + \frac{5}{6}\right)$ c) $3\frac{1}{5} - \frac{4}{9} + \frac{2}{9} : \frac{5}{7}$ ↺ F9

341 Schreibe die Rechnungen an und löse sie.

H1
I1

a) Berechne das Produkt von drei Viertel und neun Zehntel.

b) Berechne die Summe von zwei Drittel und dem Kehrwert von vier Fünftel.

c) Berechne die Differenz von achteinhalb und dem Zehnfachen von zwei Neuntel.

↺ F9

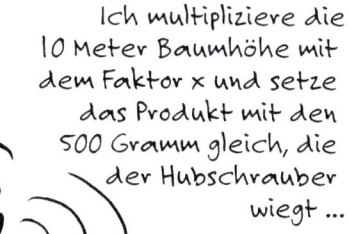

Ich multipliziere die 10 Meter Baumhöhe mit dem Faktor x und setze das Produkt mit den 500 Gramm gleich, die der Hubschrauber wiegt ...

342 Schaut euch den Comic mit Sonja und Luca an.
H1
H3
I2
Dann löst die Aufgaben.

a) Was passiert im letzten Bild?

b) Welche Formel beschreibt Luca?
Könnt ihr sie aufschreiben?
Welchen Wert müsste x in der Formel haben?
Hat diese Formel einen Sinn?

c) In der Physik werden viele Zusammenhänge mit Formeln beschrieben.
Welche Formeln kennt ihr?

d) Welches Sprichwort passt zu diesem Comic?
Kreuzt an.

☐ „Morgenstund´ hat Gold im Mund."

☐ „Hochmut kommt vor dem Fall."

☐ „Wer andern eine Grube gräbt, fällt selbst hinein."

Warm-up

Zeig, was du bereits kannst.

Platzhalter und Variablen

343 Bestimme den Wert der Platzhalter.

H1
I2

Lies die Rechnungen laut und sprich *„wie viel"* für ■/▲/●.

a) $35 + ■ = 40$

■ = _5_

b) $20 + ▲ = 23$

▲ = _____

c) $● + 4 = 11$

● = _____

d) $10 - ■ = 2$

■ = _____

e) $52 - ▲ = 30$

▲ = _____

f) $6 · ● = 24$

● = _____

g) $20 : ■ = 10$

■ = _____

h) $▲ · 4 = 36$

▲ = _____

344 Bestimme den Wert der Variablen.

H2
I2

a) $6 + x = 10$

x = _____

b) $18 - x = 11$

x = _____

c) $a · 2 = 60$

a = _____

d) $n : 5 = 10$

n = _____

Symbolische Darstellung von Gleichungen

345 Finde jeweils die passende Gleichung.

H1
I2

a)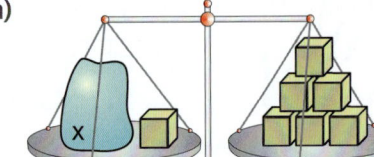

$x + 1 = 6$

c)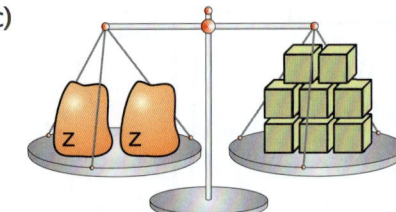

$ = $

b)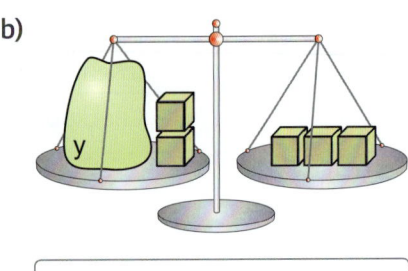

$ = $

d)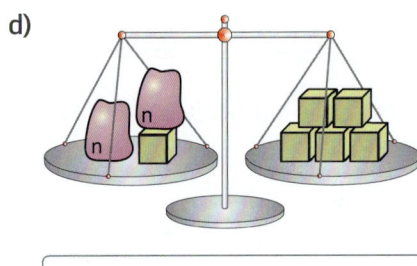

$ = $

346 Berechne den Wert der Variablen aus Aufgabe 345.

H2
I2

Vergleiche deine Ergebnisse mit anderen.

347 Stelle die angegebenen Gleichungen mit Hilfe

H1
I2

von Waagenmodellen wie in Aufgabe 345 dar.

Dann bestimme den Wert der Variablen.

a) $f + 2 = 4$

b) $3 · z = 6$

c) $2 · k + 1 = 3$

d) $t + 4 = 2 · t + 2$

Umformung von Summen

348 Finde jeweils Gleichungen zu den Bildern.
Löse sie mit Hilfe von Äquivalenzumformungen.

H1
I2

a)

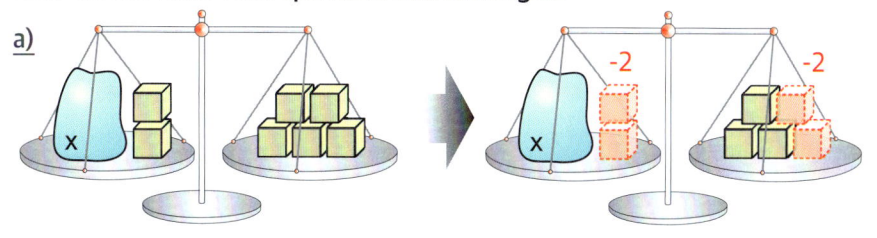

$$x + 2 = 5 \quad / - 2$$

$$x + \underbrace{2 - 2}_{0} = \underbrace{5 - 2}_{3}$$

$$\underline{\underline{x = 3}}$$

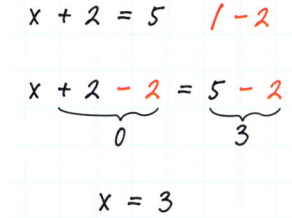

Du darfst
links und rechts
gleich viel wegnehmen!

b)

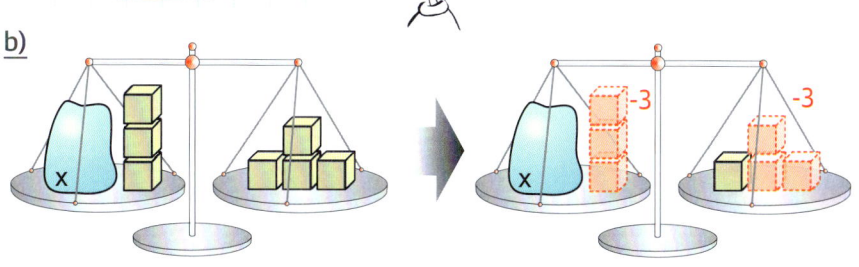

349 Berechne jeweils den Wert von x.

H2
I2

a) $x + 2 = 10$ c) $3 + x = 5$ e) $x + 127 = 300$

b) $x + 7 = 12$ d) $8 + x = 9$ f) $x + 516 = 922$

350 Vergleicht die beiden Lösungswege.
Findet Vor- und Nachteile für die „lange Schreibweise" links
und die „kurze Schreibweise" rechts.

H2
I2

a) $b + 3 = 9 \quad / - 3$

$$b + \underbrace{3 - 3}_{0} = \underbrace{9 - 3}_{3}$$

$$\underline{b = 6}$$

a) $b + 3 = 9 \quad / - 3$

$$\underline{b = 6}$$

351 Berechne jeweils den Wert der Unbekannten.

H2
I2

a) $b + 3 = 9$ f) $a + 15 = 35$ k) $c + 100 = 2\,000$

b) $x + 2 = 20$ g) $4 + y = 100$ l) $a + 99 = 150$

c) $y + 5 = 23$ h) $10 + b = 75$ m) $b + 209 = 1\,325$

d) $1 + z = 80$ i) $y + 20 = 23$ n) $52 + x = 290$

e) $4 + c = 15$ j) $5 + z = 100$ o) $1\,320 + n = 5\,000$

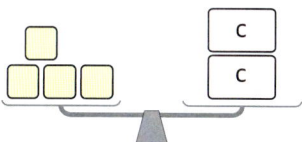

G2 Umformung von Differenzen

352 Finde jeweils Gleichungen zu den Bildern.
Löse sie mit Hilfe von Äquivalenzumformungen.

H1
I2

a)

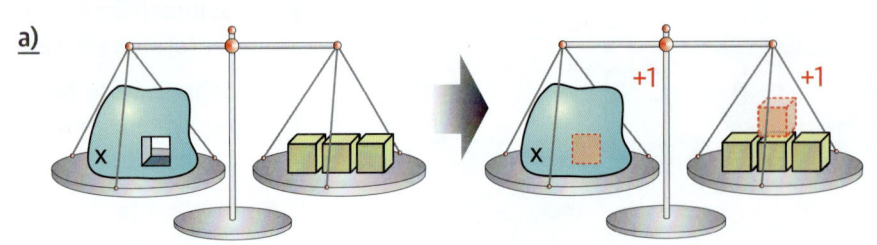

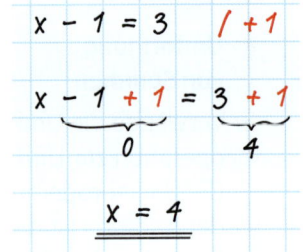

$$x - 1 = 3 \quad / + 1$$
$$x - 1 + 1 = 3 + 1$$
$$\underbrace{}_{0} \quad \underbrace{}_{4}$$
$$x = 4$$

Durch die Plusrechnung verschwindet die Minusrechnung!

b)

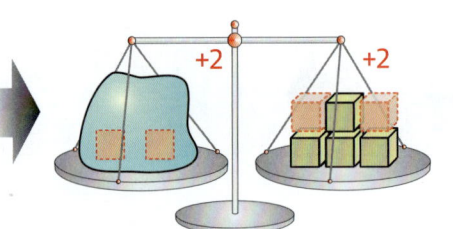

---

353 Berechne jeweils den Wert von x.

H2
I2

a) $x - 1 = 7$ c) $x - 10 = 12$ e) $x - 74 = 68$

b) $x - 5 = 4$ d) $x - 15 = 3$ f) $x - 318 = 1\,255$

---

354 Berechne zuerst den Wert der Unbekannten.
Dann führe die Probe durch Einsetzen des berechneten Werts aus.

H2
I2

$$a) \quad y - 7 = 15 \quad /+7 \qquad \text{Probe:} \quad 22 - 7 = 15$$
$$15 = 15 \checkmark$$
$$y = 22$$

a) $y - 7 = 15$ d) $n - 7 = 10$ g) $c - 516 = 285$

b) $x + 10 = 43$ e) $m + 7 = 10$ h) $b - 6\,915 = 7\,000$

c) $4 + x = 12$ f) $5 + k = 42$ i) $114 + n = 1\,203$

---

355 Berechne jeweils den Wert der Unbekannten.

H2
I2

a) $x + 25,8 = 63,2$ e) $f - 11,7 = 23,2$ i) $c + 13,772 = 15,1$

b) $13,9 + y = 15,7$ f) $l - 25,8 = 13,5$ j) $17,54 + n = 17,662$

c) $r + 14,15 = 37,392$ g) $n - 16,322 = 13,5$ k) $j - 87,329 = 13,681$

d) $345,78 + m = 955,68$ h) $z - 25,12 = 163,13$ l) $b - 12,2 = 4,25$

Lernziele

⇒ Differenzen äquivalent umformen können

⇒ eine Probe durch Einsetzen des Ergebnisses durchführen können

Wissen

Umformung von Differenzen

Die Umkehroperation der Subtraktion ist die Addition.

Probe durch Einsetzen

Setze den berechneten Wert der Unbekannten in die Gleichung ein.

Wenn links und rechts das Gleiche herauskommt, hast du richtig gerechnet.

Beispiel:

$$x - 5 = 2 \quad / + 5$$
$$x = 7$$

Probe (für $x = 7$):
$$7 - 5 = 2$$
$$2 = 2 \checkmark$$

Tipp

Fachbegriffe bei der Subtraktion

Minuend ...
Zahl, von der abgezogen wird

Subtrahend ...
Zahl, die abgezogen wird

Differenz ...
Ergebnis der Subtraktion

Übungsteil, S. 61

G3 Gleichungen und Äquivalenzumformungen – Textaufgaben

Umformung von Produkten

356 Finde jeweils Gleichungen zu den Bildern.
Löse sie mit Hilfe von Äquivalenzumformungen.

H1
I2

a)

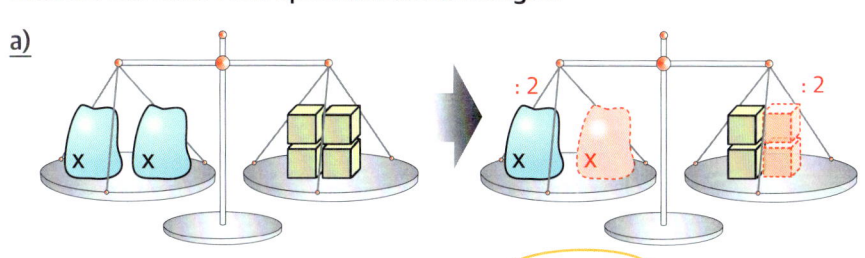

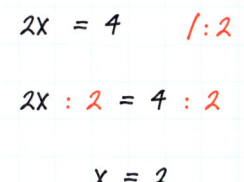

b)

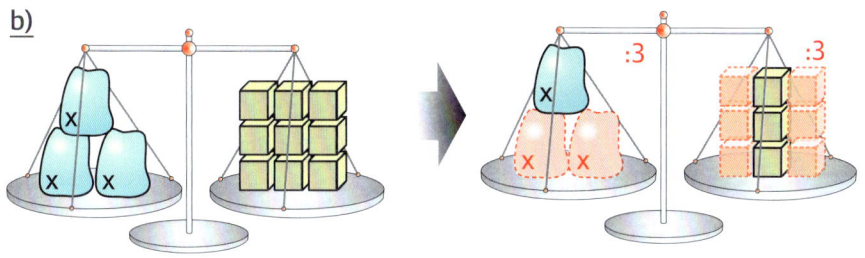

Wissen

Umformung von Produkten

Die Umkehroperation der Multiplikation ist die Division.

Schreibweise ohne Malpunkt

Es ist üblich, bei der Multiplikation einer Zahl mit einer Variablen den Malpunkt wegzulassen.

Statt $4 \cdot x$ oder $x \cdot 4$ schreibst du kurz „4x".

Du sprichst: „vier x".

357 Berechne jeweils den Wert von x.

H2
I2

a) $2x = 10$	e) $3x = 12$	i) $7x = 56$
b) $4x = 32$	f) $5x = 40$	j) $10x = 120$
c) $6x = 60$	g) $8x = 16$	k) $14x = 56$
d) $9x = 99$	h) $12x = 144$	l) $4x = 196$

358 Berechne jeweils den Wert der Unbekannten.

H2
I2

Tipp: Mach Nebenrechnungen, wenn es dir hilft!

a) $24x = 864$	e) $2x = 3$	i) $3x = 13{,}8$
b) $19x = 1\,102$	f) $5x = 12$	j) $8x = 116{,}8$
c) $6x = 15\,042$	g) $6x = 51$	k) $15x = 55{,}5$
d) $13x = 1\,651$	h) $8x = 66$	l) $7x = 163{,}1$

359 Berechne jeweils den Wert der Unbekannten.

H1
H2
I2

a) $5x = 18{,}2$	d) $6{,}4x = 96$	g) $0{,}28x = 0{,}812$
b) $7x = 22{,}4$	e) $3{,}9x = 78$	h) $0{,}17x = 3{,}315$
c) $15x = 46{,}5$	f) $7{,}2x = 36$	i) $0{,}47x = 2{,}162$

j) KNOBELAUFGABE
Ändere die Aufgabe in a) so um,
dass du für x die Zahl 7,28 erhältst.

Interessant

Vor 4 000 Jahren …

Ägyptische Mathematiker konnten bereits im 2. Jahrtausend vor Christus Gleichungen durch Äquivalenzumformungen lösen.

→ Übungsteil, S. 62

Umformung von Quotienten

360 Finde jeweils Gleichungen zu den Bildern.
H1 I2   Löse sie mit Hilfe von Äquivalenzumformungen.

a)

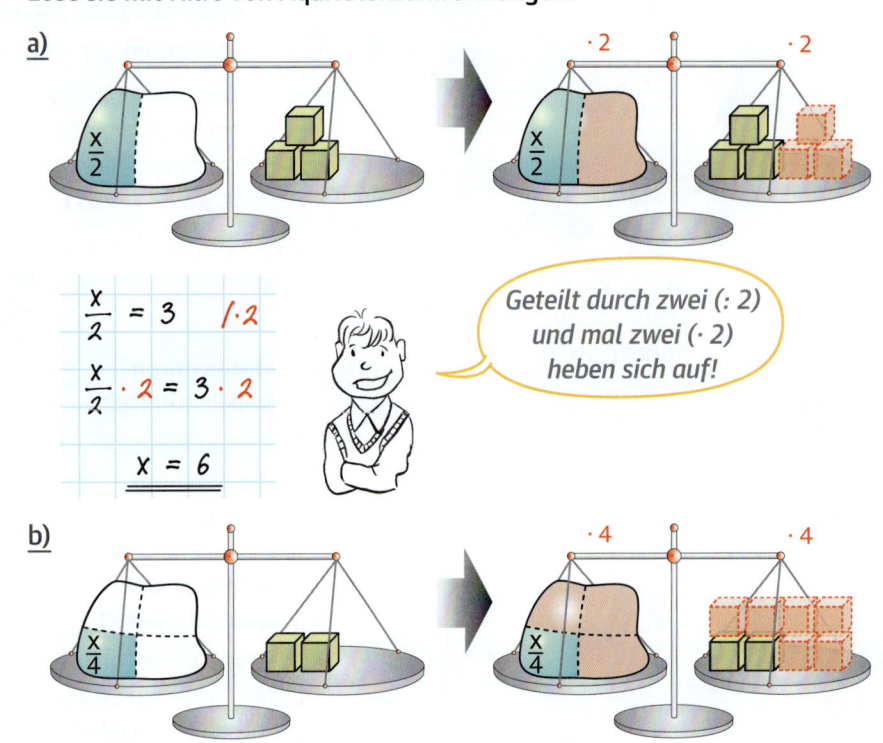

$$\frac{x}{2} = 3 \quad | \cdot 2$$

$$\frac{x}{2} \cdot 2 = 3 \cdot 2$$

$$\underline{x = 6}$$

Geteilt durch zwei (: 2) und mal zwei (· 2) heben sich auf!

b)

⇒ Quotienten äquivalent umformen können

⇒ Bruchschreibweise bei Divisionen ($\frac{x}{3}$ anstatt x : 3) verwenden können

Wissen

Umformung vorn Divisionen

Die Umkehroperation der Division ist die Multiplikation.

Bruchschreibweise bei der Division

Es ist üblich, Divisionen als Brüche anzuschreiben.

Statt x : 4 schreibst du bei Gleichungen kurz „$\frac{x}{4}$".

Du sprichst: „x Viertel".

361 Berechne jeweils den Wert von x.
H2 I2

a) $\frac{x}{2} = 4$ d) $\frac{x}{3} = 6$ g) $\frac{x}{10} = 15$ j) $\frac{x}{9} = 35$

b) $\frac{x}{2} = 3$ e) $\frac{x}{6} = 7$ h) $\frac{x}{4} = 12$ k) $\frac{x}{13} = 26$

c) $\frac{x}{7} = 15$ f) $\frac{x}{3} = 12$ i) $\frac{x}{19} = 3$ l) $\frac{x}{11} = 11$

Tipp

Probe durch Einsetzen

Wenn links und rechts das Gleiche herauskommt, hast du richtig gerechnet.

$$\frac{y}{5} = 20 \quad | \cdot 5$$

$$\underline{y = 100}$$

Probe (für y = 100):

$$\frac{100}{5} = 20$$

$$\underline{20 = 20 \checkmark}$$

362 Berechne zuerst den Wert der Unbekannten.
H2 I2   **Dann führe die Probe durch Einsetzen des berechneten Werts aus.**

a) $\frac{c}{5} = 10$ d) $\frac{b}{9} = 3$ g) $\frac{f}{8} = 250$ j) $\frac{z}{3} = 12\,000$

b) $\frac{n}{3} = 6$ e) $\frac{g}{8} = 9$ h) $\frac{x}{5} = 100$ k) $\frac{m}{17} = 1\,660$

c) $\frac{a}{7} = 2$ f) $\frac{y}{2} = 200$ i) $\frac{i}{10} = 1\,000$ l) $\frac{n}{4} = 330$

363 Berechne jeweils den Wert der Unbekannten.
H2 I2   *Tipp: Mach Nebenrechnungen, wenn es dir hilft!*

a) x : 3 = 17,5   e) x : 0,8 = 62   i) x : 6,9 = 215,72

b) x : 2 = 22,6   f) x : 0,5 = 21   j) x : 2,4 = 113,15

c) x : 5 = 26,5   g) x : 0,3 = 17   k) x : 7,8 = 352,27

d) x : 7 = 44,1   h) x : 0,9 = 23   l) x : 5,1 = 717,55

m) KNOBELAUFGABE
Ändere die Aufgabe in a) so um,
dass du für x die Zahl 70 erhältst.

→ Übungsteil, S. 63

→ Cyber Homework 13

Mehrschrittige Aufgaben lösen

364 Berechne jeweils den Wert der Unbekannten.

H2
I2

a) $2x + 4 = 10$

Räume zuerst auf. Bringe alle Zahlen nach rechts!

$$2x + 4 = 10 \quad / -4$$
$$2x = 6 \quad / :2$$
$$\underline{x = 3}$$

b) $3x + 6 = 21$ e) $4x - 1 = 23$ h) $\frac{x}{2} + 3 = 9$

c) $2x + 5 = 13$ f) $7x - 5 = 44$ i) $\frac{x}{5} - 6 = 19$

d) $5x + 10 = 45$ g) $2x - 15 = 21$ j) $\frac{x}{10} + 2 = 24$

365 Vereinfache die Terme.

H2
I2

a) $2x + x + 4$

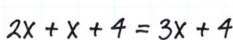

$$2x + x + 4 = \underline{3x + 4}$$

b) $5x + 3x - 6$

c) $x + 8 + x$

2x und noch 1x macht 3x!

d) $9x - 2x + x$

e) $15 + 2x + 3$

f) $3 + x + 5 - x$

g) $4x - 3x + 10$

h) $3 + 2x + 9 + 4x$

i) $10x + 4 - 5x - 1$

j) $x + 12 - x + 3x$

k) $15 - 6 + x + 6x$

366 Fasse zuerst jeweils Zahlen und Unbekannte zusammen. Dann berechne den Wert der Unbekannten.

H2
I2

a) $2n + 6 + 3n - 5 = 41$

b) $c + 8 + 5 + 3c = 25$

c) $6 + 2a + 5 - a = 17 + 3$

d) $4x - 2x + 18 - 3 = 19$

e) $3 + 4x + 1 + 2x + 5 = 15 \cdot 3$

f) $3z + 16 + 2z - 10 = 51$

g) $t + 7 + 4t + 3 - 2t = 28$

h) $7b + 15 - 3b + 13 - 21 + 12b - 3 + 7 = 57$

$$2n + 6 + 3n - 5 = 41$$
$$\underbrace{2n + 3n} + \underbrace{6 - 5} = 41$$
$$5n + 1 = 41 \quad / -1$$
$$5n = 40 \quad / :5$$
$$\underline{n = 8}$$

367 Berechne zuerst den Wert der Unbekannten. Dann führe die Probe durch Einsetzen des berechneten Werts aus.

H2
I2

a) $20 = 4x + 8$

b) $13 = \frac{x}{2} - 1$

c) $16 = 3x + 4$

d) $8 = 6 + \frac{x}{7}$

e) $45 = 8x - 11$

f) $62 = 52 + 2x$

g) $19 = \frac{x}{4} - 5$

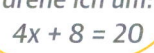

20 = 4x + 8 drehe ich um: 4x + 8 = 20

h) $14 + 3 = 5x + 2$

i) $25 = 6 + \frac{x}{7} - 3$

j) $4 \cdot 12 = x + 8 + x$

k) $35 - 6 \cdot 2 = 4x + x - 12$

l) $6 - (8 - 2) = x - 3$

m) $22x + 4 - 15x = 9 \cdot 2$

n) $13 - 4 = 2 + \frac{x}{3}$

Lernziele

⇒ Gleichungen mit mehreren Umformungsschritten lösen können

⇒ Terme vereinfachen können

Wissen

Mehrschrittige Aufgaben lösen

1. Vereinfache die Gleichung!

Beispiel:

$$4 + 5 + 4x - x = 15$$
$$9 + 3x = 15$$

2. Bringe alle Unbekannten auf eine Seite, die Zahlen auf die andere!

Beispiel:

$$9 + 3x = 15 \quad / -9$$
$$3x = 6$$

3. Berechne die Unbekannte!

Beispiel:

$$3x = 6 \quad / :3$$
$$\underline{x = 2}$$

Tipp

Seiten vertauschen

Das „Ist gleich"-Zeichen bedeutet, dass die linke und die rechte Seite gleich viel wert sind. Also darfst du sie ohne Weiteres vertauschen!

Beispiel:

$$15 = x + 3 \quad / \leftrightarrow$$
$$x + 3 = 15$$

→ Übungsteil, S. 64

English Corner

368 Solve the equations.

H2 I2

a) $4x = 57 - 13$ b) $20 = \frac{x}{4}$ c) $x + 7 + 4x + 12 - 2x = 22$

369 Find the value of x.

H2 I2

a) $13 - 4 \cdot 2 = 2x - 5$ b) $\frac{x}{6} - 21 = 15$ c) $15 - (2 + 6) = \frac{x}{3}$

Wörterbuch

solve ... lösen

equation ... Gleichung

value ... Wert

Extra: Zahlenrätsel

370 Texte und Gleichungen

H1 H2 I2

a) Verbinde die Texte mit den passenden Gleichungen.

| Das Dreifache einer Zahl beträgt 60. | Zieht man 3 von einer Zahl ab, so ergibt sich 60. |

$3x = 60$ $a - 3 = 60$ $y : 3 = 60$ $b + 3 = 60$

| Addiert man 3 zu einer Zahl, so erhält man 60. | Teilt man eine Zahl durch 3, so erhält man 60. |

b) Berechne den Wert der Variablen aus a).

371 Finde die gesuchten Zahlen.

H1 I2

Tipp: Mach Nebenrechnungen, wenn es dir hilft!

a) Multipliziert man Lisas Lieblingszahl mit 4, so erhält man 28.

b) Addiert man zum Doppelten von Theos Zahl die Zahl 5, so erhält man 33.

c) Hans multipliziert seine Lieblingszahl mit 8. Davon subtrahiert er 13 und erhält 75.

d) Bernhards Lieblingszahl ist um 16 größer als 17.

e) Zoe teilt ihre Zahl durch 5 und addiert 6 zum Ergebnis. Jetzt hat sie 18.

f) Zu Leos Zahl muss man 5 dazu zählen, um das Dreifache von 9 zu erhalten.

g) Addiere 15 zum Drittel von 72, und du erhältst das Dreifache von Ninas Zahl.

372 KNOBELAUFGABE

H2 H3 I2

Zahlen-Zauberei oder Mathematik?

Zauberer Magicus fordert einen Herrn aus dem Publikum auf:

„Denken Sie an eine Zahl. Verdoppeln Sie Ihre Zahl. Zählen Sie 10 dazu. Jetzt subtrahieren Sie das Zweifache Ihrer zuerst gedachten Zahl vom Ergebnis. Am Ende dividieren Sie durch 2. Sie erhalten die Zahl 5!"

Der Herr ruft verblüfft: *„Sie haben Recht! Sie können wirklich zaubern!"*

Kannst du den Trick von Zauberer Magicus erklären?

Gleichungen zu Textaufgaben finden

373 Sandro besitzt zwei Schachteln mit je gleich vielen Murmeln.
Heute hat er noch 15 Murmeln geschenkt bekommen.
Jetzt hat er insgesamt 95 Murmeln.
Wie viele Murmeln sind in einer Schachtel?

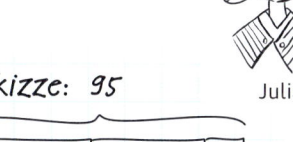
Julia

Schachtel + Schachtel + 15 = 95

$$S + S + 15 = 95$$
$$2S + 15 = 95 \quad /-15$$
$$2S = 80 \quad /:2$$
$$\underline{S = 40}$$

Philipp

A: In einer Schachtel sind
40 Murmeln.

Skizze: 95

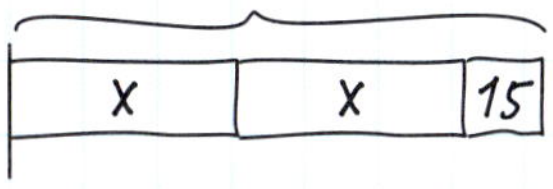

| x | x | 15 |

Gleichung:
$$2x + 15 = 95 \quad /-15$$
$$2x = 80 \quad /:2$$
$$\underline{x = 40}$$

A: In einer Schachtel
sind 40 Murmeln.

Vergleicht die Lösungswege
von Philipp und Julia.
Findet bei beiden Methoden Vor- und Nachteile.
Besprecht eure Überlegungen mit anderen.

374 Finde Gleichungen zu den Aufgaben und löse sie.

*Hinweis: (x) kennzeichnet Vorschläge,
welche Größe du als Variable ausdrücken kannst!*

a) Willi bezahlt für drei Limonaden (x) und ein Wurstbrot 5,10 €.
Das Wurstbrot kostet 1,50 €.
Wie viel kostet eine Limonade?

b) Elke kauft zwei T-Shirts um je 14,90 € und eine Hose (x).
Sie bezahlt 69,70 €.
Wie viel kostet die Hose?

c) Ein Wagen wiegt 204 kg. Er hat vier Kisten (x) geladen.
Mit den Kisten wiegt der Wagen 316 kg.
Wie schwer ist eine Kiste?

d) Zwei Freunde gewinnen im Lotto und
teilen den Gewinn (x) gerecht auf.
Jeder bekommt 6 218 €.
Wie hoch war der Gewinn?

375 Finde Gleichungen zu den Aufgaben und löse sie.

a) Frau Yin geht mit ihrer Tochter und ihrem Enkel in den Zirkus.
Sie kauft zwei Vollpreiskarten um 28 € und eine Kinderkarte.
Wie viel kostet eine Kinderkarte, wenn sie 71 € bezahlt?

b) Ein Foto mit dem Elefanten kostet 9 €.
Der Zirkus nimmt damit heute 324 € ein.
Wie viele Fotos wurden gemacht?

c) Für die Abendvorstellung wurden 214 Karten verkauft,
286 Plätze hat der Zirkus.
Wie viele Plätze blieben frei?

Lernziel

⇒ Textaufgaben
mit Hilfe von
Gleichungen
lösen können

Wissen

**Gleichungen zu
Textaufgaben finden**

Meistens werden die
wesentlichen Teile einer
Textaufgabe zunächst
mit Hilfe von **Gleichungen
in die Sprache der
Mathematik** übersetzt.

Beispiel:

Text: In einem Bus sitzen
42 Leute. Darunter
befinden sich Kinder
und 35 Erwachsene.
Wie viele Kinder
befinden sich
im Bus?

mathematischer Text:
x Kinder + 35 Erwachsene
= 42 Leute

Gleichung:
$$x + 35 = 42 \quad /-35$$
$$\underline{x = 7}$$

Antwort: Im Bus befinden
sich 7 Kinder.

Tipp

Wahl der Buchstaben

Du musst nicht immer x
als Variable verwenden.
Oft verwendet man
auch passende
Anfangsbuchstaben.

Beispiel:

$$k + 35 = 42$$
... k für Kinder

→ Übungsteil, S. 65

Textaufgaben zu Gleichungen erfinden

376 Vervollständige die Textaufgaben zunächst so,
H1 I2
dass sie zu den angegebenen Gleichungen passen.
Anschließend löse die Aufgaben.

a) $x - 15 = 72$

   Mira kauft ein.
   Sie bezahlt …

b) $100 = 3x + 10$

   Jeden Tag werden
   100 Packungen Milch geliefert…

c) $\frac{x}{2} - 4 = 5$

   Beim Wandertag geht nur
   die Hälfte der Kinder mit.
   Auf dem Weg verirren sich …

d) $x + 6 - 3 = 25$

   Einige Menschen sitzen in einem Bus. Bei einer Haltestelle steigen …

e) $35x + 5 \cdot 82,5 = 636,5$

   Ein Elektriker verrechnet 35 Meter Kabel und 5 Arbeitsstunden …

> Mira kauft ein.
> Sie bezahlt 15 €.
> Jetzt hat sie noch 72 €.
> Wie viel Geld hatte sie zuvor?
>
> $x - 15 = 72 \quad |+15$
> $\underline{x = 87}$
>
> A: Sie hatte 87 €.

377 Erfinde Textaufgaben zu den folgenden Gleichungen.
H1 I2
Verwende dabei das angegebene Thema.
Anschließend löse die Aufgaben.

a) Thema „Perlenketten": $4x + 5 = 33$

b) Thema „Geld": $x - 19,90 = 30,10$

c) Thema „Teilen": $\frac{x}{4} = 53$

d) Thema „Sitzplätze im Zug": $8x = 432$

378 Findet den Fehler!
H1 I2
Felix sollte eine Aufgabe zur Gleichung $3x - 5 = 22$ finden.

> $3x - 5 = 22$
>
> Frieda kauft 3 Bilder. Dann gibt sie noch 5 € aus.
> Jetzt hat sie noch 22 €.
> Wie viel Geld hatte sie zuvor? *f*

a) Was hat Felix falsch gemacht? Schreibt ihm eine Kurzmitteilung.

b) Helft Felix, seine Aufgabe so auszubessern, dass sie richtig wird.
   Bessert so wenig wie möglich aus.

c) **FORSCHE WEITER**
   Erfindet jeder selbst eine Aufgabe
   zu der oben angegebenen Gleichung und löst sie.
   Nehmt jeder ein anderes Thema als das von Felix.
   Vergleicht eure Ergebnisse in der Klasse und
   wählt die „beste Textaufgabe der Klasse" aus.

Lernziel

⇒ passende Textaufgaben
   zu vorgegebenen
   Gleichungen
   erfinden können

Wissen

**Textaufgaben
erfinden**

Achte darauf, dass alle
Zahlen der Gleichung in
deiner Textaufgabe
vorkommen.

Die Variable steht für
die Zahl, nach der
am Ende deiner
Textaufgabe gefragt
werden soll.

Tipp

Einfach ist sicher

Wenn es dir schwer fällt,
eine interessante Aufgabe
zu einer Gleichung zu
erfinden, dann erfinde
zunächst eine langweilige
Aufgabe. Schreibe zu jeder
Zahl einen Satz und frage
am Ende nach dem x.

Beispiel:

Gleichung: $15 - x = 8$

einfache Lösung:

„15": *Tobi hat 15 Bausteine.*

„– x": *Er verschenkt
         ein paar davon.*

„8": *Jetzt hat er nur mehr 8.*

„Frage nach x":
*Wie viele Bausteine
hat Tobi verschenkt?*

→ Übungsteil, S. 66

G8 Rätsel mit Balkenmodellen lösen

379 Löse die angegebenen Aufgaben mit Hilfe
H1
I2 eines Balkenmodells und einer Gleichung.

a) In eine Schulklasse mit 24 Kindern gehen
doppelt so viele Mädchen wie Buben.
Wie viele Buben gehen in diese Schulklasse?

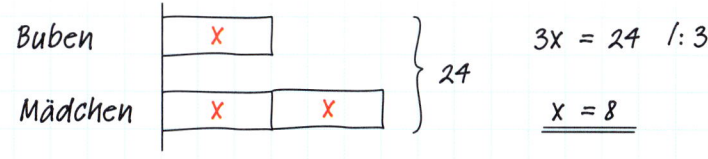

A: 8 Buben sind in der Klasse.

b) In einem Bus befinden sich dreimal so viele Erwachsene wie Kinder.
Wie viele Kinder befinden sich im Bus,
wenn es insgesamt 36 Leute sind?

c) Peter sammelt Briefmarken.
Sein Freund Frank hat doppelt so viele Briefmarken wie er.
Simon hat sogar dreimal so viele.
Zusammen haben die drei Buben 192 Briefmarken.
Wie viele Briefmarken hat jeder der drei?

- -

380 Löse die angegebenen Aufgaben mit Hilfe
H1
I2 eines Balkenmodells und einer Gleichung.

a) In einer Schulklasse mit 25 Kindern befinden sich
um drei Buben mehr als Mädchen.
Wie viele Mädchen und Buben gehen in diese Klasse?

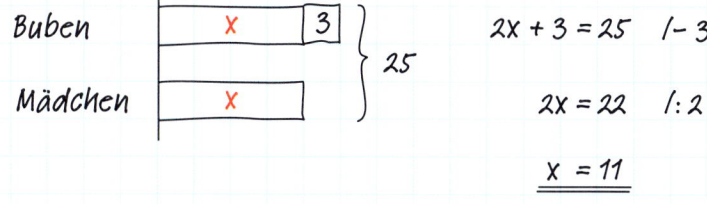

A: In der Klasse sind 11 Mädchen und 14 Buben.

b) In einem Teich schwimmen Goldfische und Karpfen.
Insgesamt gibt es 40 Fische in diesem Teich.
Wie viele Karpfen schwimmen in dem Teich,
wenn die Goldfische um acht mehr sind?

c) Im Turnsaal gibt es rote und blaue Gymnastikbälle.
Es gibt um sieben mehr rote als blaue Bälle.
Wie viele rote Bälle gibt es,
wenn es insgesamt 45 Gymnastikbälle gibt?

d) Ida, Gerda und Anita sammeln Schneckenhäuser.
Zusammen haben sie 47 Häuser.
Gerda hat um 3 Häuser mehr als Ida, Anita hat um 5 mehr als Gerda.
Wie viele Schneckenhäuser hat jedes der Kinder?

→ Übungsteil, S. 67
→ Cyber Homework 14

Lernziel

⇒ Gleichungen zu
Aufgaben mit Hilfe
von Balkenmodellen
finden und lösen können

Wissen

Balkenmodelle zeichnen
(gezeigt am Beispiel 379 a)

1. Zeichne einen
senkrechten Strich und
schreibe auf, was du
darstellen willst.

Buben
Mädchen

2. Beginne oben bei
den Buben: Sind es
mehr oder weniger als
Mädchen? – weniger
Zeichne also einen
kleinen Balken.

3. Zeichne jetzt die Anzahl
der Mädchen: Es sind
genau doppelt so viele
wie Buben. Nimm also
zwei Buben-Balken.

4. Die Summe der Kinder
ist bekannt: 24.
Beschrifte sie.

Checkpoint

Löse die Aufgaben und kontrolliere deine Ergebnisse (Lösungen ab Seite 167).
Kreuze an, was du noch üben möchtest.

Einfache Äquivalenzumformungen

381 Berechne jeweils den Wert der Variablen.

H2
I2

a) $5x = 20$　　c) $n - 4 = 8$　　e) $b + 65 = 204$　　g) $\frac{x}{17} = 68$　　☐

↺ G1
↺ G2

b) $c + 2 = 10$　　d) $\frac{z}{3} = 9$　　f) $24u = 1\,488$　　h) $y - 53 = 729$

↺ G3
↺ G4

Mehrschrittige Aufgaben lösen

382 Berechne jeweils den Wert der Variablen.

H2
I2

a) $2x + 5 = 17$　　c) $\frac{a}{2} - 10 = 4$　　e) $3n - 8 = 40$　　g) $4x + 15 = 95$

b) $8y + 12 = 132$　　d) $9z - 10 = 89$　　f) $\frac{f}{7} + 8 = 38$　　h) $0{,}5x - 17 = 5$　　☐

↺ G5

383 Berechne jeweils den Wert der Variablen.

H2
I2

a) $3x + 2 - 1 + x = 26 : 2$　　　c) $23 - 4 \cdot (10 - 5) = \frac{x}{2} - 4$

b) $16 - 4 \cdot 2 = x + 2 + 2x$　　　d) $6x + 2x - 5x + 16 : 4 = 5 + 18 : 9$　　☐

↺ G5

Textaufgaben

384 Finde eine Gleichung zur Aufgabe und löse sie.

H1
I2

Sigrid kauft x Kerzen und bezahlt insgesamt 35,10 €.
Eine Kerze kostet 3,90 €.
Wie viele Kerzen hat Sigrid gekauft?

☐
↺ G6

385 Finde eine Gleichung zur Aufgabe und löse sie.

H1
I2

Hans lädt eine Waschmaschine und drei Elektroherde auf seinen Lieferwagen.
Ein Elektroherd wiegt 32 kg.
Wie schwer ist die Waschmaschine, wenn die gesamte Ladung 139 kg wiegt?

↺ G6

386 Erfinde Textaufgaben zu den folgenden Gleichungen.

H1
I2

a) $x + 16 = 60$　　b) $y - 4 = 28$　　c) $12z = 96$　　d) $\frac{b}{8} = 7$

↺ G7

Rätsel mit Balkenmodellen lösen

387 Löse die Aufgaben mit Hilfe eines Balkenmodells und einer Gleichung.

H1
I2

a) Im Zirkus reitet ein Affe auf einem Tiger.
Sie stellen sich gemeinsam auf eine Waage und diese zeigt 63 kg an.
Wie schwer ist der Affe, wenn der Tiger 8-mal so schwer wie der Affe ist?

b) Kapitän Jack teilt seine Beute mit den Matrosen Joe und Jim.
Jack bekommt doppelt so viel wie die beiden anderen.
Wie viel bekommt jeder, wenn der Schatz 132 Gulden beträgt?

↺ G8

H Direkte und indirekte Proportionalität
Berechnung und Darstellung

Inhalt

388 Schaut euch den Comic mit Julia und ihrem Vater an.
H1
H2   Dann löst die Aufgaben.
H3
H4
I2

a) Versucht, die Aufgabe aus Bild 1 (die mit den Ananas) zu lösen.

b) Wodurch unterscheidet sich die Aufgabe aus Bild 2 von der aus Bild 1? Schreibt eure Gedanken dazu auf.

c) Lest die folgenden Aussagen und kreuzt an, ob sie richtig oder falsch sind.

„Je mehr Ananas ich in einem Geschäft kaufe, desto mehr muss ich bezahlen."

☐ richtig ☐ falsch

„Je mehr Wanderer auf einen Berg steigen, desto weniger lang brauchen sie dafür."

☐ richtig ☐ falsch

d) Was hältst du von der Lösung des Vaters? Wie lange meinst du, dass die zwei Wanderer brauchen werden? Rechnet und besprecht eure Überlegungen dazu in der Klasse.

Warm-up

Zeig, was du bereits kannst.

Multiplizieren und Dividieren mit Dezimalzahlen

389 Rechne auf zwei Kommastellen genau.

H2
I1

    a) 12,5 · 1,3   **b)** 4,6 : 2   **c)** 16,27 : 1,5

       817,3 · 0,4   7,5 : 3   19,52 : 6,4

       22,607 · 2,31   12,5 : 5   5 251 : 2,5

Direktes Verhältnis

390 Ein Sack Sand wiegt 35 kg. Wie viel Kilogramm wiegen ...

H2
I2

    a) ... 3 Säcke Sand?   **b)** ... 5 Säcke Sand?   **c)** ... 8 Säcke Sand?

391 1 kg Tomaten kostet 1,40 €. Wie viel kosten ...

H2
I2

    a) ... 2 kg Tomaten?   **b)** ... 0,5 kg Tomaten?   **c)** ... 0,9 kg Tomaten?

392 Löse die Aufgaben.

H1
I2

    a) Edi kauft eine 1,6 kg schwere Melone.
       Wie viel bezahlt Edi, wenn die Melone 2,90 € pro kg kostet?

    b) Ein Zug hat vier Personenwagons.
       Insgesamt hat der Zug 368 Sitzplätze.
       Wie viele Sitzplätze hat ein Wagon?

    c) Frau Wieser bezahlt für drei Packungen Mehl 3,15 €.
       Wie viel kostet eine Packung Mehl?

    d) 0,8 kg Faschiertes kosten 4,20 €.
       Wie viel kostet ein Kilogramm Faschiertes?

Werte aus Diagrammen ablesen

393 Das Diagramm rechts zeigt den Temperaturverlauf eines Tages.
Beantworte die Fragen dazu.

H1
H3
I4

    a) Um wie viel Uhr war die Temperatur
       am höchsten?

    b) Wie hoch war die Temperatur
       um 12:00 Uhr?

    c) Um wie viel Uhr hatte es 15°C ?

    d) Wie nennt man den Höchstwert
       in einem Diagramm?
       Kreuze an und erkläre auch
       die anderen beiden Begriffe.

       ☐ Minimum   ☐ Maximum   ☐ Mittelwert

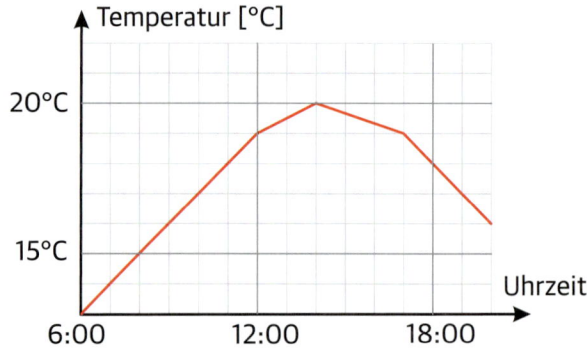

Direkte Proportionalität berechnen

Lernziel

⇒ Tabellen für Aufgaben zur direkten Proportionalität verwenden können

394 Löse die Aufgaben in zwei Schritten mit Hilfe einer Tabelle.

H1
I2

a) Ein Zug mit drei Wagons bietet 216 Sitzplätze.
Wie viele Sitzplätze bietet ein Zug mit fünf Wagons?

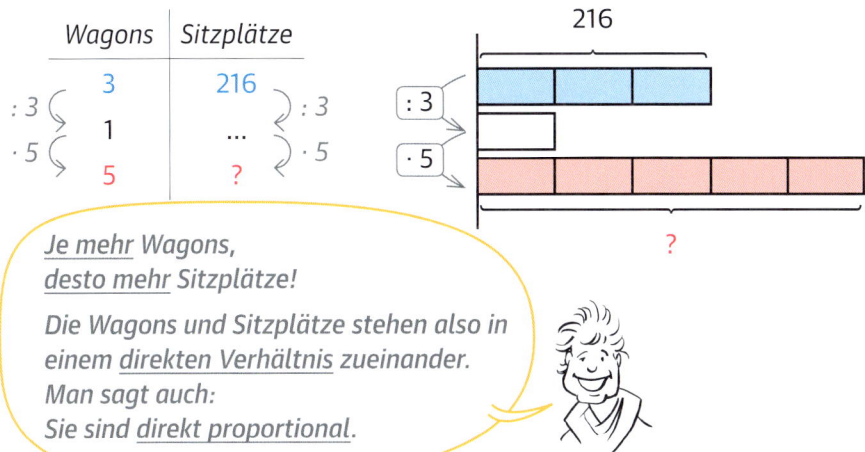

Wagons	Sitzplätze
3	216
1	...
5	?

Je mehr Wagons, *desto mehr* Sitzplätze!

Die Wagons und Sitzplätze stehen also in einem *direkten Verhältnis* zueinander. Man sagt auch: Sie sind *direkt proportional*.

b) Ein Schiff hat vier Rettungsboote.
Darin finden insgesamt 48 Menschen Platz.
Wie viele Menschen haben in sieben Rettungsbooten Platz?

c) Die Seilbahnfirma erneuert die Sitze von 14 Gondeln.
Das sind insgesamt 84 Sitze.
Wie viele Sitze hat die ganze Seilbahn mit 35 Gondeln?

395 Löse die Aufgaben in zwei Schritten mit Hilfe einer Tabelle.

H1
I2

a) Andrea bezahlt für 4 kg Äpfel 8,76 €.
Wie viel Euro bezahlt Tanja, wenn sie nur 3 kg kauft?

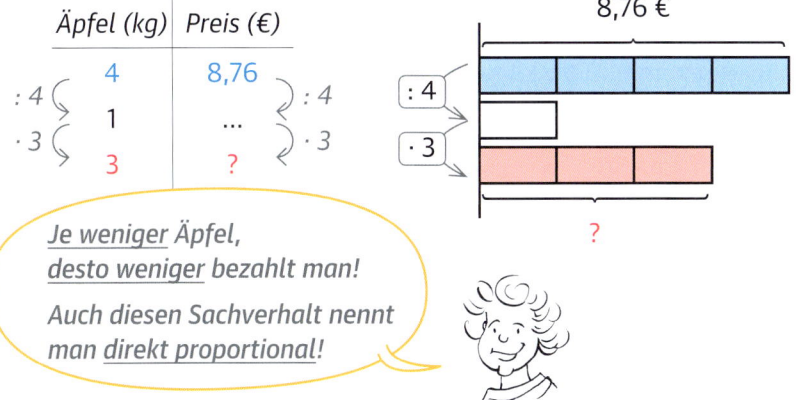

Äpfel (kg)	Preis (€)
4	8,76
1	...
3	?

Je weniger Äpfel, *desto weniger* bezahlt man!

Auch diesen Sachverhalt nennt man *direkt proportional*!

b) Anton kauft 3 kg Bananen um 8,55 €.
Wie viel kosten 2 kg Bananen?

c) Pablo bezahlt 18,90 € für 6 kg Marillen.
Wie viel kosten 2,5 kg Marillen?

d) Luisa kauft 3,2 kg Kirschen um 9,28 €.
Wie viel bezahlt Hanna für 1,3 kg Kirschen?

e) Erfinde selbst ein ähnliches Beispiel und löse es.

Wissen

Direkt proportional

Zwei Größen sind **direkt proportional** zueinander, wenn sie sich bei einer Änderung gleich verhalten.

Es muss gelten:

Je mehr, desto mehr …

und

Je weniger, desto weniger …

Mit Tabellen rechnen

Schreibe eine Tabelle wie in Aufgabe 394 gezeigt und rechne Schritt für Schritt.

Wende in beiden Spalten immer die gleiche Rechenoperation an.

Interessant

Direktes Verhältnis

1 kg
2 kg

Statt direkt proportional kann man auch sagen:

„Die beiden Größen stehen in direktem Verhältnis zueinander."

→ Übungsteil, S. 69

Direkte Proportionalität im Alltag

396 Sieh dir das Rezept von Omas Kartoffelsuppe an.
H2
I2 Dann löse die Aufgaben.

Kartoffelsuppe –
Zutaten für 4 Portionen

50 g   Butter
200 g   Zwiebel
300 g   Lauch
220 g   Kartoffeln
860 ml   Gemüsebrühe
140 g   Schlagobers
etwas Petersilie

a) Berechne die Zutaten für 3 Portionen.

b) Berechne die Zutaten für 10 Portionen.

c) Lisa will 2 Portionen kochen.

Sie sagt: „*Dafür brauche ich nicht lange!*
Das kann ich ganz einfach so ausrechnen."

Welche Idee könnte Lisa haben?
Überlege und rechne auf Lisas Art.

....

397 Löse die unten stehenden Aufgaben zuerst rechnerisch.
H1
H3 Entscheide dann, ob das Ergebnis im Alltag stimmen wird oder nicht.
H4 Begründe deine Entscheidung mit Hilfe der Wörter im Kasten.
I2
Hinweis: Die meisten Zahlen in diesen Beispielen
beruhen auf Näherungswerten!

> Mengenrabatt, Ermüdung,
> natürliche Grenze, exakt, …

Diese Wörter
sind hilfreich!

a) Eine Packung Taschentücher kostet 89 Cent.
   (1) Berechne den Preis einer Großpackung mit 20 Packungen.
   (2) Wird die Großpackung tatsächlich so viel kosten?

b) Hanna kann in einer Stunde 8 km weit laufen.
   (1) Berechne, wie weit Hanna in 20 Stunden laufen kann.
   (2) Kann Hanna die berechnete Strecke tatsächlich schaffen?

c) Die Raumstation ISS benötigt 93 Minuten
   für eine volle Umrundung der Erde.
   (1) Berechne, wie lange die ISS für 20 Umrundungen braucht.
   (2) Kann diese Zeit stimmen?

d) In Rudis Garten steht ein kleiner Apfelbaum.
   Rudi braucht eine Viertelstunde,
   um einen Eimer voller Äpfel zu pflücken.
   (1) Wie viel Äpfel pflückt Rudi in 10 Stunden?
   (2) Kann diese Menge stimmen?

e) $\frac{1}{4}$ kg Suppennudeln kostet 90 Cent.

   (1) Wie viel kostet die 1-kg-Familienpackung?
   (2) Wird die Familienpackung tatsächlich so viel kosten?

Lernziele

⇒ direkte Proportionalität
in Alltagsaufgaben
anwenden können

⇒ Grenzen von direkter
Proportionalität in der
Realität kennen und
begründen können

Wissen

**Direkte Proportionalität
im Alltag**

Meist sind berechnete
Werte nur **Näherungen**,
die uns helfen, etwas
abzuschätzen.

Bei den folgenden
Sachverhalten allerdings
funktioniert das
Modell der direkten
Proportionalität
überhaupt nicht:

Mengenrabatt
Beim Kauf von großen
Mengen gibt es
Vergünstigungen.

Ermüdung
Menschen und Tiere
können nicht immer
das gleiche Tempo
durchhalten.

Natürliche Grenzen
Anita braucht 1 Minute
für das Lackieren ihres
Fingernagels.
Sie lackiert in 30 Minuten
aber nicht 30 Nägel,
sondern nur 10, mehr
Finger hat sie nämlich
nicht.

→ Übungsteil, S. 70

Direkte Proportionalität – Darstellung

398 **Je mehr Schokolade, desto mehr Kalorien!**

H2
H3
I2

a) Ergänze die Zahlen in der Tabelle links unten.

b) Zeichne zu jedem Wert einen Punkt im Diagramm rechts.

c) Zeichne eine Gerade durch die Punkte.

d) Eine Tafel Schokolade (100 g) besteht aus fünf Reihen mit je vier Stücken. Berechne den Kaloriengehalt einer Reihe bzw. eines Stücks.

e) Wie viel Kalorien haben 30 g Schokolade? Lies den Wert aus dem Diagramm ab.

Schokolade	Kalorien
20 g	
40 g	
60 g	
80 g	
100 g	500 kcal

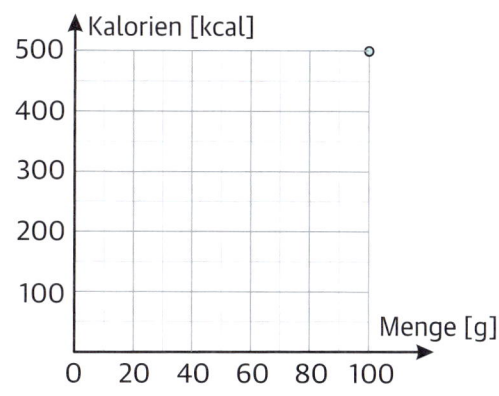

399 **100 g Salzstangerl haben 350 kcal.**

H1
I2

a) Erstelle eine Tabelle von 0 g bis 250 g. Arbeite mit Abständen von 50 g.

b) Zeichne die Werte aus a) in ein Punktdiagramm ein. Verbinde die Punkte durch eine Gerade.

400 **Das Diagramm zeigt den Nährwert von Äpfeln.**

H3
I2

Lies die Kalorien der Mengen aus dem Diagramm ab und fülle die Werte rechts in die Lücken ein.

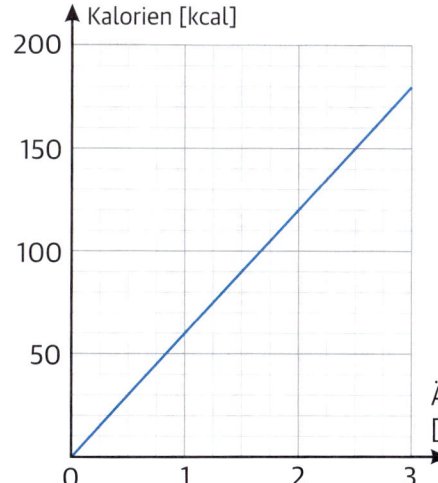

2 Äpfel: _____

$\frac{1}{2}$ Apfel: _____

3 Äpfel: _____

$1\frac{1}{4}$ Äpfel: _____

$2\frac{1}{2}$ Äpfel: _____

Lernziele

⇒ Punktdiagramme zeichnen bzw. Werte daraus ablesen können

⇒ direkte Proportionalität in Diagrammen erkennen bzw. darstellen können

Wissen

Punktdiagramm

In einem Punktdiagramm werden **Werte als Punkte** einzeichnet.

Direkt proportional

Ist das Verhältnis zwischen den Größen der x-Achse und der y-Achse direkt proportional, liegen die **Punkte immer auf einer Geraden.**

Interessant

Vorsicht mit Schokolade und Knabberzeug!

Kartoffelchips sind als Zwischenmahlzeit nicht geeignet. Mit einer kleinen Packung nimmst du mehr als ein Viertel deines Tagesbedarfs an Energie zu dir.

→ Übungsteil, S. 71

→ Cyber Homework 15

Fermi-Aufgabe: Blinzeln

401 Unter „Blinzeln" verstehen wir das schnelle Schließen und Öffnen der Augen.

H1
H2
I2

Ein anderer Name dafür ist auch „Lidschlag", weil dabei die Augenlider
kurz geschlossen und dann wieder geöffnet werden.
Am Tag wird das Auge so vor dem Austrocknen geschützt.
Im Schlaf, wenn die Augen geschlossen sind, blinzeln wir nicht.

a) Wie oft blinzelst du an einem Tag?
Löse die Aufgabe mit der Fermi-Methode:
Schätze alle Zahlen, die du brauchst, grob ab.
Rechne mit Zahlen wie 1, 10, 100 oder 1 000
und berechne daraus ein Überschlagsergebnis.

b) Wie oft blinzelst du an einem Tag?
Löse die Aufgabe so genau wie möglich.
Unterschiedliche Menschen blinzeln verschieden häufig.
Sammle Daten, wie oft du in einer Minute blinzelst und wie lange du täglich wach bist.
Berechne dann das Ergebnis so genau wie möglich.
Beschreibe deine Vorgehensweise.

c) Vergleiche deine Ergebnisse aus a) und b).

d) Schreibe auf: Wo findest du bei deinen Überlegungen
aus a) und b) Sachverhalte von „direkter Proportionalität"?

Technik-Labor

402 Preise mit Tabellen und Diagrammen darstellen

H3
I2

Wie viel bezahlt Hanna für 10 Bleistifte?
Finde die Preise für 10 Bleistifte im Diagramm und in der Wertetabelle rechts.

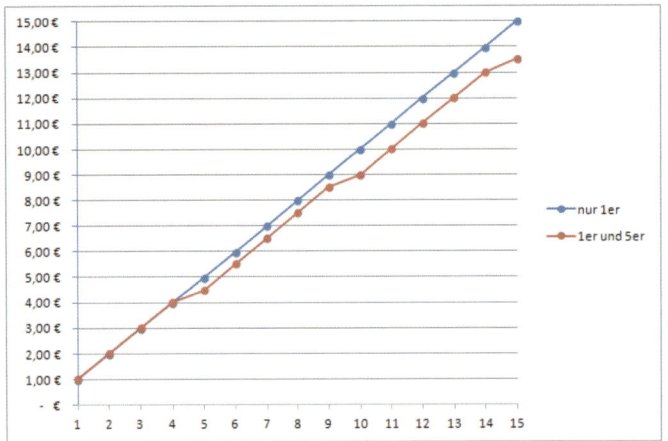

Bleistift-Preise (Eingabe)

1er-Packung	5er-Packung
1,00 €	4,50 €

Aufgabe 1: Hanna kauft 10 Bleistifte.
a) Wie viel bezahlt sie, wenn sie 10 Einzelne Stifte kauft?
b) Wie viel kosten zwei 5er Packungen?
Suche die Lösungen im Diagramm und in der Wertetabelle.

Punkt-Diagramm mit Linien

Wertetabelle

Stück	Kauf: nur 1er	Kauf: 1er und 5er
1	1,00 €	1,00 €
2	2,00 €	2,00 €
3	3,00 €	3,00 €
4	4,00 €	4,00 €
5	5,00 €	4,50 €
6	6,00 €	5,50 €
7	7,00 €	6,50 €
8	8,00 €	7,50 €
9	9,00 €	8,50 €
10	10,00 €	9,00 €
11	11,00 €	10,00 €
12	12,00 €	11,00 €
13	13,00 €	12,00 €
14	14,00 €	13,00 €
15	15,00 €	13,50 €

⇒ Diese Datei und weitere Aufgaben dazu findest du in der e-zone, Klasse 2 – H.

Indirekte Proportionalität – Einführung

403 Löse die Aufgaben mit Hilfe von Tabellen.

H1
I2

a) Ein Arbeiter soll 18 Säcke
Kartoffeln alleine verladen.
Ein Arbeitskollege hilft ihm dabei.
Wie viele Säcke muss nun jeder
der zwei Arbeiter verladen?

18 Säcke

Arbeiter	Säcke
1	18
2	?

·2 ⤵ ⤷ :2

1 Arbeiter

2 Arbeiter

?

Je mehr Arbeiter zusammenhelfen,
desto weniger muss jeder einzelne tragen!

Diesen Sachverhalt nennt man indirektes
Verhältnis, oder auch indirekt proportional.

b) Ein Arbeiter soll 15 Kisten alleine auf einen Lastwagen laden.
Wie viele Kisten muss jeder verladen,
wenn drei Arbeiter zusammenhelfen?

c) Nicole muss 120 kg Äpfel aus dem Keller holen.
Wie viele Kilogramm muss jede Person tragen,
wenn ihre fünf Freundinnen mithelfen?

· ·

404 Löse die Aufgaben mit Hilfe von Tabellen.

H1
I2

a) Drei Piraten finden einen Schatz und
teilen ihn zu gleichen Teilen auf.
Jeder bekommt 15 Goldtaler.
Wie viel hätte der schwarze Pete
bekommen, wenn er den Schatz
alleine gefunden hätte?

15 Münzen

Piraten	Goldtaler
3	15
1	?

:3 ⤵ ⤷ ·3

3 Piraten

1 Pirat

?

Je weniger Piraten,
desto mehr Gold
für jeden!

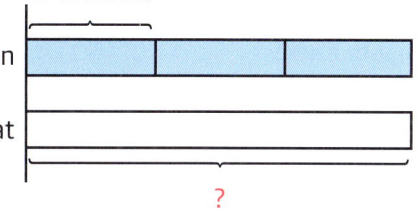

b) Vier Freunde gewinnen gemeinsam in der Lotterie und teilen gerecht.
Jeder bekommt 416 €.
Wie hoch wäre der Gewinn für einen Gewinner alleine gewesen?

c) Nurhan und Beate basteln Tischkärtchen für ein Fest.
Jedes der Mädchen macht 24 Kärtchen.
Wie viele Kärtchen müsste Nurhan alleine basteln,
wenn Beate ihr nicht helfen würde?

Lernziel

⇒ Tabellen für
Aufgaben zur indirekten
Proportionalität
verwenden können

Wissen

Indirekt proportional

Zwei Größen sind indirekt
proportional zueinander,
wenn sie sich genau
umgekehrt verhalten.

Diese Sachverhalte
müssen gelten:

Je mehr, desto weniger ...

und

Je weniger, desto mehr ...

Mit Tabellen rechnen

Wird auf der linken Seite
der Tabelle mit einer Zahl
multipliziert, so muss
man auf der rechten Seite
dieselbe Zahl **dividieren**
und umgekehrt.

Interessant

Umgekehrt proportional

Statt **indirekt proportional**
(„nicht auf direktem Weg")
kann man auch
umgekehrt proportional
sagen.

→ Übungsteil, S. 72

H5

Direkte und indirekte Proportionalität — Berechnung und Darstellung

Zweischrittige Aufgaben

405 Die 2a-Klasse macht einen Ausflug.

H3
H2
I2

Die Kosten für den Bus werden auf die Kinder aufgeteilt.
21 Kinder sind angemeldet, die Kosten betragen 30 € pro Kind.
Dann melden sich aber drei Kinder wieder ab.

a) Überlege, bevor du rechnest:
   Es fahren nun 18 anstatt
   21 Kindern mit.
   Werden die Kosten
   dadurch für jedes Kind
   höher oder niedriger?

	Kinder		Preis	
: 21	21		30 €	· 21
· 18	1		...	: 18
	18		...	

b) Berechne, wie viel jedes Kind nun bezahlen muss.

406 Beantworte die Fragen zuerst durch Ankreuzen.

H3
H2
I2

Dann löse die Aufgaben exakt mit Hilfe von Tabellen.

a) Familie Thoma hat einen Schutzbunker im Keller.
   Der Essensvorrat dort reicht für 12 Tage, wenn 3 Leute im Bunker sind.
   Wie lange würde der Vorrat für 4 Personen reichen?
   ☐ kürzer als 12 Tage   ☐ länger als 12 Tage

b) Acht Freunde mieten eine Hütte und zahlen 17,50 € pro Person.
   Einer der Freunde wird aber krank und kann nicht mitkommen.
   Wie viel muss jeder der sieben Freunde nun bezahlen?
   ☐ weniger als 17,50 €   ☐ mehr als 17,50 €

c) Musa hat sechs Esel.
   Jeder Esel trägt 40 kg Bohnen.
   Ein Esel verletzt sich leider,
   daher muss Musa die Last auf die
   fünf restlichen Esel gleichmäßig verteilen.
   Wie viel Kilogramm Bohnen
   trägt jeder der fünf Esel nun?
   ☐ weniger als 40 kg   ☐ mehr als 40 kg

407 Schau dir zuerst die Aufgabe und die Rechnung an.

H3
I2

**Dann beantworte die Fragen, ohne selbst
weitere Rechnungen anzustellen.**

Aufgabe: *Frau Lopez spart Geld für eine Gitarre.
Wenn sie jede Woche 55 € spart,
hat sie das Geld in sieben Wochen zusammen.*

Lösung:

	Wochen	Geld		NR:
: 7	7	55	· 7	55 · 7 385 : 5 = 77
· 5	1	385	: 5	385 35
	5	77		0 Rest

a) Wie viel müsste Frau Lopez sparen, damit sie
   das Geld schon nach fünf Wochen zusammen hat?

b) Wie viel Euro kostet die Gitarre?

Lernziel

⇒ Aufgaben zur indirekten
Proportionalität mit
Tabellen zweischrittig
lösen können

Wissen

**Aufgaben mit Tabellen
zweischrittig lösen**

Gehe nach dem Prinzip
**Mehrheit – Einheit –
Mehrheit** vor.

Schreibe eine Tabelle,
wie in Aufgabe 405
gezeigt, und rechne
Schritt für Schritt.

Bei indirekt
proportionalen
Aufgaben musst du in
beiden Spalten immer
die Umkehroperation
anwenden.
Wenn du also links mit
einer Zahl multiplizierst,
musst du rechts dieselbe
Zahl dividieren und
umgekehrt.

Denkanstoß

Ist das fair?

Sieh dir Beispiel 405
noch einmal an.
Findest du es gerecht,
dass Kinder, die sich
abmelden, nichts für den
Bus bezahlen müssen?

→ Übungsteil, S. 73

Zeitaufgaben

408 Löse die Aufgaben mit Hilfe von Tabellen.

H1
I2

a) Ein Arbeiter braucht 6 Stunden, um
Erde von einer Baustelle wegzuräumen.
Wie lange würden zwei Arbeiter dafür brauchen?

b) Drei Maler brauchen zum Streichen
einer Fassade acht Tage.
Wie lange dauert die Arbeit, wenn nur
zwei Maler die Fassade streichen?

409 Ein Stadtplatz soll neu gepflastert werden.
**Firma Steiner rechnet aus, dass die Arbeit sechs Wochen dauert,
wenn vier Arbeiter eingesetzt werden.**

H1
I2

Wie viele Arbeiter müssten eingesetzt werden, wenn der Platz in …

a) 3 Wochen   b) 4 Wochen   c) 1 Woche

… fertig sein soll?

410 Ein Maler braucht zum Streichen eines Zimmers zwei Stunden.

H1
I2

a) Wie viele Maler braucht man,
um das Zimmer in 15 Minuten zu streichen?

b) Kann man das mit einer einfachen Rechnung wirklich ausrechnen?
Besprich deine Überlegungen mit anderen.

411 Ein Öltankschiff wird im Hafen befüllt.
**Das Betanken des Schiffs dauert 16 Stunden,
wenn drei Pumpen verwendet werden.**

H1
I2

Wie lange dauert der Vorgang bei …

a) … 2 Pumpen?   b) … 4 Pumpen?   c) … 8 Pumpen?   d) … 10 Pumpen?

412 KNOBELAUFGABE

H1
I2

Eine Pumpe fällt aus!

Ein Schiff soll mit sechs Pumpen in neun Stunden betankt werden.
Nach zwei Stunden fällt eine der Pumpen aus.

a) Wie lange dauert das Betanken nun?

b) Beschreibe, wie du beim Lösen von Aufgabe a) vorgegangen bist.
Vergleiche deinen Lösungsweg mit anderen.

c) Denke dir selbst eine ähnliche Aufgabe aus und löse sie.
Dann gib sie jemand anderem zum Lösen.
Vergleicht eure Ergebnisse.

Lernziel

⇒ Indirekt proportionale
Zusammenhänge bei
Zeitaufgaben erkennen
und lösen können

Wissen

Stille Übereinkunft

Grundsätzlich gehen
wir davon aus, dass **alle
Arbeiter gleich schnell
und gut arbeiten.**

Im wirklichen Leben
ist das nicht immer so.

Trotzdem liefern einfache
Rechnungen brauchbare
Richtwerte.

Wir nennen solche
unausgesprochenen
Voraussetzungen eine
„stille Übereinkunft".

Interessant

Berufswelt „Schiff"

Falls dich Schiffe schon
immer interessiert haben,
gibt es folgende Berufe
für dich:

- Als Mitglied der **Besatzung**
reist du viel und bist
selten zu Hause.
- **Hafenarbeiter/innen**
kümmern sich um alles
Organisatorische.
- **Schiffskonstrukteur/innen**
arbeiten an immer
besseren und sichereren
Schiffen.

→ Übungsteil, S. 74

Indirekte Proportionalität – Darstellung

413 Je mehr Leute zusammenhelfen, desto schneller ist die Arbeit getan!

H2
H3
I2

Leute	Zeit
2	8 Tage
4	
6	
8	*2 Tage*
10	

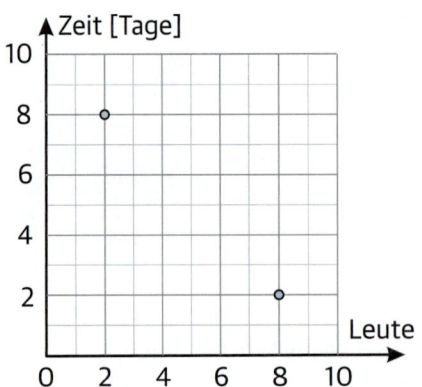

a) Ergänze die Zahlen in der Tabelle links.

b) Zeichne zu jedem Wert in der Tabelle einen Punkt im Diagramm rechts ein.

c) Zeichne eine Kurve durch die Punkte.

d) Wie lange würde eine Person für die Arbeit brauchen? Berechne die Zeitdauer in Tagen.

e) Wie lange würden fünf Personen für die Arbeit brauchen? Lies den Wert so genau wie möglich aus dem Diagramm ab.

414 Die Trauben eines Weinbergs sollen geerntet werden. Mit vier Helfern dauert die Ernte fünf Tage.

H1
I2

a) Erstelle eine Wertetabelle für 1, 2, 4, 5 bzw. 10 Helfer.

b) Zeichne ein Punktdiagramm und trage die Werte aus a) ein. Verbinde die eingetragenen Punkte durch eine Kurve.

415 Lies die Gewinnhöhe aus dem Diagramm ab.

H3
I2

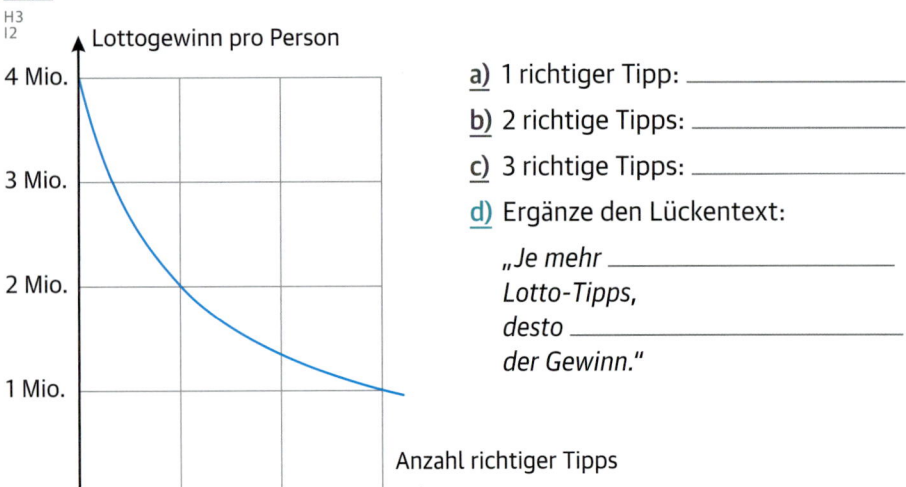

a) 1 richtiger Tipp: _____

b) 2 richtige Tipps: _____

c) 3 richtige Tipps: _____

d) Ergänze den Lückentext:

„Je mehr _____ Lotto-Tipps, desto _____ der Gewinn."

Lernziele

⇒ Punktdiagramme zeichnen bzw. Werte daraus ablesen können

⇒ indirekte Proportionalität in Diagrammen erkennen bzw. darstellen können

Wissen

Indirekt proportional

Indirekt proportionale Zusammenhänge ergeben im Diagramm **keine Gerade.**

Verbindet man die Punkte, entsteht eine **Kurve.**

Sie beginnt meist recht steil, und wird dann immer flacher.

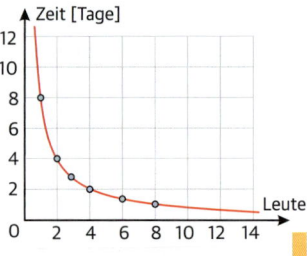

Denkanstoß

Kein Wert bei Null?

Wie lange brauchen 0 Arbeiter, um etwas fertigzustellen?

Werden sie überhaupt fertig?

Auf diese Fragen gibt es keine Zahl als Antwort, also können wir sie auch nicht darstellen.

→ Übungsteil, S. 75

English Corner

416 Solve the proportion problems.

H1
I2

a) If three pens cost 14.10 €,
how much will two pens cost?

b) If two rubbers cost 1.84 €,
how much will seven rubbers cost?

c) If five pencils cost 5.45 €,
how much will eight pencils cost?

417 Fill in the correct words.

H3
I2

a) *"The more pencils I buy,*

the _____ (more/less) it will cost."

b) *"The less rubbers I buy,*

the _____ (more/less) it will cost."

Wörterbuch

proportion ...
Proportionalität

if ... wenn

cost ... kosten

how much ...
wie viel

how many ...
wie viele

more ...
mehr

less ...
weniger

Extra: Redewendungen

418 Sprichwörter und Redewendungen mit „je ... desto"

H3
I2

Verbinde die Satzanfänge mit den passenden Enden.
Was bedeuten die Sprichwörter?
Drücken sie immer einen direkt oder indirekt proportionalen Sachverhalt aus?
Vergleiche deine Überlegungen mit anderen.

Je mehr jemand die Welt liebt,	*desto länger bleibt er liegen.*
Je weniger wir wissen,	*desto aufgeregter werden wir.*
Je leerer der Magen,	*desto mehr Hintern zeigt er.*
Je mehr einer hat,	*desto schöner wird er sie finden.*
Je höher der Affe klettert,	*desto gefährlicher ist er.*
Je später der Abend,	*desto süßer das Brot.*
Je leiser der Schnee fällt,	*desto mehr will er.*
Je weniger sich ein Feind zeigt,	*desto schöner die Gäste.*

H8 Direkte und indirekte Proportionalität

419 Vorsicht Falle!

H1
I2

Nicht alle Aufgaben lassen sich mit Hilfe
von direkter oder indirekter Proportionalität lösen.
Kreuze zuerst an, um welchen Sachverhalt es sich jeweils handelt.
Dann löse die Aufgabe rechnerisch.

a) Ein Arbeiter braucht 3 Stunden, um 15 Meter Zaun zu streichen.
   Wie viele Meter Zaun schafft er in 8 Stunden?

   ☐ direkt proportional   ☐ indirekt proportional   ☐ nicht proportional

b) Ein Frühstücks-Ei soll vier Minuten gekocht werden.
   Wie lange muss man drei Frühstücks-Eier kochen?

   ☐ direkt proportional   ☐ indirekt proportional   ☐ nicht proportional

c) Für das Ausheben einer Baugrube benötigen zwei Bagger 12 Tage.
   Wie lange brauchen drei Bagger für diese Arbeit?

   ☐ direkt proportional   ☐ indirekt proportional   ☐ nicht proportional

d) Vier Kinder teilen eine Tafel Schokolade gerecht auf.
   Jedes Kind bekommt sechs Stück.
   Wie viele Stück würde jedes Kind bekommen,
   wenn es nur drei Kinder wären?

   ☐ direkt proportional   ☐ indirekt proportional   ☐ nicht proportional

e) Hanna bezahlt für fünf Semmeln 2,45 €.
   Wie viel würde sie für sieben Semmeln bezahlen?

   ☐ direkt proportional   ☐ indirekt proportional   ☐ nicht proportional

420 Taxi-Aufgabe

H1
H2
I2

Grundpreis: 3,80 €
Strecke bis 4 km: 1,42 € pro km
Strecke ab 4 km: 1,08 € pro km

a) Hans fährt 2 km
   mit dem Taxi.
   Wie viel muss
   er bezahlen?

   Rechenbeispiel für 5 Kilometer:

   $$3{,}80 + 1{,}42 \cdot 4 + 1{,}08 = 10{,}56 \text{ €}$$

b) Wie viel kostet eine Fahrt von 12 Kilometern?

c) Zwei Freunde fahren gemeinsam mit dem Taxi.
   Sie teilen die Kosten gerecht auf und jeder bezahlt 5,28 €.
   Wie viel hätte jeder bezahlt, wenn sie zu dritt gewesen wären?

d) Lisa bezahlt 14,88 € für eine Fahrt mit dem Taxi.
   Wie weit ist sie gefahren?
   Beschreibe deinen Lösungsweg und vergleiche ihn mit anderen.

e) Wie weit kann man um 25 € fahren?
   Beschreibe deinen Lösungsweg und vergleiche ihn mit anderen.

f) Wie weit kann man um 50 € fahren?
   Beschreibe deinen Lösungsweg und vergleiche ihn mit anderen.

Wissen

Unterscheidung direkte und indirekte Proportionalität

Lies die Aufgabe genau.
Du sollst sie gut verstehen
und mit eigenen Worten
wiederholen können.

Stelle dir dann
die folgenden Fragen:

1. Gilt bei dieser Aufgabe
   – je mehr / desto mehr?
   – je weniger / desto weniger?

Wenn ja, handelt es
sich meist um **direkte Proportionalität.**

2. Gilt bei dieser Aufgabe
   – je mehr / desto weniger?
   – je weniger / desto mehr?

Wenn ja, handelt es
sich meist um **indirekte Proportionalität.**

3. Ergibt das alles
   keinen Sinn?

Dann ist der Sachverhalt
nicht proportional.

→ Suche einen anderen Lösungsweg!

→ Übungsteil, S. 76

421 Das Diagramm unten zeigt, wie weit Personen
mit ihren Fortbewegungsmitteln innerhalb
der letzten zwei Stunden gekommen sind.

H3
I2

Beantworte die Fragen zum Diagramm.

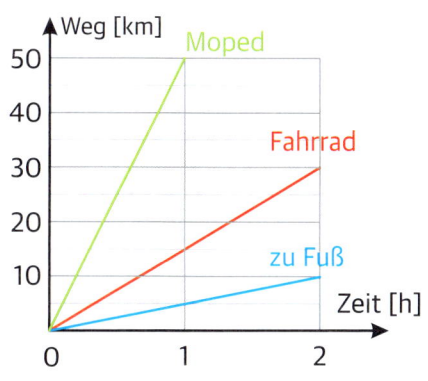

a) Wie viele Kilometer legte die Person,
die das Fahrrad benutzt hat, in zwei Stunden zurück?

b) Wie viele Kilometer legte die Person,
die zu Fuß gegangen ist, in einer Stunde zurück?

c) Wie weit kam das Moped in einer halben Stunde?

d) Wie weit kam das Moped in zwei Stunden?

e) Ergänze den Satz:

Je schneller man sich fortbewegt,

desto _____ *(flacher/steiler) wird die Kurve.*

422 Welche Kurve gehört zu welchem Kind?

H3
I2

Markiere die Namen in der Farbe der entsprechenden Kurve.

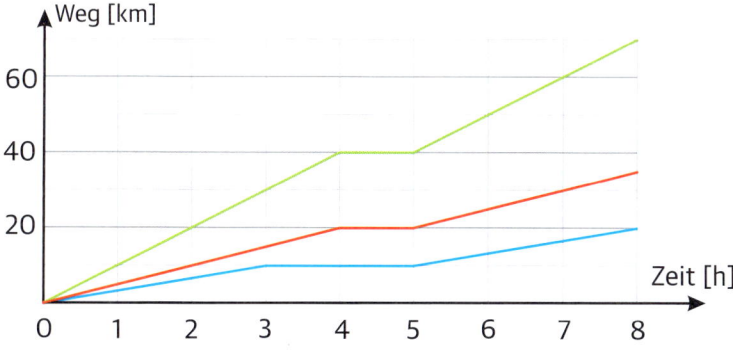

Hans: „Ich ging vier Stunden.
        Dann machte ich eine Stunde Pause.
        Am Nachmittag war ich noch drei Stunden unterwegs."

Ivan: „Ich ging drei Stunden, bevor ich zwei Stunden Pause machte.
        Am Nachmittag wanderte ich weitere drei Stunden."

Kevin: „Ich war mit Inline-Skates unterwegs.
        Nach vier Stunden machte ich eine Stunde Mittagspause.
        Dann fuhr ich nochmal drei Stunden."

Lernziele

⇒ Weg/Zeit-Diagramme
interpretieren können

⇒ den Begriff „Kurve"
in Diagrammen kennen

Wissen

Weg/Zeit-Diagramme

Auf der senkrechten
Achse wird der Weg, auf
der waagrechten Achse
die Zeit aufgetragen.

In eckiger Klammer kann
man die Maßeinheit
angeben, zum Beispiel
[m] für Meter oder
[h] für Stunden.

Kurve

Linien in Diagrammen
nennt man „Kurven",
auch wenn es sich um
Geraden handelt.

Interessant

Geschwindigkeit = Weg/Zeit

Die Geschwindigkeit eines
Objekts kannst du mit dieser
Formel berechnen:

$$v\,(\text{Geschwindigkeit}) = \frac{s\,(\text{Weg})}{t\,(\text{Zeit})}$$

Einheiten:
– km/h *„Kilometer pro Stunde"*
– m/s *„Meter pro Sekunde"*

→ Übungsteil, S. 77

→ Cyber Homework 16

Checkpoint

Löse die Aufgaben und kontrolliere deine Ergebnisse (Lösungen ab Seite 167).
Kreuze an, was du noch üben möchtest.

Direkte und indirekte Proportionalität berechnen

423 **Lisa bezahlt für drei Tafeln Schokolade 5,55 €.**

H2
I2

Wie viel kosten fünf Tafeln Schokolade?

☐
↻ H1

424 **Bernd und Timo teilen sich eine Tafel Schokolade.**
Jeder der beiden bekommt 12 Stück.

H2
I2

Wie viele Stück würde jeder bekommen, wenn sie die Tafel ...

a) ... durch drei teilen müssten?   **b)** ... durch vier teilen müssten?

☐
↻ H4

425 **Der Wanderverein plant einen Ausflug und teilt die Buskosten auf.**

H1
I2

Wenn 23 Leute mitfahren, bezahlt jeder 19,50 €.
In letzter Sekunde melden sich aber noch zwei Leute zusätzlich an.
Wie viel Euro muss jede der teilnehmenden Personen nun bezahlen?

☐
↻ H5

426 **Für die Renovierung eines Weges brauchen zwei Arbeiter 18 Tage.**

H1
I2

a) Wie lange würden 9 Arbeiter brauchen?

b) Wie lange würden 144 Arbeiter brauchen?

☐
↻ H2
↻ H6
↻ H8

427 **Auf einer Baustelle arbeiten 12 Leute.**

H1
I2

Die Arbeit wird noch 40 Tage dauern.
Wie viele Leute müssten zusätzlich eingesetzt werden,
damit die Arbeit schon nach 30 Tagen beendet ist?

☐
↻ H2
↻ H6
↻ H8

Grafische Darstellung

428 **Das Diagramm zeigt, welche Strecken die Schiffe MS Lisa**
und MS Mona in zwei Stunden zurücklegen.

H1
H3
I2

a) Wie viele Kilometer legt die
MS Mona in zwei Stunden zurück?

b) Wie viele Kilometer legt die
MS Lisa in 30 Minuten zurück?

c) Berechne, wie viele Kilometer die
MS Lisa in vier Tagen zurücklegt.

d) Welches der Schiffe fährt schneller?

e) Die MS Mary ist langsamer als die MS Mona,
aber schneller als die MS Lisa.
Zeichne eine grüne Kurve für die MS Mary in das Diagramm ein.

f) Kreuze an: Welcher Zusammenhang besteht zwischen Weg und Zeit?

☐ direkt proportional   ☐ indirekt proportional   ☐ nicht proportional

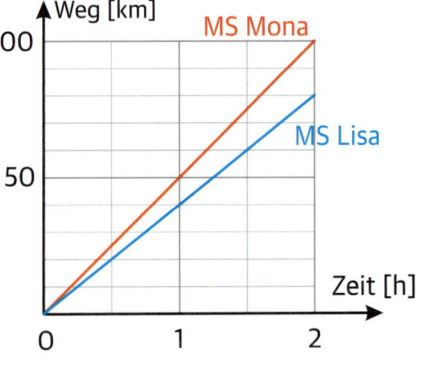

☐
↻ H3
↻ H7
↻ H9

I Vierecke und Vielecke
Eigenschaften und Konstruktion

429 Schaut euch den Comic mit Mia und Tom an.
H1 H3 I3 Dann löst die Aufgaben.

a) Warum macht Mia sich Sorgen?

b) Angenommen, Vierecke wären Haustiere.
Wie könnten sie aussehen, wenn sie
„stehen", „sitzen" oder „liegen"?

c) Macht Skizzen für die folgenden Figuren:

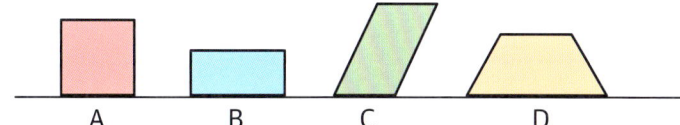

d) **FORSCHE WEITER**
Wie nennt man die Figuren A, B, C und D in der Mathematik?
Sucht im Internet oder in einem Mathematiklexikon danach.

Warm-up

Zeig, was du bereits kannst.

Griechische Buchstaben

430 Übe die abgebildeten griechischen Buchstaben.

H1
I3   *Hinweis: Beginne immer beim roten Pfeil!*

Alpha  _____

Gamma  _____

Beta  _____

Delta  _____

Arbeiten mit dem Zirkel

431 Zeichne das folgende Muster in dein Heft.

H1
I3   Stelle 4 cm als Radius ein.

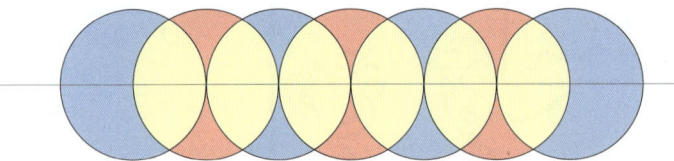

Dreiecke konstruieren

432 Konstruiere die angegebenen Dreiecke mit Zirkel und Lineal.

H2
I3   Dann gib die Größe des Winkels α an.

a) a = 5 cm, b = 6,2 cm, c = 4,3 cm   b) a = 3,2 cm, b = 4,8 cm, c = 2,5 cm

433 Konstruiere die angegebenen Dreiecke.

H2
I3   *Tipp: Erstelle zuerst eine Skizze, in der du alles markierst, was angegeben ist!*

a) c = 8 cm, α = 45°, β = 30°   b) a = 4,5 cm, c = 6,2 cm, β = 110°

Maßstab und Längenmaße

434 Wandle in mm um.

H2
I1

2,5 cm = *25 mm* _____   0,2 dm = _____   0,003 m = _____

0,7 cm = _____   1,62 dm = _____   0,02 m = _____

15 cm = _____   0,04 dm = _____   0,106 m = _____

435 Berechne die fehlenden Größen (Maßstab 1 : 20).

H2
I3

Plan:	6 cm	4 dm	2,5 cm		
Wirklichkeit:				1 m	3 m

I1 Eigenschaften von Vierecken

436 Beschrifte die Eckpunkte, Seiten und Winkel
der abgebildeten Vierecke.
Dann miss die Seitenlängen ab und
berechne den Umfang der Vierecke in cm.

H1
H2
I3

a)
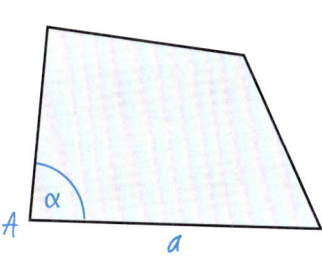

c)

b)
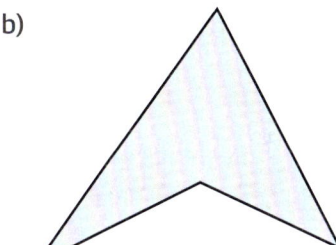

d)
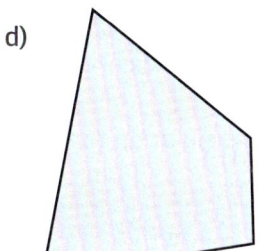

e) Gib eine Formel zur Berechnung des Umfangs beim Viereck an.

437 Beschrifte die Seiten und Winkel der abgebildeten Vierecke.
Dann löse die Aufgaben.

H2
H4
I3

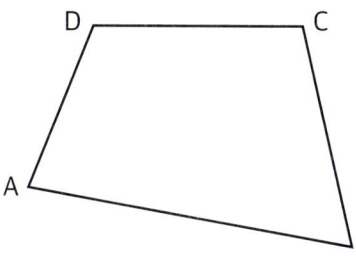

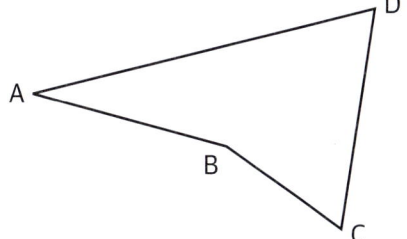

a) Miss zuerst die Winkel der Vierecke ab.
Dann berechne die Winkelsumme ($\alpha + \beta + \gamma + \delta$) der Vierecke.

b) Führe Aufgabe a) auch für die Vierecke in Beispiel 436 aus.
Was fällt dir auf?

438 Zeichne jeweils die Diagonalen e und f ein.
Gib ihre Längen in cm an.

H2
I3

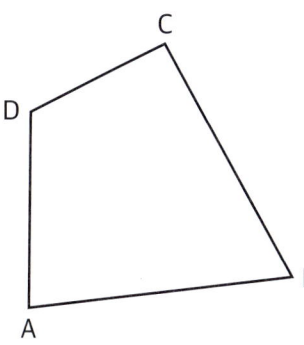

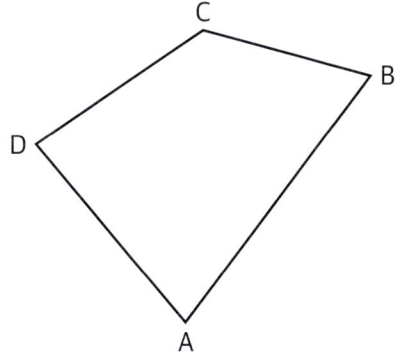

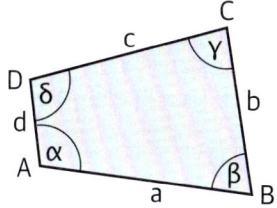
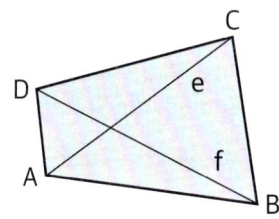
→ Übungsteil, S. 79

12 Rechteck und Quadrat

439 Der Umfang eines Quadrats beträgt 26 cm.

H2
H4
I3

a) Berechne zuerst die Seitenlänge des Quadrats.
Dann konstruiere das Quadrat.

b) Zeichne die Diagonalen des Quadrats ein.
Gib die Längen der Diagonalen in cm an.
Was fällt dir auf?

440 Ein rechteckiges Feld ist 52 m lang und 35 m breit.

H1
H2
I3

a) Gib den Umfang des Feldes in Metern an.

b) Zeichne das Feld im Maßstab 1 : 1 000 in dein Heft.

c) Zeichne die Diagonalen ein und miss ihre Längen ab.
Wie lang sind die Diagonalen des Feldes in Wirklichkeit?

441 Ein rechteckiger Tisch ist 1,4 m lang und hat einen Umfang von 4,6 m.

H1
H2
I3

a) Berechne die Breite des Tisches.

b) Zeichne den Tisch im Maßstab 1 : 20 in dein Heft.

442 Konstruiere die Vierecke und ihre Umkreise.
Gib jeweils den Radius des Umkreises in cm an.

H2
I3

Nicht alle Vierecke haben einen Umkreis!

Rechtecke und Quadrate aber schon!

a) Rechteck: a = 6 cm, b = 3 cm

b) Rechteck: a = 5 cm, b = 4,5 cm

c) Rechteck: a = 35 mm, b = 4 cm

d) Quadrat: a = 4 cm   e) Quadrat: a = 3,7 cm   f) Quadrat: a = 58 mm

443 Konstruiere die Quadrate und ihre Inkreise.
Gib jeweils den Radius des Inkreises in cm an.

H2
H4
I3

a) a = 5 cm   c) u = 16,8 cm

b) a = 30 mm   d) u = 212 mm

e) Besitzen auch Rechtecke einen Inkreis?
Beantworte die Frage mit Hilfe eines Beispiels.

444 Konstruiere ein Quadrat, dessen Inkreis einen Radius von 3 cm hat.
Dann gib die Seitenlänge des Quadrats an.

H1
I3

445 Konstruiere ein Rechteck, dessen Umkreis einen Radius von 3,5 cm hat.
Dann gib die Seitenlängen des Rechtecks an.

H1
I3

Sind verschiedene Lösungen möglich?

446 Sammelt alle besonderen Eigenschaften des jeweiligen Vierecks.
Dann vergleicht eure Ergebnisse miteinander.
Einigt euch in der Klasse auf eine „Merkliste".

H4
I3

a) Rechteck   b) Quadrat

→ Übungsteil, S. 80

Lernziele

⇒ Umfang und Maßstab bei Rechtecken und Quadraten anwenden können

⇒ Umkreis und Inkreis, wenn vorhanden, konstruieren können

⇒ Eigenschaften von Rechtecken und Quadraten kennen

Wissen

Rechteck und Quadrat besitzen einen Umkreis

Der Umkreis geht durch alle Punkte eines Vierecks.

Beim Rechteck und beim Quadrat gibt der Schnittpunkt der Diagonalen den Umkreismittelpunkt U an.

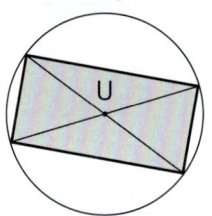

Quadrate besitzen einen Inkreis

Der Inkreis berührt alle Seiten eines Vierecks.

Der Schnittpunkt der Diagonalen gibt den Inkreismittelpunkt I an.

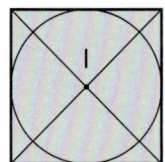

I3 Parallelogramm – Eigenschaften

447 Welche der folgenden Figuren sind Parallelogramme?

H3
I3

Male sie blau an und vergleiche deine Ergebnisse mit anderen.

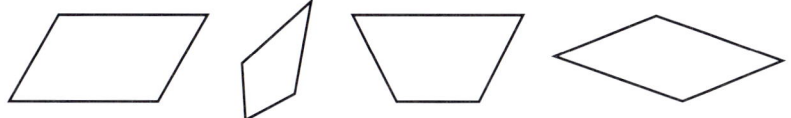

448 Parallelogramm und Rechteck

H4
I3

Findet Gemeinsamkeiten und Unterschiede.
Notiert sie in ganzen Sätzen.

449 Eigenschaften von Parallelogrammen

H3
H4
I3

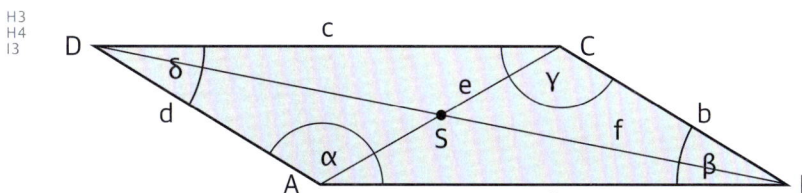

a) Richtig oder falsch? Kreuze an.

	richtig	falsch
Gegenüberliegende Winkel sind gleich groß.	☐	☐
Die Summe aller Winkel beträgt 90°.	☐	☐
Die Summe von α und β beträgt 180°.	☐	☐
Die Diagonalen stehen normal aufeinander.	☐	☐
Die Diagonalen sind gleich lang.	☐	☐
Der Schnittpunkt der Diagonalen (S) halbiert jede der Diagonalen.	☐	☐

b) Zeichne selbst ein Parallelogramm in dein Heft und überprüfe,
ob deine Antworten in a) auch bei deinem Parallelogramm zutreffen.

450 Beschrifte die abgebildeten Parallelogramme.
Dann miss die Seitenlängen ab und bestimme den Umfang.

H2
I3

a) 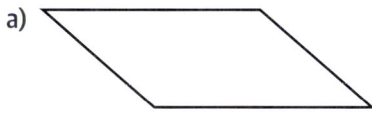   b)

451 Ergänze bei den Parallelogrammen jeweils die fehlenden Angaben.

H2
I3

	a)	b)	c)	d)
Seite a:	6 cm	8 cm	4,5 cm	15 cm
Seite b:	4 cm	5 cm	3,8 cm	
Umfang:	*20 cm*			54 cm

Lernziele

⇒ Parallelogramme
erkennen können

⇒ Eigenschaften von
Parallelogrammen
nennen können

Wissen

Parallelogramm

Ein Viereck, dessen
gegenüberliegende Seiten
parallel sind, nennt man
„Parallelogramm".

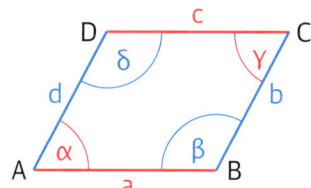

Gegenüberliegende …

… Seiten sind gleich lang.
… Winkel sind gleich groß.

Umfang

Es gilt die gleiche Formel
wie beim Rechteck:

$$u = 2 \cdot (a + b)$$

Interessant

Inkreis und Umkreis

Im Allgemeinen haben
Parallelogramme
weder einen Inkreis
noch einen Umkreis.
Wenn alle Winkel gleich
90° sind, sind sie
Rechtecke und haben
einen Umkreis.
Wenn alle Seiten gleich
lang sind, nennt man sie
Rauten. Eine Raute hat
einen Inkreis (→ I5).

→ Übungsteil, S. 81

14 Parallelogramm – Konstruktion

452 Konstruiere die angegebenen Parallelogramme
und berechne ihren Umfang.

H2
I3

a) a = 6 cm
 b = 3 cm
 α = 70°

e) a = 5 cm
 b = 6 cm
 β = 120°

b) a = 2 cm
 b = 3,7 cm
 α = 50°

f) a = 35 mm
 b = 70 mm
 β = 40°

c) a = 4,5 cm
 b = 3,4 cm
 α = 125°

g) a = 0,6 dm
 b = 0,3 dm
 β = 100°

d) c = 0,5 dm
 d = 0,35 dm
 γ = 45°

h) b = 72 mm
 c = 49 mm
 δ = 75°

> *Wenn ich β kenne, kann ich mir α leicht ausrechnen:*
> *α = 180° – β*

453 Konstruiere die angegebenen Parallelogramme
und berechne ihren Umfang.

H2
I3

a) a = 7 cm
 b = 3 cm
 e = 9 cm

e) a = 6 cm
 b = 3 cm
 f = 4,5 cm

b) a = 4 cm
 b = 5 cm
 e = 7 cm

f) a = 3,8 cm
 b = 3,4 cm
 f = 62 mm

c) a = 6 cm
 b = 3,5 cm
 e = 8 cm

g) a = 3,8 cm
 d = 3,4 cm
 e = 62 mm

d) a = 55 mm
 b = 38 mm
 e = 33 mm

h) c = 0,48 dm
 d = 0,6 dm
 f = 0,81 dm

> *Mach dir eine Skizze! Suche ein Dreieck, von dem du alle drei Seiten kennst, und konstruiere dieses zuerst!*

454 Finde einen Weg, die angegebenen Parallelogramme zu konstruieren.
Dann berechne den Umfang des Parallelogramms.

H1
H2
I3

*Tipp: Erstelle zuerst eine Skizze, in der du alles markierst,
    was angegeben ist!*

Vergleiche deinen Lösungsweg mit anderen.

a) a = 5 cm, e = 7 cm, β = 125°

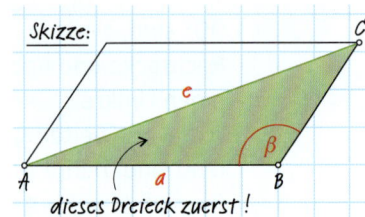

> *Nutze alles, was du über Dreieckskonstruktionen weißt!*

b) a = 6 cm, f = 7,5 cm, α = 110°

c) d = 4,6 cm, α = 70°, f = 5,5 cm

d) a = 6 cm, e = 8 cm, f = 4 cm

→ Übungsteil, S. 82

Lernziel

⇒ Parallelogramme
 konstruieren können

Wissen

**Konstruktion mit
zwei Seiten (a, b) und
einem Winkel (α)**

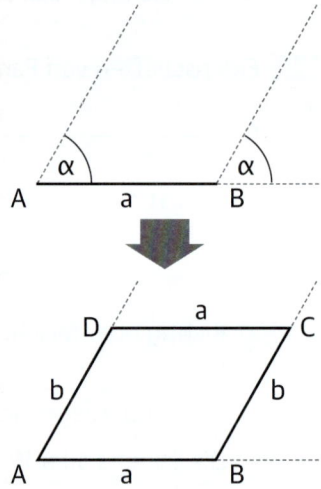

**Konstruktion mit
zwei Seiten (a, b) und
einer Diagonale (e)**

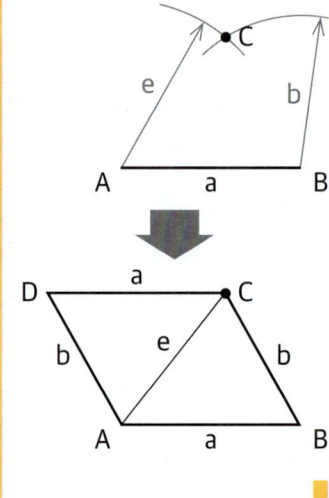

I5 Raute (Rhombus)

455 Rauten haben vier gleich lange Seiten.

a) Finde Rauten auf den folgenden Bildern und kreise sie ein.

Socken

Zaun

Wappen

b) Finde Rauten in deiner Umwelt und fotografiere sie.

456 Zeichne die angefangenen Rauten fertig.
Dann zeichne die Diagonalen e und f ein und gib ihre Längen in mm an.

a)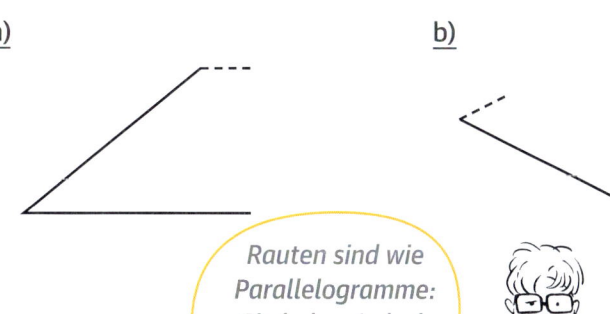

b)

Rauten sind wie Parallelogramme: Sie haben jedoch lauter gleich lange Seiten!

457 Konstruiere die angegebenen Rauten
und berechne, wenn nicht angegeben, ihren Umfang.

a) $a = 4$ cm
$\alpha = 35°$

b) $a = 52$ mm
$\beta = 70°$

c) $u = 3{,}8$ cm
$\delta = 20°$

458 Konstruiere die angegebenen Rauten.
Zeichne ihren Inkreis ein und gib den Inkreisradius in cm an.

a) $a = 3$ cm
$\alpha = 42°$

b) $a = 47$ mm
$\beta = 54°$

c) $u = 20{,}4$ cm
$\delta = 66°$

459 Konstruiere die angegebenen Rauten.
Gib die Größe der Winkel α, β, γ und δ durch Abmessen an.
Was fällt dir auf?

a) $a = 4{,}2$ cm
$e = 7$ cm

b) $b = 34$ mm
$f = 5$ cm

c) $c = 0{,}55$ dm
$e = 0{,}38$ dm

460 Ergänze den Satz.

„Je größer der Winkel α einer Raute ist,

desto _____ ist ihr Winkel β."

Lernziele

⇒ Eigenschaften von Rauten nennen können

⇒ Rauten und ihren Inkreis konstruieren können

Wissen

Raute (Rhombus)

Ein Viereck, dessen **Seiten gleich lang** sind, nennt man Raute (Rhombus).

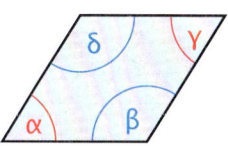

Rauten besitzen einen **Inkreis**.
Der Inkreismittelpunkt I ist der Schnittpunkt der Diagonalen.

Interessant

Tangentenvierecke

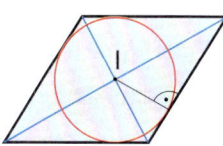

Im Gegensatz zu Dreiecken besitzen nicht alle Vierecke einen Inkreis. Hierfür müssen spezielle Eigenschaften gegeben sein.

Vierecke, die einen Inkreis besitzen, nennt man auch „Tangentenvierecke".

Zu dieser Gruppe gehört zum Beispiel das Quadrat, aber auch die Raute.

→ Übungsteil, S. 83
→ Cyber Homework 17

16 Trapez

461 Kennzeichne jeweils die beiden parallelen Seiten der Trapeze.

H1
I3

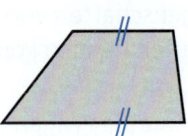 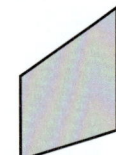 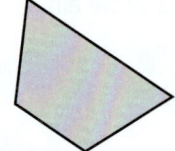 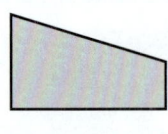

462 Konstruiere die angegebenen Trapeze.

H2
I3

Es gilt: a ∥ c.
Gib die Länge der Seite c in cm an.

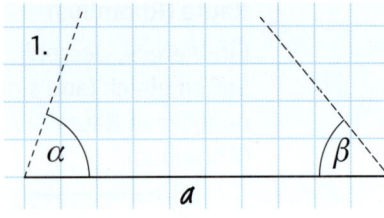 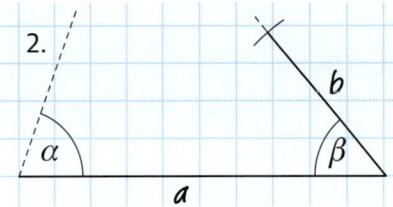

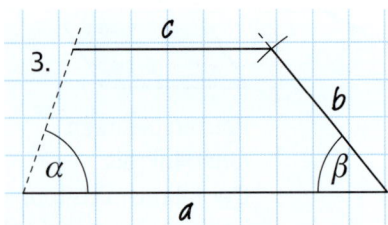 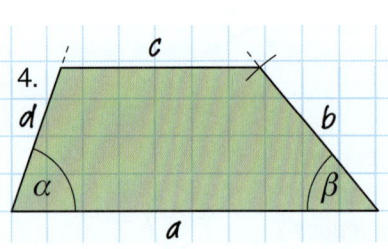

a) a = 5 cm
b = 2,5 cm
α = 70°
β = 50°

b) a = 7,5 cm
b = 4,8 cm
α = 105°
β = 45°

c) a = 3,6 cm
b = 5,1 cm
α = 125°
β = 160°

d) a = 0,52 dm
b = 0,3 dm
α = 58°
β = 82°

463 Untersucht die Eigenschaften des gleichschenkeligen Trapezes unten.

H3
I3

a) Findet gleich lange Seiten.

b) Findet gleich große Winkel.

c) Findet zwei Winkel, die gemeinsam 180° ergeben.

d) Ist das Trapez spiegelsymmetrisch? Wenn ja, findet die Symmetrieachse.

e) Was kann man über die Diagonalen e und f sagen?

f) Besprecht und vergleicht eure Entdeckungen in der Klasse.

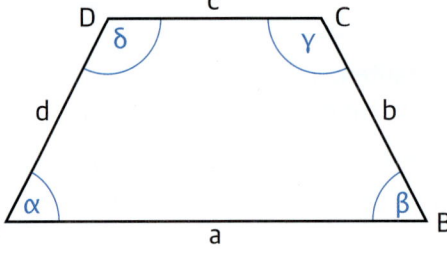

464 Konstruiere die angegebenen gleichschenkeligen Trapeze.
Dann zeichne ihren Umkreis ein und gib den Umkreisradius in cm an.

H2
I3

a) a = 8 cm
b = 3,8 cm
α = 55°

b) a = 4 cm
b = 2,6 cm
α = 140°

c) a = 5,7 cm
b = 4,6 cm
e = 7,2 cm

→ Übungsteil, S. 84

Lernziele

⇒ Eigenschaften von Trapezen und gleichschenkeligen Trapezen nennen können

⇒ Umkreis bei gleich-schenkeligen Trapezen konstruieren können

Wissen

Trapez

Ein Trapez ist ein **Viereck mit zwei parallelen Seiten.**

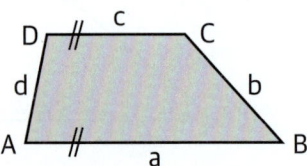

Sind die beiden **nicht parallelen Seiten gleich lang,** sprechen wir von einem **gleichschenkeligen Trapez.**

Interessant

Sehnenvierecke

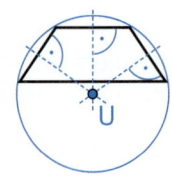

Nicht alle Vierecke besitzen einen Umkreis.

Vierecke, die einen Umkreis besitzen, nennt man auch „Sehnenvierecke".

Zu dieser Gruppe gehören zum Beispiel das Rechteck und das gleichschenkelige Trapez, nicht aber das allgemeine Trapez.

Deltoid (Drachenviereck)

465 Welche der folgenden Figuren sind Deltoide?
Begründe jeweils deine Entscheidung.

H3
H4
I3

a) 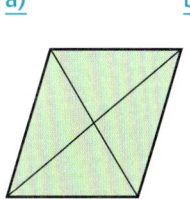   b) 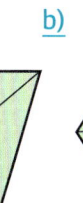   c) 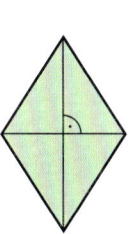   d) 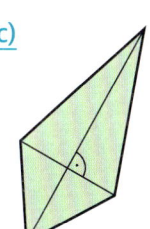   e)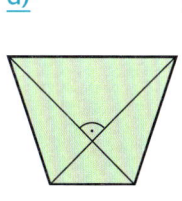

466 Zeichne drei verschiedene Deltoide.
Wähle die Seitenlängen selbst.

H1
I3

Tipp: Beginne bei deiner Konstruktion mit den Diagonalen!

467 Konstruiere die angegebenen Deltoide mit Zirkel und Lineal.
Miss jeweils die Längen der Seiten ab und gib den Umfang u in dm an.

H1
I3

a) a = 3,5 cm   b) a = 4,8 cm   c) a = 5,7 cm
   b = 5 cm   b = 3,1 cm   b = 5,2 cm
   e = 6,3 cm   e = 4,2 cm   e = 2,8 cm

So mache ich es!

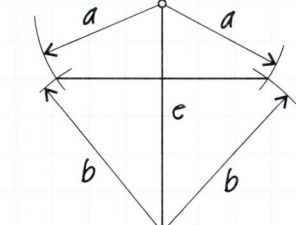
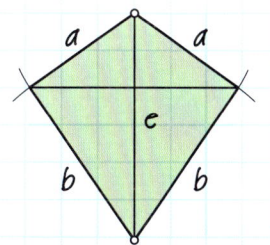

468 Konstruiere die angegebenen Deltoide und ihre Inkreise.
Gib jeweils den Radius des Inkreises in cm an.

H2
I3

a) a = 4,2 cm   b) a = 5,9 cm   c) a = 6,4 cm
   b = 6,5 cm   b = 2,4 cm   b = 8,2 cm
   e = 8 cm   e = 6,7 cm   e = 7,3 cm

469 KNOBELAUFGABE

H2
I3

Deltoide richtig konstruieren

Konstruiere die angegebenen Deltoide.
Beschreibe, wie du vorgegangen bist.
Vergleiche deine Vorgehensweise mit anderen.
Tipp: Erstelle zuerst eine Skizze, bevor du mit der Konstruktion beginnst!

a) a = 3 cm   c) b = 5,3 cm   e) a = 4,3 cm
   b = 4 cm   e = 8 cm   b = 3,8 cm
   f = 3,8 cm   f = 6,2 cm   γ = 60°

b) a = 4,6 cm   d) a = 3,6 cm   f) a = 4,6 cm
   e = 4,4 cm   b = 4,9 cm   b = 5 cm
   f = 5 cm   α = 108°   β = 80°

Lernziele

⇒ Eigenschaften von Deltoiden nennen können

⇒ Deltoide und ihren Inkreis konstruieren können

Wissen

Deltoid (Drachenviereck)

Ein Deltoid ist ein **Viereck mit zwei Paar gleich langen Seiten,** die jeweils nebeneinander liegen. Die Diagonalen stehen normal aufeinander.

Üblicherweise beschriftet man Deltoide wie dargestellt:

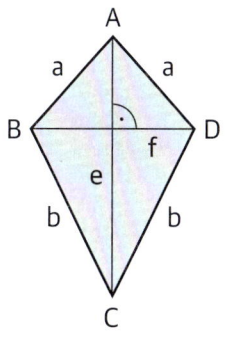

Der **Inkreismittelpunkt I** kann über die Winkelsymmetralen gefunden werden:

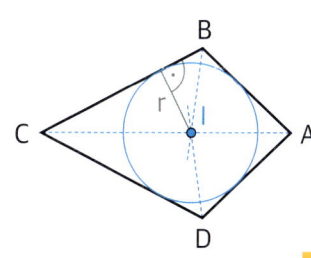

→ Übungsteil, S. 85

English Corner

470 Read the sentences and find the german translations for the names of the shapes.

a) A **quadrilateral** has four corners and four sides.   _Viereck_

b) A **rhombus** has four equal-length sides.   _____

c) A **parallelogram** is a quadrilateral with two pairs of parallel equal-length sides.   _____

d) A **kite** has two pairs of equal-length sides. Its diagonals form right angles.   _____

e) A **trapezoid** has one pair of parallel sides.   _____

f) A **square** is a rhombus with four right angles.   _____

g) A **rectangle** is a parallelogram with four right angles.   _____

Wörterbuch

translation ... Übersetzung

shape ... Form, Figur

corner/side ... Ecke/Seite

equal-length ... gleich lang

pair ... Paar

right angle ... rechter Winkel

Technik-Labor

471 Löst die angegebene myTurtle-Aufgabe.

```
1: init
2: stift_ein "blau"
3: gehe 100
4: drehe_links 70
5: gehe 50
6: drehe_links 110
7: gehe 100
8: drehe_links 70
9: gehe 50
10: stift_aus
```

START

a) Welche Figur wurde gezeichnet? Kreuzt an.

☐ Rechteck   ☐ Quadrat   ☐ Parallelogramm   ☐ Raute

b) Ändert das ursprüngliche Programm, sodass die Schildkröte eine Raute zeichnet.

c) Ändert das ursprüngliche Programm, sodass die Schildkröte ein Rechteck zeichnet.

d) Ändert das ursprüngliche Programm, sodass der Winkel links unten nur 50° beträgt. Ändert die anderen Winkel so, dass die Schildkröte trotzdem eine geschlossene Figur zeichnet.

472 KNOBELAUFGABE

Schreibt den Code fertig!

Die Schildkröte soll eine Raute zeichnen, wie in der abgebildeten Skizze rechts.

```
1: init
2: stift_ein "schwarz"
3: drehe_rechts 25
4: gehe 70
5: drehe_links ...
```

50°
70

⇒ Diese Datei und weitere Aufgaben dazu findest du in der e-zone, Klasse 2 – I.

Regelmäßige Vielecke

473 Finde regelmäßige Vielecke auf den Fotos und kreise sie ein.

H3
I3

Fußball

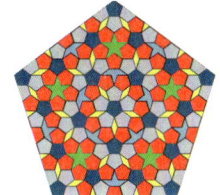
Muster

Wanduhr

474 Konstruiere die angegebenen regelmäßigen Vielecke.

H2
I3

Beginne mit der Konstruktion des Umkreises.
Dann gehe wie in der Wissensspalte rechts beschrieben vor.

a) Fünfeck: Umkreisradius r = 3 cm

b) Sechseck: Umkreisradius r = 3,5 cm

c) Neuneck: Umkreisradius r = 4 cm

d) Dreieck: Umkreisradius r = 2,5 cm

475 Konstruiere ein regelmäßiges 12-Eck.

H2
I3

Zeichne den Umkreis (r = 38 mm) und auch den Inkreis ein.

476 In den abgebildeten Vielecken sind alle Diagonalen eingezeichnet.

H3
H4
I3

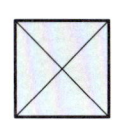   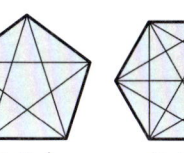 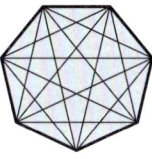

4-Eck   5-Eck   6-Eck   7-Eck

a) Bei welchen Vielecken schneiden sich die Diagonalen im Mittelpunkt?

b) Stell dir ein regelmäßiges 8-Eck vor:
   Würden sich die Diagonalen im Mittelpunkt schneiden?
   Stelle eine Vermutung an und begründe sie.
   Konstruiere danach ein 8-Eck und überprüfe deine Vermutung.

c) Kannst du aus deinen Beobachtungen eine Regel für Vielecke
   mit geraden / ungeraden Seitenzahlen ableiten?

477 Konstruiere ein regelmäßiges Sechseck nach der unten

H2
I3

abgebildeten Methode. Verwende als Radius 3 cm.
Hinweis: Diese Methode funktioniert, weil die Seiten eines
Sechsecks gleich lang sind wie sein Umkreisradius!

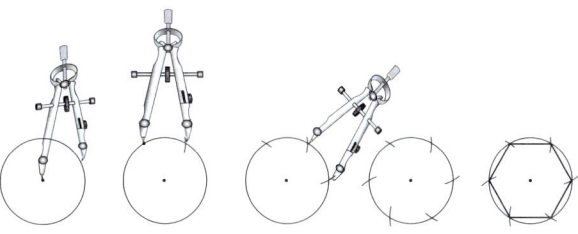

Lernziele

⇒ Eigenschaften von regelmäßigen Vielecken kennen

⇒ regelmäßige Vielecke konstruieren können

Wissen

Regelmäßige Vielecke

Regelmäßige Vielecke haben:

- gleich lange Seiten
- gleich große Winkel
- einen Inkreis
- einen Umkreis

Konstruktion

1. Zeichne einen Kreis.

2. Berechne den Zentriwinkel:
   α = 360° : Anzahl Ecken

3. Finde die Eckpunkte, indem du Radien vom Kreismittelpunkt aus aufträgst.

Beispiel: 5-Eck

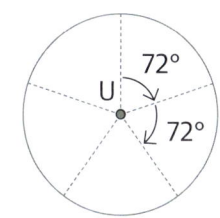

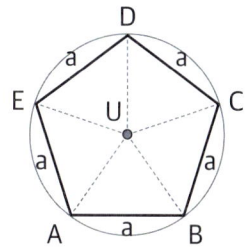

→ Übungsteil, S. 86

19 Anwendung — Maßstab

478
H1
H2
I3

Die Parkplätze eines Supermarktes haben die Form eines Parallelogramms.

Ein Parkplatz ist 4,5 Meter lang und 2,5 Meter breit. Die Innenwinkel betragen jeweils 70° und 110°.

a) Berechne den Umfang eines Parkplatzes.

b) Zeichne einen solchen einzelnen Parkplatz im Maßstab 1 : 100.

Parkplätze

479
H1
H3
I3

Patrick besitzt einen Drachen.

Er ist 70 cm lang und einen halben Meter breit. Der Abstand vom Holzkreuz in der Mitte bis zur Spitze beträgt 25 cm.

a) Wie nennt man so eine Figur?

b) Zeichne den Drachen im Maßstab 1 : 10.

Drachen

480
H1
H2
I3

Eine Sandkiste hat die Form eines regelmäßigen Sechsecks.

Eine Seite ist 1,2 Meter lang.

a) Berechne den Umfang der Sandkiste.

b) Zeichne das Sechseck im Maßstab 1 : 50.

c) Gib den Radius des Umkreises des Sechsecks im Plan und in der Wirklichkeit an.

Sandkiste

481 **Schach spielen**
H1
H2
I3

Jelena spielt gerne Schach. Sie hat einen runden Schachtisch, auf dem das Schachfeld abgebildet ist. Das Schachfeld selbst hat 64 quadratische Felder. Jedes Feld ist 6 cm lang.

a) Rechne aus, wie lang und wie breit das Schachfeld insgesamt ist.

b) Zeichne Jelenas Schachtisch im Maßstab 1 : 6.

c) Wie breit ist Jelenas Schachtisch? Miss den Durchmesser des Umkreises in der Zeichnung aus b) ab. Dann rechne in die Wirklichkeit um.

Schachtisch

Lernziel

⇒ Alltagsbezug zu geometrischen Formen herstellen und diese im Maßstab darstellen können

Wissen

Maßstabsgetreue Darstellungen

Fast alle Dinge werden zuerst gezeichnet, bevor man sie tatsächlich herstellt. Konstruktionen im Maßstab helfen bei der Planung und bei der Arbeitsvorbereitung.

Interessant

Symmetrie ist schön

Oft werden Dinge symmetrisch entworfen. Wie empfinden symmetrische Formen als schön, weil die Form als Ganzes leicht erfassbar ist und weil alle Teile eine Beziehung zueinander haben.

→ Übungsteil, S. 87

→ Cyber Homework 18

Checkpoint (1/2)

Löse die Aufgaben und kontrolliere deine Ergebnisse (Lösungen ab Seite 167).
Kreuze an, was du noch üben möchtest.

Eigenschaften von Vierecken und Vielecken

482 Ordne die Figuren den angegebenen Begriffen zu.
H3
I3
Schreibe dafür die entsprechenden Buchstaben in die Tabelle.

Parallelogramm	Trapez	Raute	Deltoid

A   B   C   D

☐
↪ I3
↪ I5
↪ I6
↪ I7

483 Kreuze an: Welche Figuren besitzen immer einen Inkreis bzw. einen Umkreis?
H3
I3

	In- und Umkreis	nur Inkreis	nur Umkreis	keines von beiden
Rechteck	☐	☐	☐	☐
Quadrat	☐	☐	☐	☐
Deltoid	☐	☐	☐	☐
Raute	☐	☐	☐	☐
Trapez	☐	☐	☐	☐
gleichschenkeliges Trapez	☐	☐	☐	☐

☐
↪ I2
↪ I5
↪ I6
↪ I7

484 Nenne drei Eigenschaften von regelmäßigen Vielecken.
H4
I3
Schreibe sie auf und vergleiche deine Ergebnisse mit anderen.

☐
↪ I8

485 Kreuze an: Wie groß ist die Winkelsumme in einem Viereck?
H1
I3
☐ 180°   ☐ 360°   ☐ 365°   ☐ immer verschieden

☐
↪ I1

486 Der Winkel α eines gleichschenkeligen Trapezes beträgt 70°.
H2
I3
Wie groß sind die anderen Winkel dieses Trapezes?
Tipp: Eine Skizze hilft dir beim Beantworten der Frage!

Schreibe deine Überlegungen in zwei bis drei ganzen Sätzen auf.

☐
↪ I6

487 Jakob behauptet:
H3
H4
I3

„Beim Quadrat, dem Parallelogramm und der Raute
schneiden sich die Diagonalen immer im rechten Winkel!"

Stimmt diese Aussage?
Wenn nein, begründe, warum sie nicht gilt.
Stelle, wenn nötig, die Aussage richtig.

☐
↪ I2
↪ I3
↪ I5

Checkpoint (2/2)

Löse die Aufgaben und kontrolliere deine Ergebnisse (Lösungen ab Seite 167).
Kreuze an, was du noch üben möchtest.

Konstruktion von Vierecken und Vielecken

488 Konstruiere das angegebene Parallelogramm und
H2 I3 gib die Länge der Diagonale e in cm an.

a = 6 cm, b = 3 cm, α = 60°

↺14

489 Konstruiere eine Raute mit a = 48 mm und α = 55°.
H2 I3 Zeichne den Inkreis ein und gib den Inkreisradius in cm an.

↺15

490 Konstruiere das angegebene Trapez und gib die Länge der Seite c in mm an.
H2 I3

a = 6,2 cm, b = 3,4 cm, α = 65°, β = 123°

↺16

491 Konstruiere das angegebene Deltoid und gib die Länge der Diagonale f in mm an.
H2 I3

a = 3,5 cm, b = 5,2 cm, e = 6,3 cm

↺17

492 Konstruiere das angegebene Parallelogramm und gib die Länge der Seite b in dm an.
H2 I3

a = 5,4 cm, e = 7,1 cm, δ = 140°

↺14

493 Konstruiere ein regelmäßiges 10-Eck.
H2 I3 Verwende als Umkreisradius 3 cm.
Gib die Länge der Seite a in cm an.

↺18

Umfang und Maßstab

494 Eine Sandkiste hat die Form
H1 I3 eines regelmäßigen Achtecks.

Der Abstand von einer Ecke zur
gegenüberliegenden Ecke beträgt 3 Meter.
Zeichne die Sandkiste im Maßstab 1 : 50.

↺18

495 Berechne den Umfang des angegebenen gleichschenkeligen Trapezes.
H2 I3

a = 3,9 cm, c = 6,2 cm, b = d = 2,8 cm

↺16

496 Ein Deltoid hat einen Umfang von 26,4 cm.
H2 I3 Wie lang ist die Seite b, wenn die Seite a = 7,5 cm lang ist?

↺17

497 KNOBELAUFGABE
H1 H2 I3 Zwei Rauten

Peter hat eine blaue und eine rote Raute gezeichnet.
Die Seiten der roten Raute sind um 2 cm länger als die der blauen,
der Umfang ist doppelt so groß.
Wie lang ist die Seite der roten Raute?

↺15

498 Schaut euch den Comic mit den Piraten an.
Dann beantwortet die Fragen.

H1
H3
H4
I3

a) Warum möchte der Kapitän, dass die Piraten ihre Schilde verkleinern?

b) Der erste Pirat hat bei seinem Schild die Breite halbiert.
Ist der Schild damit halb so groß?
Begründet eure Entscheidung mit Hilfe eines Beispiels.

c) Der zweite Pirat hat bei seinem Schild die Höhe halbiert.
Ist der Schild damit halb so groß?
Begründet eure Entscheidung mit Hilfe eines Beispiels.

d) Der dritte Pirat hat seinen Schild entlang der Diagonale abgeschnitten.
Ist der Schild damit halb so groß?
Begründet eure Entscheidung mit Hilfe einer Zeichnung.

e) Hat der vierte Pirat die Aufgabe richtig gelöst?
Begründet eure Entscheidung mit Hilfe einer Zeichnung.

f) Welchen Schild würdet ihr für den Marsch
und den anschließenden Kampf wählen?
Begründet eure Entscheidung.

Warm-up

Zeig, was du bereits kannst.

Multiplikation mit Dezimalzahlen

499 Berechne die Produkte.

H2
I1

702 · 45,3   518 · 23,2   91,6 · 3,81

Flächeninhalt von Rechteck und Quadrat

500 Kreuze an: Wie groß ist der Flächeninhalt eines Quadrats mit 12 cm Seitenlänge?

H1
I3

☐ 3 cm²   ☐ 24 cm²   ☐ 48 cm²   ☐ 144 cm²

501 Ein Rechteck ist 4,5 cm lang und 3,2 cm breit.

H2
I3

Konstruiere das Rechteck und berechne seinen Flächeninhalt.

502 Ein Rechteck hat einen Flächeninhalt von 42 cm².
Eine der beiden Seiten ist 7 cm lang.

H2
I3

Berechne die Länge der anderen Seite.

503 Ein quadratisches Feld hat einen Umfang von 128 m.

H2
I3

Berechne den Flächeninhalt des Quadrats.

Koordinatensystem und Vierecke

504 Zeichne die angegebenen Punkte
in das Koordinatensystem rechts ein
und verbinde sie.
Welche Figur entsteht dabei?

H1
H3
I3

A (2|10), B (9|6), C (13|7), D (6|11)

505 Von einem Deltoid
kennt man drei Punkte:

H1
I3

E (1|3), F (3|0), G (13|3)

a) Finde den vierten Punkt H.

b) Zeichne das Deltoid und
verbinde die Punkte miteinander.

c) Wie hast du Punkt H gefunden?
Vergleiche deinen Lösungsweg
mit anderen.

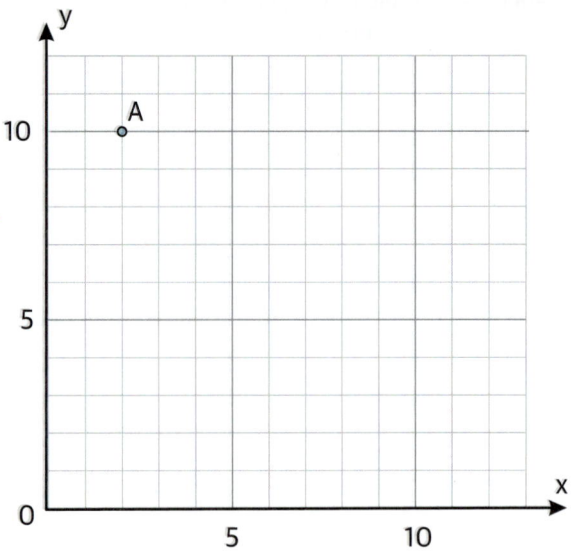

Rechtwinkeliges Dreieck

506 Ergänze jeweils das rechtwinkelige Dreieck zu einem Rechteck.
H1
I3
Dann berechne von beiden Figuren den Flächeninhalt.

Hinweis: Ein Kästchen hat eine Seitenlänge von 1 cm!

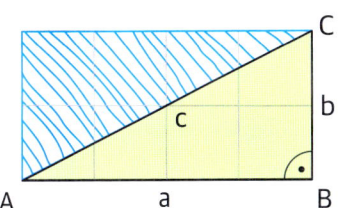

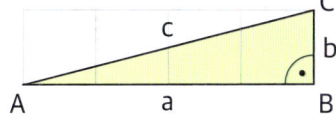

Rechteck:

$A = a \cdot b = 4 \cdot 2$

$A = 8 \ cm^2$

rechtwinkeliges Dreieck:

$A = 8 : 2$

$A = 4 \ cm^2$

Rechteck:

_____

_____

rechtwinkeliges Dreieck:

_____

_____

507 Sieh dir die Flächenformel für das rechtwinkelige Dreieck
H1
H4
I3
im Wissenskasten rechts an.

a) Erkläre die Formel anhand einer Skizze.

b) Darf man die Seiten a und b beliebig wählen?
Begründe deine Entscheidung mit Hilfe von Beispielen.

508 Schreibt die Begriffe „Kathete" und „Hypotenuse"
H1
I3
jeweils fünfmal in dein Heft.
Dann erklärt euch gegenseitig die Begriffe.

509 Konstruiere die rechtwinkeligen Dreiecke.
H2
I3
Dann berechne ihren Flächeninhalt.

Hinweis: a und b sind jeweils die Katheten!

a) a = 3,5 cm
   b = 1,5 cm

b) a = 4,2 cm
   b = 2,9 cm

c) a = 2,4 cm
   b = 5,6 cm

510 Berechne den Flächeninhalt der rechtwinkeligen Dreiecke.
H2
I3

Hinweis: a und b sind jeweils die Katheten!

a) a = 6 cm
   b = 3 cm

c) a = 74 cm
   b = 48 cm

e) a = 7,3 cm
   b = 6,5 cm

b) a = 16 mm
   b = 35 mm

d) a = 214 mm
   b = 97 mm

f) a = 13,2 mm
   b = 5,9 mm

511 Von den rechtwinkeligen Dreiecken kennt man
H2
I3
den Flächeninhalt und die Länge einer Kathete.
Berechne die Länge der fehlenden Kathete.

a) A = 12 cm²
   a = 6 cm

b) A = 4,5 cm²
   b = 3 cm

c) A = 216 m²
   a = 18 m

Lernziele

⇒ die Begriffe Kathete und Hypotenuse erklären und verwenden können

⇒ den Flächeninhalt rechtwinkeliger Dreiecke berechnen können

Wissen

Begriffe im rechtwinkeligen Dreieck

Katheten: nennt man die beiden kürzeren Seiten. Sie grenzen jeweils an den rechten Winkel, stehen also normal aufeinander.

Hypotenuse: ist die längste Seite des rechtwinkeligen Dreiecks. Sie liegt dem rechten Winkel gegenüber.

Beschriftung:
Es ist üblich, die beiden Katheten mit a und b zu beschriften. Die Hypotenuse benennt man meist mit c.

Flächeninhalt des rechtwinkeligen Dreiecks

Ein rechtwinkeliges Dreieck hat die halbe Fläche eines Rechtecks mit den Seitenlängen a und b:

$$A = \frac{a \cdot b}{2}$$

→ Übungsteil, S. 89

512 Berechne jeweils den Flächeninhalt der eingefärbten Fläche.
H1 H2 I3   Zerlege dafür die Figuren in Rechtecke und rechtwinkelige Dreiecke.

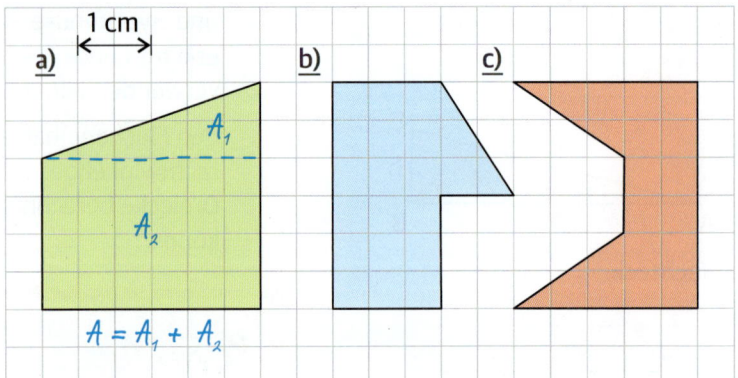

513 Ein Stern besteht aus rechtwinkeligen Dreiecken
H1 H2 I3   (Länge der Katheten: $a = 3$ cm, $b = 6$ cm)
und einem Quadrat (siehe Skizze rechts).

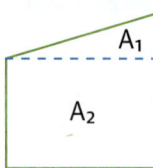

a) Berechnet den Flächeninhalt
des Sterns.

b) Konstruiert den Stern in eurem Heft.

c) Zeichnet selbst eine Figur, die aus Rechtecken
und rechtwinkeligen Dreiecken zusammengesetzt ist.
Berechnet ihren Flächeninhalt.
Lasst eure Aufgabe auch von anderen Gruppen lösen.

514 Berechne jeweils den Flächeninhalt der eingefärbten Fläche.
H1 H2 I3   *Tipp: Rechne zuerst die Gesamtfläche aus und*
subtrahiere dann die ausgeschnittene weiße Fläche!

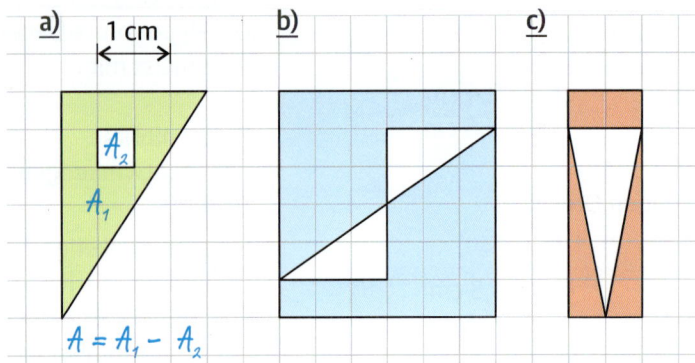

515 Berechne den Flächeninhalt
H1 H2 I3   der Figur rechts auf mindestens
drei verschiedene Arten.

Vergleiche deine
Lösungen mit anderen.

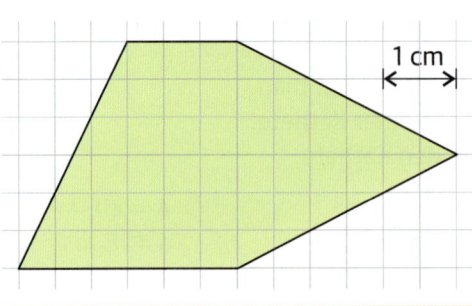

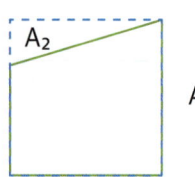
→ Übungsteil, S. 90
→ Cyber Homework 19

Parallelogramm und Trapez

516 Berechne den Flächeninhalt
des angegebenen Parallelogramms.

Vergleiche deinen Lösungsweg
mit anderen.

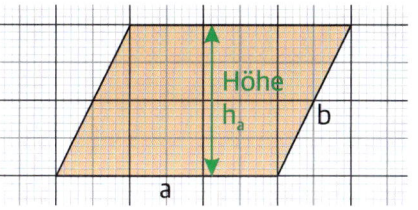

517 Zeichne die angegebenen Figuren in das Koordinatensystem ein.
Gib jeweils an, um welche Figur es sich handelt.
Dann berechne den Flächeninhalt der Figur.

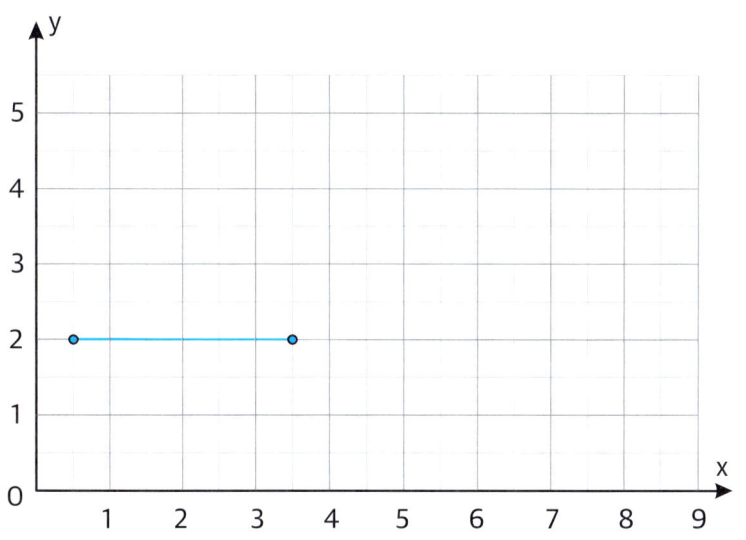

a) A (0,5|2)
   B (3,5|2)
   C (3|4,5)
   D (1|4,5)

b) A (4,5|0,5)
   B (9|0,5)
   C (8,5|2,5)
   D (4|2,5)

c) A (4|3,5)
   B (6|3,5)
   C (8|5)
   D (6|5)

518 Zeichne die angegebenen Figuren
in ein passendes Koordinatensystem in dein Heft.
Gib jeweils an, um welche Figur es sich handelt.
Dann berechne den Flächeninhalt der Figur.

a) A (0|3)
   B (5|0)
   C (7|1,5)
   D (2|4,5)

b) A (4,5|4,5)
   B (5,5|4,5)
   C (6,5|6)
   D (3,5|6)

c) A (1|5)
   B (3|5)
   C (2|6)
   D (0|6)

519 Konstruiere die angegebenen Figuren in deinem Heft.
Dann berechne jeweils Flächeninhalt und Umfang der Figur.
Tipp: Miss für die Berechnung des Flächeninhalts die Höhe ab!

a) Parallelogramm: a = 5 cm, b = 3 cm, β = 130°

b) gleichschenkeliges Trapez: a = 8 cm, b = 4,5 cm, α = 65°

c) Parallelogramm: a = 4 cm, b = 2 cm, e = 5,5 cm

d) gleichschenkeliges Trapez: a = 4,5 cm, b = 2,5 cm, e = 6,5 cm

Lernziel

⇒ den Flächeninhalt
von Parallelogramm
und gleichschenkeligem
Trapez durch Zerlegen
in Teilfiguren
berechnen können

Wissen

**Zerlegung mit Hilfe
der Höhen**

Parallelogramme und
gleichschenkelige Trapeze
werden mit Hilfe der
Höhe h_a (Höhe auf die
Seite a) in ein Rechteck
und zwei gleich große
rechtwinkelige Dreiecke
zerlegt.

Parallelogramm:

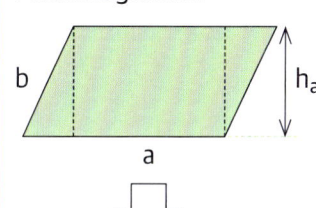

gleichschenkeliges Trapez:

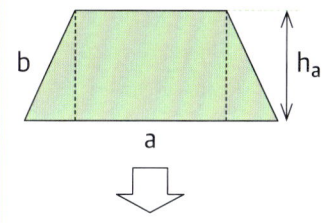

→ Übungsteil, S. 91

J4 Raute und Deltoid

520
H1
I3

Berechne den Flächeninhalt
der angegebenen Raute.

Vergleiche deinen Lösungsweg
mit anderen.

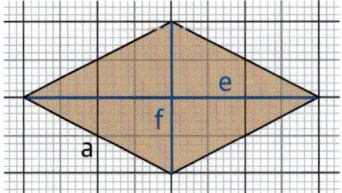

521
H1
H2
I3

Zeichne die angegebenen Figuren in das Koordinatensystem ein.
Gib jeweils an, um welche Figur es sich handelt.
Dann berechne den Flächeninhalt der Figur.

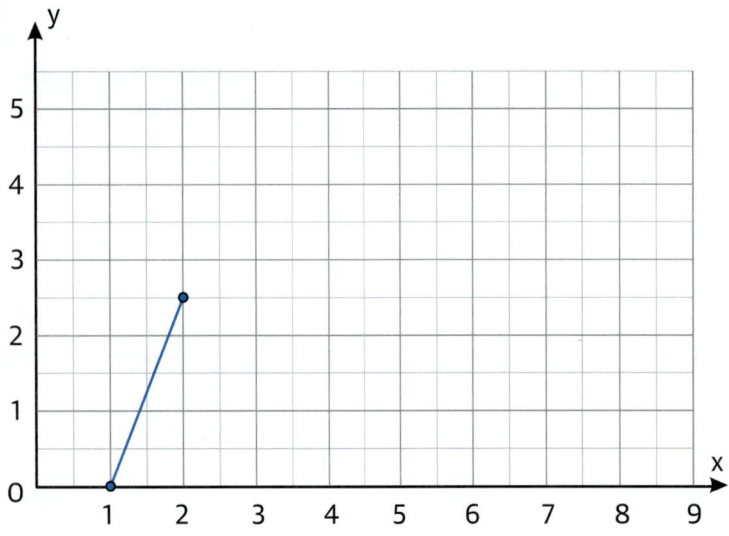

a) A (1|0)
B (2|2,5)
C (1|5)
D (0|2,5)

b) A (2,5|3,5)
B (3|2)
C (6|3,5)
D (3|5)

c) A (5|2)
B (7,5|1)
C (9|2)
D (7,5|3)

522
H1
H2
I3

Zeichne die angegebenen Figuren
in ein passendes Koordinatensystem in dein Heft.
Gib jeweils an, um welche Figur es sich handelt.
Dann berechne den Flächeninhalt der Figur.

a) A (3,5|0)
B (5|1)
C (3,5|3,5)
D (2|1)

b) A (2|5)
B (3,5|4)
C (5|5)
D (3,5|6)

c) A (2,5|1,5)
B (6|1,5)
C (6|6,5)
D (2,5|6,5)

523
H2
I3

Konstruiere die angegebenen Figuren.
Dann berechne jeweils Flächeninhalt und Umfang der Figur.
Tipp: Miss für die Berechnung des Flächeninhalts die Diagonalen ab!

a) Raute: a = 4 cm, α = 75°

b) Deltoid: a = 2,5 cm, b = 4 cm, e = 5 cm

c) Raute: a = 3 cm, e = 5,5 cm

d) Deltoid: a = 3 cm, b = 5 cm, e = 7 cm

Lernziel

⇒ den Flächeninhalt
von Raute und Deltoid
durch Zerlegen
in Teilfiguren
berechnen können

Wissen

**Zerlegung mit Hilfe
der Diagonalen**

Bei der Raute und
beim Deltoid
stehen die Diagonalen
normal aufeinander.

Dadurch bilden sie
rechtwinkelige Dreiecke,
deren Flächeninhalt du
berechnen kannst.

Raute:

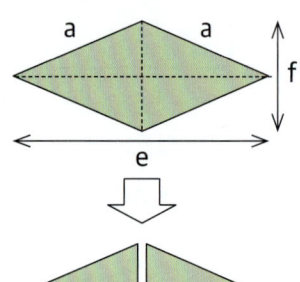

Deltoid:

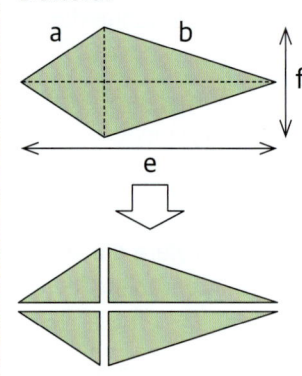

→ Übungsteil, S. 92

English Corner

524 The sides of a right-angled triangle are 3 cm, 4 cm and 5 cm long.

H1
H2
I3

a) How long is the hypotenuse of the triangle?

b) Draw the triangle.

c) Calculate the perimeter of the triangle.

d) What's the area of the triangle?

e) Find a rectangle with equal area.

525 What shapes are hiding inside the "Union jack"?

H3
I3

a) How many parallelograms do you see?

  ☐ 0   ☐ 2   ☐ 4   ☐ 8

b) How many right-angled triangles do you see?

  ☐ 0   ☐ 2   ☐ 4   ☐ 8

„Union Jack"
Flagge von Großbritannien

Wörterbuch

side ... Seite

right-angled ... rechtwinkelig

triangle ... Dreieck

hypotenuse ... Hypotenuse

perimeter ... Umfang

area ... Flächeninhalt

rectangle ... Rechteck

Technik-Labor

526 Flächeninhalte mit GeoGebra berechnen

H1
H2
H3
I3

Löst die Aufgaben gemeinsam.

a) Gebt die Koordinaten der Punkte A, B, C und D an.

b) Gebt an, um welche Figur es sich beim Viereck ABCD handelt.

c) Berechnet den Flächeninhalt der Figur ABCD. Vergleicht eure Lösung mit dem Ergebnis, das GeoGebra liefert.

d) Verändert die Koordinaten der Figur ABCD so, dass das Viereck ein Rechteck wird, der Flächeninhalt aber gleich bleibt.

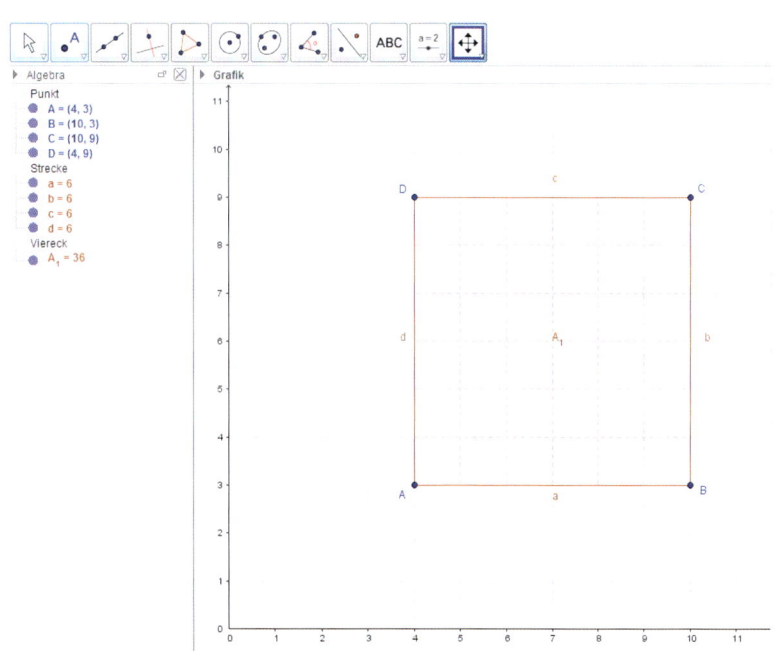

⇒ Dieses GeoGebra-Arbeitsblatt und weitere Aufgaben dazu findest du in der e-zone, Klasse 2 – J.

Anwendung – Grundstücke

527 Bei der Neuerschließung der Nordsiedlung entstehen
drei Grundstücke in Form von rechtwinkeligen Trapezen
und ein Grundstück in Form eines Rechtecks.

H2
H3
I3

a) Berechne den Flächeninhalt aller vier Grundstücke.

b) Berechne den Kaufpreis für jedes einzelne Grundstück,
wenn ein Quadratmeter 154 € kostet.

Neuerschließung Nordsiedlung

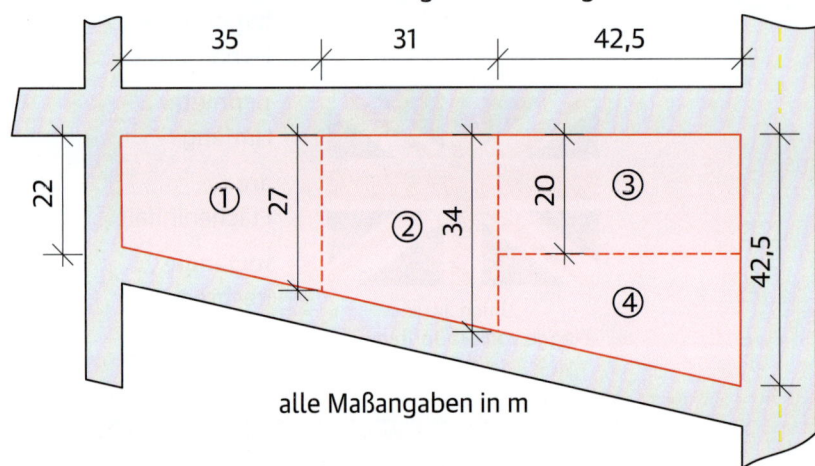

alle Maßangaben in m

- -

528 Der Trinklbauer verkauft einige seiner Grundstücke.

H1
H2
H3
I3

Drei der Grundstücke (1), (2) und (3) sind Baugrundstücke,
auf denen Häuser gebaut werden dürfen.
Pro Quadratmeter kosten sie 183 €.
Das Grünland (4) verkauft der Bauer um 19 € pro Quadratmeter.

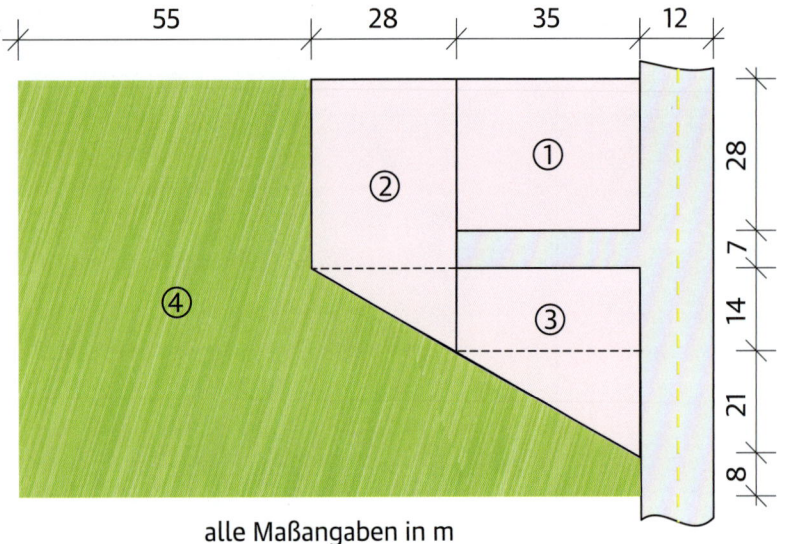

alle Maßangaben in m

a) Berechne jeweils den Preis der Baugrundstücke (1), (2) und (3).

b) Wie viel Geld sind alle vier Grundstücke zusammen wert?

c) Wie viel Mehreinnahmen könnte der Trinklbauer erzielen,
wenn alle Grundstücke Baugrundstücke wären?

Lernziele

⇒ Flächeninhalts-
berechnungen in
Alltagssituationen
durchführen können

⇒ Lagepläne lesen und
interpretieren können

Wissen

Bauland / Grünland

In Österreich darf man
Häuser nicht hinbauen,
wo man will.

Grundstücke, auf denen
gebaut werden darf,
nennt man „Bauland".

Flächen, die nur für Felder
verwendet werden dürfen,
nennt man „Grünland".

Bauland ist meist um
vieles teurer als Grünland.

Flächenwidmung

Die Entscheidung darüber,
welche Grundstücke
Bau- oder Grünland sind,
liegt beim Gemeinderat
oder Stadtrat.

Dieser erstellt den
„Flächenwidmungsplan".

→ Übungsteil, S. 93

529 Finde die Formeln für den Flächeninhalt und den Umfang der abgebildeten Figuren.

a)

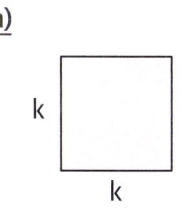

b)

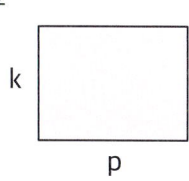

c)

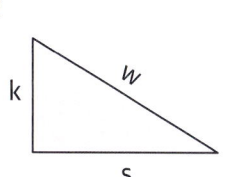

$A = k \cdot k$

$u =$

530 Welche Formel gibt jeweils den Flächeninhalt der abgebildeten Figur an? Kreuze an und begründe.

a)

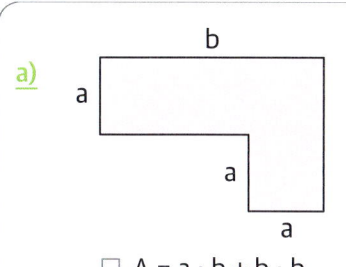

☐ $A = a \cdot b + b \cdot b$

☐ $A = a \cdot b + a \cdot a$

☐ $A = a \cdot b - a \cdot a$

b)

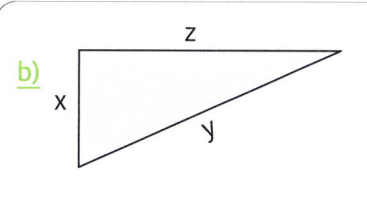

☐ $A = \frac{x \cdot z}{2}$

☐ $A = \frac{x \cdot y}{2}$

☐ $A = x \cdot y \cdot z$

c)

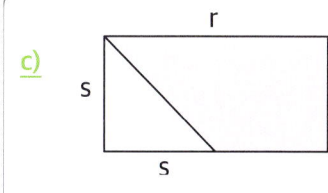

☐ $A = s + r - \frac{s \cdot s}{2}$

☐ $A = s \cdot s + r \cdot s$

☐ $A = s \cdot r - \frac{s \cdot s}{2}$

d)

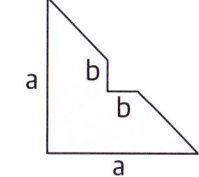

☐ $A = \frac{a \cdot a}{2} - \frac{b \cdot b}{2}$

☐ $A = \frac{a \cdot b}{2}$

☐ $A = \frac{b \cdot b}{2} - \frac{a \cdot a}{2}$

531 Finde die Formeln für den Flächeninhalt der abgebildeten Figuren. Vergleiche deine Ergebnisse mit anderen.

a)

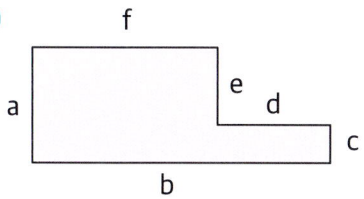

b)

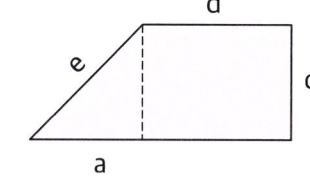

→ Übungsteil, S. 94

→ Cyber Homework 20

Lernziel

⇒ Variablen und Formeln zum Ausdrücken geometrischer Zusammenhänge verwenden können

Wissen

Formeln finden

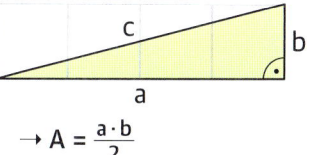

$\rightarrow A = \frac{a \cdot b}{2}$

Eine **mathematische Formel** stellt einen Zusammenhang zwischen mathematischen Größen dar.

Sie verwendet die **Form einer Gleichung** und ist gegenüber der Textform meistens kürzer und eindeutiger.

Formeln helfen uns, Sachverhalte in die **Sprache der Mathematik** zu übersetzen.

Sie bestehen meist aus **Zahlen, Rechenzeichen** und **Variablen**.

Checkpoint

Löse die Aufgaben und kontrolliere deine Ergebnisse (Lösungen ab Seite 167).
Kreuze an, was du noch üben möchtest.

Rechtwinkeliges Dreieck

532 Gegeben ist ein rechtwinkeliges Dreieck KLM mit k = 5,5 cm und l = 3 cm.
H1
H2 **Die Seiten k und l schließen einen rechten Winkel ein.**
I3

   a) Konstruiere das Dreieck.

   b) Berechne den Flächeninhalt des Dreiecks.

   c) Bestimme den Umfang des Dreiecks.
      Hinweis: Miss dafür die dritte Seite m ab (gerundet auf mm)!

   d) Kreuze an: Wie nennt man die Seite m dieses Dreiecks?

       ☐ Kathete   ☐ Hypotenuse   ☐ Tangente   ☐
                                                                     ↻ J1

533 Gegeben ist ein rechtwinkeliges Dreieck mit den Katheten m und n   ☐
H1
I2 sowie der Hypotenuse o.   ↻ J1
I3

   Gib eine Berechnungsformel für den Flächeninhalt dieses Dreiecks an.   ↻ J6

Zusammengesetzte Figuren

534 **Berechne den Flächeninhalt**
H2 **der Figur rechts (a = 2 cm).**
I3

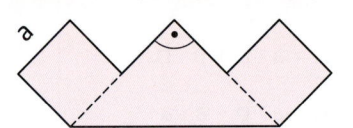

                                                       ☐ ↻ J2

535 Berechne den Flächeninhalt der Figur rechts.
H2
I3 Die Maßangaben sind in mm angegeben.

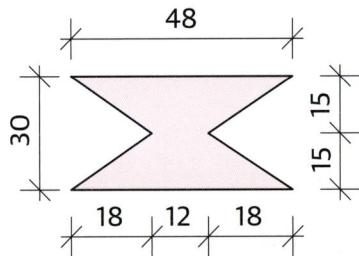

                                               ☐ ↻ J2
                                                 ↻ J3

Besondere Vierecke — Anwendung

536 **Die Gerstenbäuerin verkauft eines ihrer Felder.**
H1
H2 *Hinweis: Die Zahlen in der Skizze rechts sind in Metern angegeben!*
H3
I3

   a) Zeichne einen Plan im Maßstab 1 : 500.

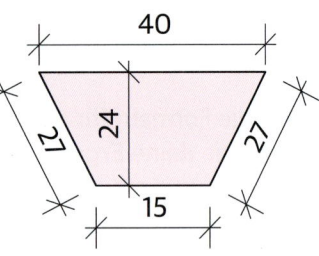

   b) Berechne den Umfang des Feldes.

   c) Kreuze an: Welche besondere Form eines Vierecks hat das Feld?

      ☐ Parallelogramm ☐ gleichschenkeliges Trapez ☐ Deltoid

   d) Berechne den Flächeninhalt des Feldes.

   e) Berechne den Verkaufspreis des Feldes,
      wenn ein Quadratmeter Grünland derzeit 23,90 € kostet.   ☐
                                                          ↻ J3

   f) 300 m² des Feldes wurden in Bauland (1 m² kostet 206 €) umgewidmet. ↻ J4
      Wie hoch ist der Verkaufspreis des gesamten Feldes nun?   ↻ J5

K Prozent und Promille
Prozentzahlen, einfache Prozentrechnung

537 Schaut euch den Comic
mit Silvija und ihrem Vater an.
Dann löst die Aufgaben.

H1
H3
H4
I1

a) Was meint Silvijas Vater mit seiner Aussage im letzten Bild?

b) Wie viel Prozent sind die Hälfte der Aufgaben?

c) Wie viel Prozent sind alle Aufgaben zusammen?

d) Wo habt ihr das Wort „Prozent" im Alltag schon
   gesehen, gelesen oder gehört?
   Schreibt eure Gedanken dazu auf.

e) Welche Prozentangaben sieht man häufig/selten/gar nicht?
   Schreibt eure Ergebnisse auf und sammelt sie
   gemeinsam in der Klasse.

f) Wie viel Prozent der Aufgaben würdet ihr
   für die nächste Mathematik-Schularbeit üben,
   um aus eurer Sicht gut vorbereitet zu sein?
   Begründet eure Entscheidung.

Warm-up

Zeig, was du bereits kannst.

Bruchzahlen

538 Kürze die Brüche schrittweise bis zu ihrer einfachsten Form.

H2
I1

a) $\frac{28}{42}$

$$\frac{28}{42} \stackrel{(:2)}{=} \frac{14}{21} \stackrel{(:7)}{=} \frac{2}{3}$$

b) $\frac{12}{100}$ c) $\frac{8}{100}$ d) $\frac{30}{105}$ e) $\frac{20}{110}$

539 Erweitere die Brüche auf Hundertstel.

H2
I1

a) $\frac{3}{4}$

$$\frac{3}{4} \stackrel{\cdot 25}{=} \frac{75}{100}$$
$$\cdot 25$$

b) $\frac{1}{4}$ c) $\frac{4}{5}$ d) $\frac{3}{10}$ e) $\frac{9}{20}$

540 Schreibe die Zahlen als Dezimalbrüche an.

H1
I1

$0,4 = \boxed{\frac{4}{10}}$ $0,9 = \boxed{}$ $0,15 = \boxed{}$ $0,69 = \boxed{}$ $0,03 = \boxed{}$

Bruchteile von Mengen berechnen

541 Berechne die Bruchteile der angegebenen Mengen.

H2
I1

a) $\frac{3}{5}$ von 20

$$\frac{3}{5} \text{ von } 20 = \frac{3}{5} \cdot 20 = \frac{3 \cdot 20}{5} = \frac{60}{5} \stackrel{(:5)}{=} 12$$

b) $\frac{4}{10}$ von 250

c) $\frac{2}{3}$ von 36   d) $\frac{12}{100}$ von 600   e) $\frac{3}{4}$ von 52   f) $\frac{15}{100}$ von 200

Direkte Proportionalität

542 Löse die Aufgaben in zwei Schritten mit Hilfe einer Tabelle.

H1
H2
I1

a) Arto kauft vier Bleistifte.
   Er bezahlt 3,60 €.
   Wie viel bezahlt Lea für drei Bleistifte?

b) Bogdan bezahlt 6,60 € für sechs Hefte.
   Wie viel kosten zwei Hefte?

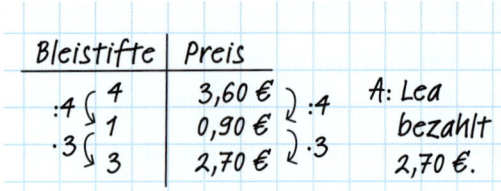

Bleistifte	Preis
4	3,60 €
1	0,90 €
3	2,70 €

A: Lea bezahlt 2,70 €.

c) Matej kauft zwei Mappen
   und bezahlt dafür 7,20 €.
   Wie viel bezahlt Nikola
   für sieben solcher Mappen?

d) Meike bezahlt 5,55 € für
   drei dicke Schreibblöcke.
   Wie viel kosten fünf solcher Schreibblöcke?

e) Erfinde eine Textaufgabe, die man mit Hilfe von
   direkter Proportionalität berechnen kann, und löse sie.

Prozentzahlen

543 Übe das Prozentzeichen.

H1
I1

Setze die Reihe bis 100 fort und sprich dazu:

„10 Prozent, 20 Prozent, …"

10 %, 20 %, _____

544 Wandle die angegebenen Prozentzahlen in Dezimalbrüche um.

H1
I1

a) 3 % ≙ $\frac{3}{100}$ c) 15 % ≙ _____   e) 70 % ≙ _____

b) 8 % ≙ _____   d) 29 % ≙ _____   f) 50 % ≙ _____

*„Ich habe nur 1% des Stoffs verstanden!",
heißt nichts anderes als
„Ich habe nur 1 Hundertstel
des Stoffs verstanden!"*

545 Wandle die angegebenen Bruchzahlen in Prozentzahlen um.

H1
I1

a) $\frac{2}{100}$ ≙ *2 %*   c) $\frac{35}{100}$ ≙ _____   e) $\frac{10}{100}$ ≙ _____

b) $\frac{9}{100}$ ≙ _____   d) $\frac{64}{100}$ ≙ _____   f) $\frac{40}{100}$ ≙ _____

546 Wandle die angegebenen Prozentzahlen zuerst
in Bruchzahlen und dann in Dezimalzahlen um.

H1
H2
I1

a) 5 % ≙ $\frac{5}{100}$ = *0,05*   d) 99 % ≙ _____ = _____

b) 1 % ≙ _____ = _____   e) 20 % ≙ _____ = _____

c) 75 % ≙ _____ = _____   f) 60 % ≙ _____ = _____

547 Wandle die angegebenen Dezimalzahlen in Prozentzahlen um.

H1
I1

a) 0,31 ≙ *31 %*   c) 0,3 ≙ _____   e) 0,4 ≙ _____

b) 0,15 ≙ _____   d) 0,7 ≙ _____   f) 0,04 ≙ _____

548 Wo verwendet man welche Zahldarstellung?

H1
H3
I1

Setze jeweils die passende Zahldarstellung ein.
Vergleiche deine Lösungen mit anderen.

a) Beim Ausverkauf kostet alles um _____ ($\frac{50}{100}$ / 50 %)
weniger.

b) Der Mensch braucht nur _____ Sekunden (0,1 / 10 %),
um ein Gesicht zu erkennen.

c) Männliche Braunbären sind etwa _____ (0,5 / 50 %)
schwerer als ihre Weibchen.

d) John bekommt 10 Euro Taschengeld pro Woche,
Isabella um _____ (0,2 / 20 %) weniger.

Lernziele

⇒ Bruch- und
Dezimalzahlen
als Prozentzahlen
anschreiben können

⇒ Prozentzahlen richtig
verwenden können

Wissen

**Prozentzahlen
und Hundertstel**

Als Zahlen sind
Prozentzahlen und
Hundertstel äquivalent:

4 % ≙ $\frac{4}{100}$ = 0,04

**Verwendung von
Prozentzahlen**

Prozentzahlen verwendet
man, wenn man ein
Verhältnis angeben will.

Beispiel:
*„Der Pullover kostet
nur mehr 75 %."*
(im Verhältnis zum
ursprünglichen Preis)

Interessant

**Schreibt man
„Prozent" oder „%"?**

In einem Aufsatz schreibt
man das Wort Prozent aus.

Beispiel: *„75 Prozent der
Gäste waren
Kinder."*

Das Prozentzeichen (%)
verwendet man in Tabellen
oder in der Mathematik.

Beispiel:

Erdbeereis	*10 %*
Vanilleeis	*60 %*
Schokoladeneis	*30 %*

→ Übungsteil, S. 96

Prozentrechnen mit Hundertstel

$$1 \text{ Ganzes} = 1 = \frac{100}{100} \triangleq 100\,\%$$

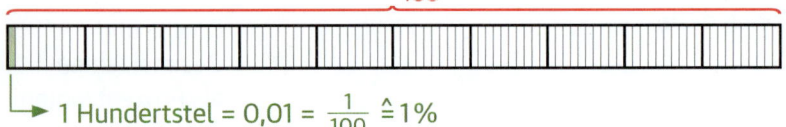

↳ 1 Hundertstel $= 0,01 = \frac{1}{100} \triangleq 1\,\%$

Lernziele

⇒ wissen, dass 100 % einem Ganzen entsprechen

⇒ 1 %-Anteile und Mehrfache davon berechnen können

549 Schreibe die Rechnungen zuerst mit Prozentzahlen auf.
H1 I1 Dann löse die Rechnungen.

a) Ein Hundertstel von 400 $\triangleq$ _1 % von 400_ = _4_

b) Ein Hundertstel von 200 $\triangleq$ _____ = _____

c) Ein Hundertstel von 50 $\triangleq$ _____ = _____

d) Ein Hundertstel von 160 $\triangleq$ _____ = _____

550 Löse die angegebenen Rechnungen.
H2 I1

a) 1 % von 100 = _____

2 % von 100 = _____

b) 1 % von 700 = _____

2 % von 700 = _____

c) 1 % von 40 = _____

2 % von 40 = _____

d) 1 % von 65 = _____

2 % von 65 = _____

Wissen

100 Prozent (= 100 %)

Der Gesamtanteil einer Menge entspricht 100 Prozent (= 100 %).

Beispiel:

100 % von 69 € = <u>69 €</u>

1 Prozent (= 1 %)

1 Prozent (= 1 %) bezeichnet den hundertsten Teil vom Ganzen.

Beispiel:

1 % von 69 € = <u>0,69 €</u>

551 Löse die angegebenen Rechnungen.
H2 I1

a) 3 % von 400 € = _____

b) 2 % von 200 € = _____

c) 4 % von 800 € = _____

d) 2 % von 1 500 € = _____

e) 3 % von 3 000 € = _____

f) 2 % von 3 100 € = _____

g) 2 % von 30 € = _____

h) 3 % von 50 € = _____

i) 4 % von 150 € = _____

Ich rechne so:

1 % von 400 € = 4 €

3 % ... 4 € · 3 = <u>12 €</u>

Interessant

Prozent

Der Begriff stammt aus der **Kaufmannssprache** im Mittelalter.

„Prozent" kommt vom italienischen *„per cento"* und bedeutet nichts anderes als *„pro hundert"*.

552 Peter möchte seine alten Sachen online verkaufen.
H1 H2 H3 I1

Er hat verschiedene Plattformen im Internet gefunden. Rechne aus, wie viel Gebühren er jeweils bezahlen müsste und finde jeweils den günstigsten Anbieter.

Plattform	Gebühren
Web-Sale	2 % vom Verkaufswert
Online-Markt	10 € Fixpreis
You-Shop	3 € + 1 % vom Verkaufswert

a) Snowboard, Preis: 100,- €

b) Fahrrad, Preis: 600,- €

c) Moped, Preis: 800,- €

d) Armbanduhr, Preis: 300,- €

e) Klavier, Preis: 1 400,- €

f) Stereoanlage, Preis: 500,- €

g) Berechne wie viel Peter für alle Artikel aus a) bis f) mindestens an Gebühren bezahlen muss.

→ Übungsteil, S. 97

Prozentrechnen mit Zehntel

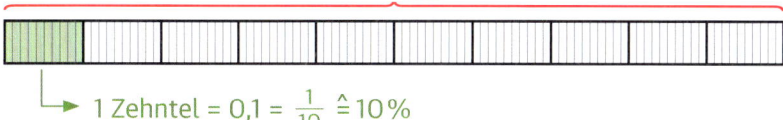

$$1 \text{ Ganzes} = 1 = \frac{100}{100} \,\hat{=}\, 100\,\%$$

$$1 \text{ Zehntel} = 0{,}1 = \frac{1}{10} \,\hat{=}\, 10\,\%$$

553 Schreibe die Rechnungen zuerst mit Prozentzahlen auf.
Dann löse die Rechnungen.

H1
I1

a) Ein Zehntel von 300 $\hat{=}$ _10 % von 300_ = _30_

b) Ein Zehntel von 500 $\hat{=}$ _____ = _____

c) Ein Zehntel von 20 $\hat{=}$ _____ = _____

d) Ein Zehntel von 36 $\hat{=}$ _____ = _____

554 Löse die angegebenen Rechnungen.

H2
I1

a) 10 % von 70 = _____   c) 10 % von 200 = _____

 20 % von 70 = _____   20 % von 200 = _____

b) 10 % von 40 = _____   d) 10 % von 3 = _____

 20 % von 40 = _____   20 % von 3 = _____

555 Löse die angegebenen Rechnungen.

H2
I1

a) 50 % von 300 € = _____

b) 50 % von 120 € = _____

c) 50 % von 800 € = _____

> 50 % von etwas sind einfach die Hälfte!

d) 20 % von 10 € = _____   f) 50 % von 7 € = _____

e) 40 % von 20 € = _____   g) 30 % von 5 € = _____

556 Lolas Kleidergeschäft hat Abverkauf.
Berechne die neuen Preise.

H2
H3
I1

25 €

alle T-Shirts
minus 10 %

69 €

alle Pullover
minus 20 %

> Erst rechne ich aus, wie viel 20 % von 69 € sind!
> Dann ziehe ich den Betrag von den 69 € ab!

54 €

alle Hosen
minus 30 %

4,⁵⁰ €

alle Socken
minus 50 %

Lernziele

⇒ wissen, dass 10 % einem Zehntel entsprechen

⇒ prozentuelle Anteile im Alltag berechnen können

Wissen

10 Prozent (= 10 %)

bezeichnen den zehnten Teil vom Ganzen.

Beispiele:

10 % von 80 kg = 80 : 10 = <u>8 kg</u>

10 % von 75,2 m = 75,2 : 10 = <u>7,52 m</u>

Interessant

Sommerschlussverkauf

Achtung bei der Werbung von Bekleidungsgeschäften!

– „Bis zu 70 % Rabatt" heißt, dass oft nur einzelne Produkte stark vergünstigt sind, der Rest wird zum normalen Preis angeboten.

– Bei der Erstellung der Angebote wird meist von überhöhten Preisen ausgegangen.

→ Übungsteil, S. 98

→ Cyber Homework 21

Spiel: Prozent-Glücksrad

557 SPIEL

H2 I1

Prozent-Glücksrad

Spielvorbereitung:

2 bis 4 Kinder
Notizzettel, Büroklammer und Bleistift

Spielziel:

Wer nach fünf Runden das meiste Geld hat,
hat gewonnen.

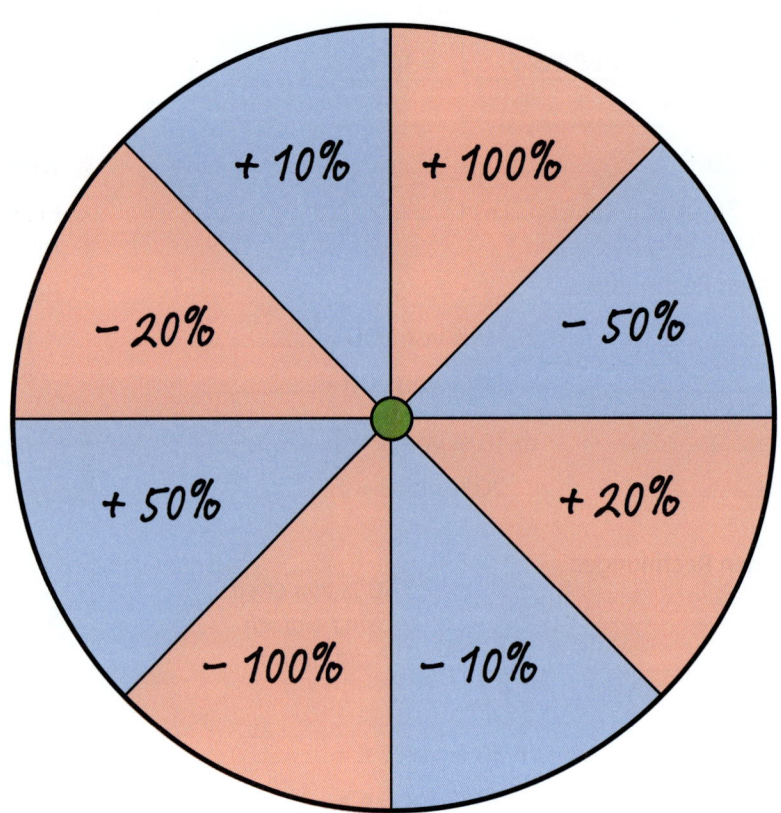

Spielbeginn:
Jedes Kind dreht zuerst einmal am Rad.
rotes Feld: Startguthaben = 400 €
blaues Feld: Startguthaben = 300 €

weiterer Spielablauf (pro Runde, ein Kind nach dem anderen):
Drehe das Rad, wenn du an der Reihe bist.
Führe dann die angezeigte Operation
mit deinem Guthaben aus.

Beispiele:
Guthaben 300 €, Rad: + 50 %
50 % von 300 € = 150 €
300 € + 150 € = 450 €
→ Dein neues Guthaben beträgt 450 €.

Guthaben 450 €, Rad: − 10 %
10 % von 450 € = 45 €
450 € − 45 € = 405 €
→ Dein neues Guthaben beträgt 405 €.

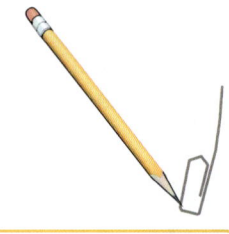

*Verwende eine Büroklammer
als Zeiger für das Glücksrad!*

*Fixiere den Mittelpunkt
mit einem Bleistift!*

Prozentanteile berechnen

558 Berechne die gesuchten Prozentanteile,
indem du zuerst jeweils den Wert von 1% berechnest.
Tipp: Zeichne Balkenmodelle als Skizzen, wenn es dir hilft!

a) 30% von 2 400

b) 20% von 2 400

c) 15% von 4 800

d) 42% von 650

e) 95% von 310

f) 67% von 97 000

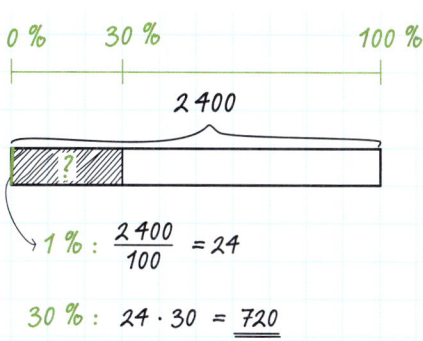

$$1\% : \frac{2\,400}{100} = 24$$

$$30\% : \quad 24 \cdot 30 = \underline{720}$$

Ich zeichne den 100-%-Balken immer 5 cm lang. Dann entspricht ein Kästchen genau 10%!

559 Berechne die gesuchten Prozentanteile.

a) 8% von 700

b) 25% von 300

c) 42% von 600

d) 15% von 40

e) 68% von 130

f) 39% von 510

g) 6% von 8,5

h) 54% von 13,4

i) 15% von 0,8

560 Berechne die gesuchten Prozentanteile.

a) 3,5% von 64

b) 0,9% von 18

c) 1,5% von 74

d) 0,32% von 657

e) 0,04% von 89,2

f) 2,7% von 41,5

g) 0,66% von 0,95

h) 9,2% von 4,05

i) 3,8% von 0,0287

561 Schulsprecher/innen-Wahl

Die Tabelle zeigt die Ergebnisse der diesjährigen
Schulsprecher/innen-Wahl in Prozent.
Insgesamt haben 250 Kinder abgestimmt.
Rechne jeweils aus, wie viele Stimmen
jede Kandidatin bzw. jeder Kandidat bekommen hat.

	Kandidat/in	Klasse	Stimmen
a)	Lara Schuster	4a	6%
b)	Lukas Kucera	3b	14%
c)	Serena Bäumler	3c	12%
d)	Ivan Meyer	4b	4%
e)	Terezia Novak	3a	28%
f)	Martin Pfister	4c	2%
g)	Ursula Greindl	3a	10%
h)	Rudi Freudentaler	3b	24%
i)	Ira Zoff	4c	0%

Lernziele

⇒ die Begriffe „Grundwert" und „Prozentanteil" kennen

⇒ Prozentanteile berechnen können

Wissen

Grundwert und Prozentanteil

Als **Grundwert** bezeichnet man das Ganze. Der Grundwert entspricht immer 100%.

Der **Prozentanteil** bezeichnet einen Teil des Grundwertes. Er kann weniger, aber auch mehr als 100% betragen.

Beispiel:

In eine Klasse gehen 25 Kinder.
Davon sind 40% Mädchen.
Wie viele Mädchen gehen in diese Klasse?

→ Grundwert = 25
→ Prozent davon Mädchen = 40%
→ Prozentanteil der Mädchen = 10

Tipp

Balkenmodelle als Hilfe für die Prozentrechnung

0%   100%

Über dem Balken, der die Werte der Aufgabe darstellt, zeichnest du einfach eine Prozentskala ein.

→ Übungsteil, S. 99

Grundwerte berechnen

562
H1
H2
I1
Berechne die gesuchten Grundwerte, indem du zuerst jeweils den Wert von 1% berechnest.

Tipp: Zeichne Balkenmodelle als Skizzen, wenn es dir hilft!

<u>a</u>) 65% entsprechen 221

<u>b</u>) 20% entsprechen 460

<u>c</u>) 12% entsprechen 360

<u>d</u>) 85% entsprechen 170

<u>e</u>) 56% entsprechen 140

f) 32% entsprechen 384

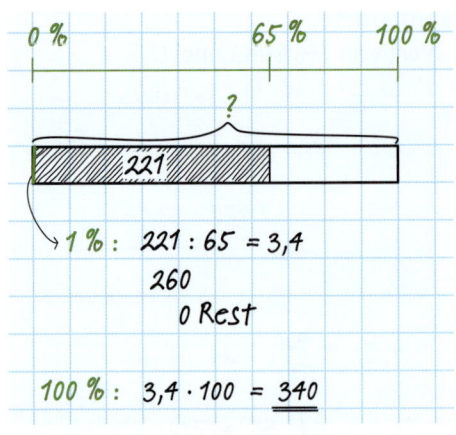

563
H2
I1
Berechne die Grundwerte zu den angegebenen Prozentanteilen.

a) 5% entsprechen 40

b) 20% entsprechen 60

c) 15% entsprechen 90

d) 35% entsprechen 210

e) 84% entsprechen 126

f) 47% entsprechen 18,8

564
H2
H3
I1
Achtung Läuse!

Eine Schulärztin fährt von Schule zu Schule und untersucht die Kinder auf Kopfläuse.

In ihrer Liste findet sich:
- die Anzahl der betroffenen Kinder pro Schule
- der Prozentanteil (= Anteil) der Kinder mit Kopfläusen an der jeweiligen Schule

	Schule	betroffene Kinder	Anteil
<u>a</u>)	Binderschule	9	6%
<u>b</u>)	Marktschule	54	30%
<u>c</u>)	Wannschule	2	0,5%
<u>d</u>)	Ostschule	35	7%
<u>e</u>)	Südschule	42	25%

Berechne, wie viele Kinder in die angegebenen Schulen jeweils gehen.

565
H1
H2
I1
Super Angebot:

minus 25% — Laus-Shampoo jetzt nur 12,90 €!

a) Berechne den ursprünglichen Preis des Laus-Shampoos.

b) Wie viel Euro spart man sich jetzt?

566
H2
H3
I1
Super-Angebot:

minus 80% — robuste Winterjacke jetzt nur noch 70 €!

Berechne den ursprünglichen Preis der Winterjacke. Was fällt dir auf?

Lernziele

⇒ Prozentanteile mit Balkenmodellen darstellen können

⇒ Grundwerte berechnen können

Wissen

Berechnung des Grundwerts

Am einfachsten ist es, zuerst den Wert von 1% zu berechnen.

Der Grundwert ist dann das Hundertfache von 1%, da er ja 100% entspricht.

Interessant

Läuse

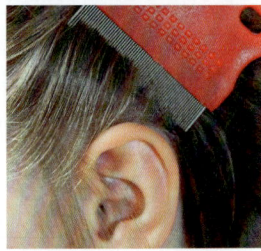

Kopfläuse sind zwar harmlos, aber sehr unangenehm.

Läuse bekommt man **nicht**, weil man seine Haare zu selten wäscht!

Läuse mögen nämlich saubere Köpfe genauso gern wie schmutzige!

Ist man befallen, muss man seine Haare mit speziellem Shampoo waschen und die Bettwäsche regelmäßig wechseln.

→ Übungsteil, S. 100

English Corner

567 Have a look at the promotional sign of Toni's Warehouse.
Calculate the new prices.

H2
H3
I1

BIG SALE at Toni´s Warehouse!
Up to **70 % OFF** the original price!

	Product	original price	discount	new price
a)	Pecko Jeans	$ 69.90	50 % OFF	
b)	Kugo Jeans	$ 99.00	30 % OFF	
c)	Leather Jacket	$ 349.90	70 % OFF	
d)	Panama Hat	$ 89.90	40 % OFF	
e)	T-Shirt Men	$ 24.90	10 % OFF	
f)	T-Shirt Women	$ 29.90	25 % OFF	
g)	T-Shirt Kids	$ 9.90	5 % OFF	
h)	Sweat Shirt	$ 46.90	60 % OFF	

568 Calculate the final sale prices.

H2
H3
I1

FINAL SALE at Sharim´s Carpet Market!
EXTRA 50 % OFF the reduced prices!

a) Carpet (27 inches x 35 inches)
   original price: £ 680.00
   discount: 30 %
   final sale: another 50 % off!

b) Carpet (40 inches x 36 inches)
   original price: £ 990.00
   discount: 70 %
   final sale: another 50 % off!

Wörterbuch

have a look ...
ansehen

promotional sign ...
Werbeschild

warehouse ...
Warenlager

calculate ...
berechnen

big sale ...
großer Abverkauf

up to ...
bis zu

off ...
weniger

original ...
ursprünglich

discount ...
Rabatt

final sale ...
Schlussverkauf

carpet ...
Teppich

reduced price ...
ermäßigter Preis

Technik-Labor

569 Berechne die gesuchten Prozentanteile
mit einem Taschenrechner.

H2
I2

a) 10 % von 270 = _____

b) 17 % von 93,5 = _____

c) 6,5 % von 4,7 = _____

d) 99 % von 32 = _____

e) 25 % von 72,9 = _____

f) 13 % von 6 955,2 = _____

g) 0,07 % von 18 266 = _____

h) 85,6 % von 306,52 = _____

Wenn dein Taschenrechner keine %-Taste hat, rechne einfach

stattdessen!

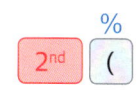

Prozentfunktion
beim TI-30

Anwendung – Industrie

570
H2
I1
Eine Spritzgussmaschine fertigt pro Woche
Gehäuse für 6 200 Computermäuse.

Davon sind 50 % schwarz, 30 % weiß,
15 % rot und der Rest grün.
Berechne die gefertigten Stückzahlen
für jede Farbe.

571
H2
I1
Die Firma Tooth-Brush Inc. hat einen Auftrag für
die Produktion von 270 000 Zahnbürsten erhalten.

30 % des Auftrags fertigt die Firma in ihrer Zentrale in Irland,
25 % in ihrer Fabrik in Spanien und den Rest in der Slowakei an.
Berechne, wie viele Stück in jedem Land gefertigt werden.

572
H2
H3
I1
Die Firma Zahnbecher & Co. hat
fünf Maschinen, die Kunststoffbecher
in verschiedenen Formen
und Größen herstellen.

Berechne, wie viel Stück Ausschuss
jede Maschine pro Tag erzeugt.

	a)	b)	c)	d)	e)
produzierte Becher pro Tag	6 000	7 000	8 200	4 950	12 000
davon Ausschuss	8 %	4 %	15 %	6 %	3,5 %

573
H1
H2
I1
Für eine neue Automarke wurden in einer Fabrik
in den letzten Monaten 120 000 Scheinwerfer gefertigt.
1,5 % der produzierten Scheinwerfer waren Ausschuss.

a) Wie viel Prozent der Scheinwerfer
   waren in Ordnung?

b) Berechne die Stückzahl der
   kaputten Scheinwerfer.

c) Ändere die Angabe so um,
   dass weniger als 1 000 Scheinwerfer
   Ausschuss sind.

Scheinwerfer eines Autos

574
H1
H2
I1
Letzte Woche waren 822 produzierte Filzschreiber Ausschuss.
Das entsprach 3 % der Produktion.

a) Wie viele Stück Filzschreiber wurden insgesamt produziert?

b) Wie viele Stück der Filzschreiber waren in Ordnung?

575
H1
H2
I1
Finde jeweils eine Angabe zu den angegebenen Antworten.
Dann löse die Aufgabe in deinem Heft.

a) „Jeden Tag werden 4 000 Stück produziert."

b) „Es wurden insgesamt 40 000 Schrauben produziert."

Lernziel

⇒ Prozentrechnung
in Sachsituationen
anwenden können

Wissen

Ausschuss

Als Ausschuss
bezeichnet man
fehlerhaft produzierte
Ware, die weggeworfen
werden muss.

Natürlich versucht man,
den Ausschuss möglichst
gering zu halten!
Meist liegt er unter 1 %!

Interessant

**Beruf:
Produktionstechniker/in**

Viele Dinge unseres
täglichen Gebrauchs
werden heute maschinell
gefertigt.

Fabriken haben meist viele
Maschinen. Hier braucht
es Leute, die planen, wer
wann auf welcher
Maschine arbeitet.

Diese Arbeit machen
Produktionstechniker/in-
nen. Sie überwachen auch
die Qualität (Ausschuss)
und programmieren
Maschinen neu, wenn
sich Produkte ändern.

→ Übungsteil, S. 101

K7 Promille

576 Übe das Promillezeichen.

H1
I1

Setze die Reihe bis 100 fort und sprich dazu:

„10 Promille, 20 Promille, …"

10 ‰, 20 ‰,

577 Wandle die Promillezahlen zuerst
in Dezimalbrüche mit dem Nenner 1 000 um.
Dann schreibe die Zahlen als Dezimalzahlen an.

H1
I1

a) $4‰ \stackrel{\wedge}{=} \frac{4}{1000} = 0{,}004$

b) $3‰ \stackrel{\wedge}{=} \underline{\quad} = \underline{\quad}$

c) $1‰ \stackrel{\wedge}{=} \underline{\quad} = \underline{\quad}$

d) $10‰ \stackrel{\wedge}{=} \underline{\quad} = \underline{\quad}$

e) $15‰ \stackrel{\wedge}{=} \underline{\quad} = \underline{\quad}$

f) $0{,}5‰ \stackrel{\wedge}{=} \underline{\quad} = \underline{\quad}$

578 Löse die angegebenen Rechnungen.

H2
I1

a) $1‰$ von $1\,000 = \underline{\quad}$

$\,2‰$ von $1\,000 = \underline{\quad}$

b) $1‰$ von $6\,000 = \underline{\quad}$

$\,4‰$ von $6\,000 = \underline{\quad}$

c) $1‰$ von $4\,000 = \underline{\quad}$

$\,3‰$ von $4\,000 = \underline{\quad}$

d) $1‰$ von $500 = \underline{\quad}$

$\,2‰$ von $500 = \underline{\quad}$

579 Berechne die gesuchten Promilleanteile,
indem du zuerst jeweils den Wert von 1‰ berechnest.

H2
I1

a) 12‰ von 14 250

b) 15‰ von 22 710

c) 9‰ von 65 000

d) 415‰ von 3 620

e) 293‰ von 800

f) 1,5‰ von 4 290

g) 3,2‰ von 82 400

h) 0,2‰ von 710

1‰ : 14 250 : 1 000 = 14,25

12‰ : 14,25 · 12
       14 25
        2 850
       171,00

12‰ von 14 250 = 171

580 Wandle die angegebenen Promillezahlen
zuerst in Prozentzahlen und dann in Dezimalzahlen um.

H1
I1
I2

a) $6‰ = 0{,}6\% \stackrel{\wedge}{=} 0{,}006$

b) $8‰ = \underline{\quad} \stackrel{\wedge}{=} \underline{\quad}$

c) $1‰ = \underline{\quad} \stackrel{\wedge}{=} \underline{\quad}$

d) $25‰ = \underline{\quad} \stackrel{\wedge}{=} \underline{\quad}$

e) $95‰ = \underline{\quad} \stackrel{\wedge}{=} \underline{\quad}$

f) $40‰ = \underline{\quad} \stackrel{\wedge}{=} \underline{\quad}$

g) $215‰ = \underline{\quad} \stackrel{\wedge}{=} \underline{\quad}$

h) $805‰ = \underline{\quad} \stackrel{\wedge}{=} \underline{\quad}$

i) $999‰ = \underline{\quad} \stackrel{\wedge}{=} \underline{\quad}$

j) $0{,}3‰ = \underline{\quad} \stackrel{\wedge}{=} \underline{\quad}$

k) $0{,}9‰ = \underline{\quad} \stackrel{\wedge}{=} \underline{\quad}$

l) $1{,}5‰ = \underline{\quad} \stackrel{\wedge}{=} \underline{\quad}$

m) Gib eine Formel an,
wie du von Promille auf Prozent umrechnen kannst.

Lernziele

⇒ Begriff und Bedeutung
von „Promille" kennen

⇒ einfache Aufgaben mit
Promille lösen können

Wissen

Promille

„Promille" kommt vom
italienischen *„pro mille"*
und bedeutet nichts
anderes als *„pro tausend"*.

Als Zahlen sind **Promille
und Tausendstel
äquivalent:**

$2‰ \stackrel{\wedge}{=} \frac{2}{1000} = 0{,}002$

Verwendung

Promille werden oft in
der Chemie und in der
Medizin verwendet,
unter anderem bei
der Angabe des
Alkoholgehalts im Blut.

Tipp

Alkohol im Straßenverkehr

Alkohol schwächt das
Reaktionsvermögen.
Wer betrunken fährt,
gefährdet sich selbst
und andere Menschen
auf der Straße.

In Österreich gilt daher
per Gesetz:

*Höchstens 0,5‰
Alkoholgehalt im Blut,
für Fahranfänger
höchstens 0,1‰ .*

→ Übungsteil, S. 102

→ Cyber Homework 22

Checkpoint

Löse die Aufgaben und kontrolliere deine Ergebnisse (Lösungen ab Seite 167).
Kreuze an, was du noch üben möchtest.

Prozentzahlen

581 Kreuze an: Wie viel Prozent entspricht $\frac{35}{100}$?

H1
I1
☐ 3,5 % ☐ 35 % ☐ 1,35 % ☐ 135 %

☐
↺ K1

582 Schreibe die angegebenen Prozentzahlen als Dezimalzahlen an.

H1
I1
6 % ≙ _____ 25 % ≙ _____ 90 % ≙ _____

☐
↺ K1

Prozentrechnen mit Hundertstel und Zehntel

583 Rechne im Kopf.

H2
I1
1 % von 500 € = _____ 2 % von 300 € = _____ 5 % von 1 000 € = _____

☐
↺ K2

584 Kreuze an: Wie viel sind 10 % von 25?

H2
I1
☐ 2 500 ☐ 250 ☐ 2,5 ☐ 0,25

☐
↺ K3

585 Ein Fahrrad kostet 350 €.
Im Sommerschlussverkauf ist es um 20 % billiger.
Berechne den neuen Preis.

H2
I1

☐
↺ K3

Prozentanteile und Grundwerte berechnen, Anwendung

586 Berechne die gesuchten Prozentanteile,
indem du zuerst jeweils den Wert von 1 % bestimmst.

H2
I1

a) 12 % von 250 b) 35 % von 90 c) 77 % von 490

☐
↺ K4

587 Berechne die gesuchten Grundwerte,
indem du zuerst jeweils den Wert von 1 % bestimmst.

H2
I1

a) 50 % entsprechen 14 c) 43 % entsprechen 129

b) 20 % entsprechen 52 d) 86 % entsprechen 688

☐
↺ K5

588 Eine Firma produziert 15 000 Becher.
Davon sind 63 % rot und der Rest ist blau.

H1
H2
I1

Wie viele blaue Becher wurden produziert?
Rechne und kreuze alle richtigen Ergebnisse an.

☐ 37 % ☐ 63 % ☐ 100 % ☐ 945 ☐ 5 550 ☐ 9 450

☐
↺ K6

Promille

589 Schreibe die angegebenen Promillezahlen als Dezimalzahlen an.

H1
I1
2 ‰ ≙ _____ 15 ‰ ≙ _____ 0,5 ‰ ≙ _____

☐
↺ K7

Statistik
Häufigkeiten und Manipulationsmöglichkeiten

590 Schaut euch den Comic 👥 mit den beiden Gefangenen an. Dann beantwortet die Fragen.

H1
H3
I4

a) Was bewerten die Häftlinge?

b) In welcher Form halten sie die Bewertungen fest? Kreuzt an.
☐ Strichliste ☐ Diagramm ☐ USB-Stick

c) Was sagt das letzte Bild über die Qualität des Essens in diesem Gefängnis aus?

d) Wie lange sitzen die beiden Gefangenen schon in dieser Zelle? Lässt sich diese Frage eindeutig beantworten? Begründet eure Entscheidung.

Warm-up

Zeig, was du bereits kannst.

Bruchzahlen / Dezimalzahlen / Prozentzahlen

591 Schreibe die Bruchzahlen als Dezimalzahlen an.

H1
I1

a) $\frac{3}{10}$ = _0,3_   b) $\frac{9}{10}$ = _____   c) $\frac{12}{100}$ = _____   d) $\frac{56}{100}$ = _____

592 Schreibe die Bruchzahlen als Dezimalzahlen an,

H1
I1

indem du die Divisionen rechnest.

a) $\frac{4}{5}$

$4 : 5 = 0,8$
40
$0\ Rest$

b) $\frac{5}{8}$ c) $\frac{7}{20}$ d) $\frac{3}{4}$ e) $\frac{2}{5}$

593 Wandle die Dezimalzahlen in Prozentzahlen um.

H1
I1

a) $0,84 \triangleq$ _84 %_   b) $0,15 \triangleq$ _____   c) $0,3 \triangleq$ _____   d) $0,02 \triangleq$ _____

Prozentrechnung

594 Berechne die Bruchteile.

H2
I1

a) $\frac{3}{5}$ von 20   b) $\frac{1}{4}$ von 50   c) $\frac{2}{3}$ von 471   d) $\frac{7}{10}$ von 566

595 Berechne die Prozentanteile.

H2
I1

a) 5 % von 60   b) 14 % von 600   c) 56 % von 84   d) 25 % von 905,6

Säulendiagramme

596 Beantworte die Fragen mit Hilfe

H1
H3
I4

des abgebildeten Diagramms.

a) Welche Einrichtung hatte
im März die meisten Besucher?

_____

b) Welche Einrichtung hatte
im März die wenigsten Besucher?

_____

c) Wie viele Leute haben
im März das Museum besucht?

_____

d) Wie viele Leute haben im März das Theater besucht?

_____

e) Erfinde selbst eine Frage zum abgebildeten Diagramm
und beantworte sie.

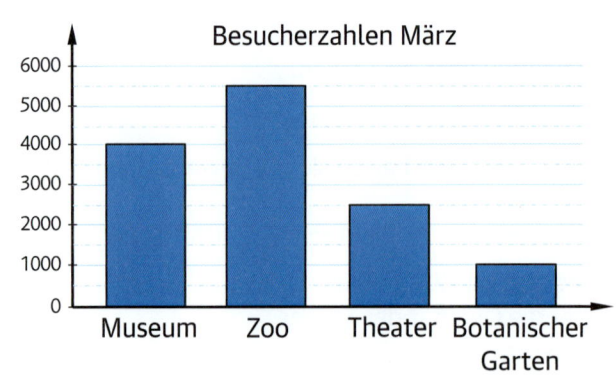

Absolute Häufigkeit und Mittelwert

597 Bestimme, wie oft jede Farbe bei den Plättchen vorkommt.

H1
I4

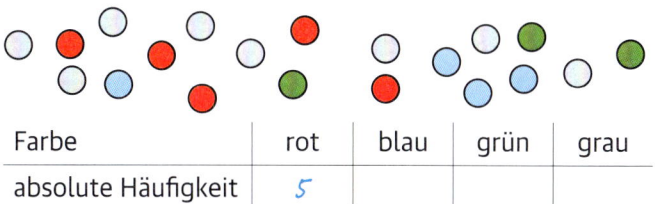

Farbe	rot	blau	grün	grau
absolute Häufigkeit	5			

598 Münzwurf-Experiment

H1
H2
I4

Bei diesem Versuch muss eine Münze
zehnmal geworfen werden.
Es wird mitgezählt, wie oft „Kopf"
und wie oft „Zahl" geworfen wurde.

Wurfergebnisse	Hannes	Sabrina	Anita
Kopf – Strichliste	卌 ‖	卌	‖‖‖
Kopf – absolute Häufigkeit	7		
Zahl – Strichliste	‖‖	卌	卌 |
Zahl – absolute Häufigkeit	3		

<u>a)</u> Bestimme die absoluten Häufigkeiten der Ergebnisse
von Hannes, Sabrina und Anita.

<u>b)</u> Wie oft wurde insgesamt „Kopf" bzw. „Zahl" geworfen?

<u>c)</u> Wie oft haben die Kinder im Durchschnitt „Kopf" geworfen?

<u>d)</u> Wie oft haben die Kinder im Durchschnitt „Zahl" geworfen?

<u>e)</u> FORSCHE WEITER
Führe das Experiment selbst dreimal durch (also 30-mal werfen).
Berechne danach die Mittelwerte für „Kopf" und „Zahl".

599 Die Tabelle zeigt, wie viele Punkte die Kinder
bei einem Computerspiel erreicht haben.

H2
I4

(1) Schätze den Mittelwert für jedes Kind.

(2) Berechne den Mittelwert für jedes Kind.

	Kind	Runde 1	Runde 2	Runde 3	Runde 4
a)	Hanna	530	615	587	570
b)	Moritz	722	705	816	789
c)	Ivan	690	647	683	702
d)	Elke	798	824	721	733
e)	Pete	502	483	615	572
f)	Oskar	603	579	598	632

g) Erfinde eine weitere Stichprobe, bei der man nach vier Runden spielen
einen Mittelwert von 650 erreicht hat.

Lernziele

⇒ den Begriff *„absolute
Häufigkeit"* kennen und
richtig verwenden können

⇒ den Mittelwert
einer Stichprobe
berechnen können

Wissen

Absolute Häufigkeit

Die absolute Häufigkeit
gibt an, wie oft ein
Merkmal in einer
Stichprobe vorkommt.
Es handelt sich also um
eine zählbare Anzahl.

**Mittelwert
(arithmetisches Mittel)**

Den Durchschnitt mehrerer
Zahlen berechnet man mit
dem Mittelwert.

Mittelwert =
Summe der Zahlen :
Anzahl der Zahlen

Beispiel:

Mittelwert von 8 / 9 / 4:

$(8 + 9 + 4) : 3 =$
$\qquad 21 : 3 = \underline{\underline{7}}$

Interessant

Kopf oder Zahl?

Der Münzwurf ist die
einfachste Art, eine
Entscheidung dem Zufall
zu überlassen.

Man verwendet ihn noch
heute zu Beginn eines
Fußballspiels, um
festzulegen, welche
Mannschaft den Anstoß
bekommt.

→ Übungsteil, S. 104

600 Löse die Aufgaben mit Hilfe des abgebildeten Säulendiagramms.

H1
H3
H4
I4

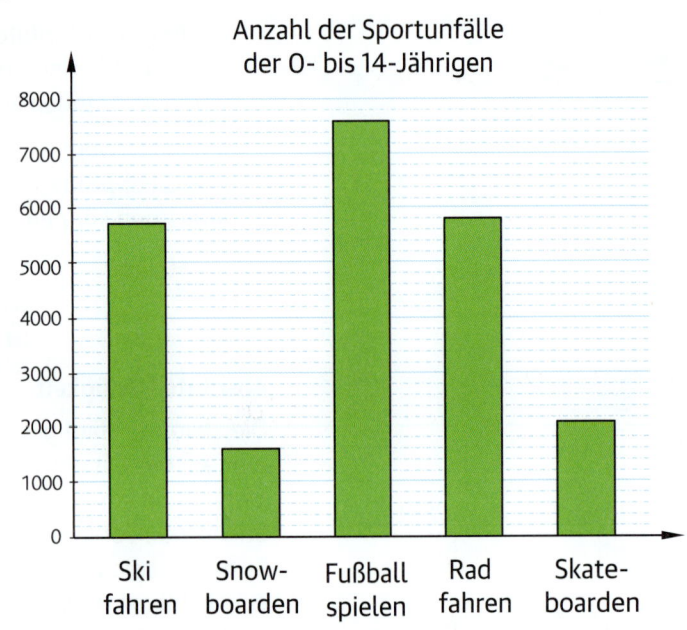

Anzahl der Sportunfälle
der 0- bis 14-Jährigen

Quelle: Kuratorium für Verkehrssicherheit, 2013

a) Schreibe eine Liste, die angibt, wie oft Unfälle bei den jeweiligen Sportarten auftreten (absolute Häufigkeit).

Ski fahren ... 5 700 Unfälle
Snowboarden ...

b) Welche Werte bilden das Maximum bzw. das Minimum des Diagramms?

c) Lies dir die folgenden Aussagen von Philipp und Emma durch und bewerte sie.

„Snowboarden ist viel ungefährlicher als Ski fahren. Das sieht man an dem Diagramm!"

„Das muss nicht sein! Es kann ja auch sein, dass einfach mehr Kinder Ski fahren als snowboarden!"

601 Erstelle Säulendiagramme zu den Freizeit- und Sportunfällen anderer Altersgruppen.

H1
I4

Alter (in Jahren)	Ski fahren	Snow-boarden	Fußball	Rad fahren	Skate-boarden
a) 15–24	5 000	5 300	15 800	2 100	1 500
b) 25–64	26 300	2 900	10 700	10 600	400
c) über 64	3 700	0	100	3 900	0

602 Finde drei Aussagen zu den Diagrammen in den Aufgaben 600 und 601 und schreibe sie in dein Heft.

H3
I4

Wissen

Säulendiagramme
Die Häufigkeit der Merkmale wird mit Säulen dargestellt.

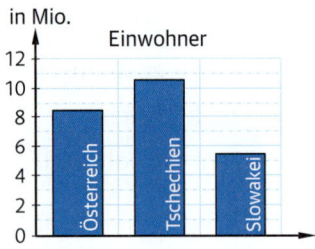

Quelle: Wikipedia

Maximum / Minimum
Den größten Wert einer Datenreihe bezeichnet man als Maximum, den kleinsten als Minimum.

Tipp

Sicherheit geht vor!

Sportverletzungen passieren oft in Sekunden, ihre Folgen hingegen dauern oft Jahre.

Gute Ausrüstung (Helm, richtiges Schuhwerk, ...) und Pausen bei Ermüdung schützen dich!

→ Übungsteil, S. 105

Grafische Manipulationsmöglichkeiten

603 Vergleiche die beiden Diagramme.

H1
H3
H4
I4

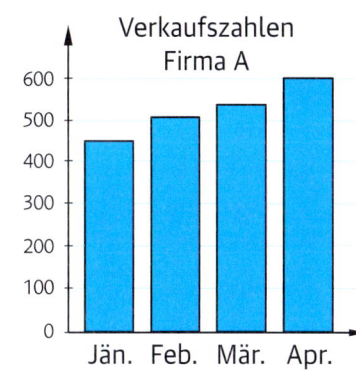
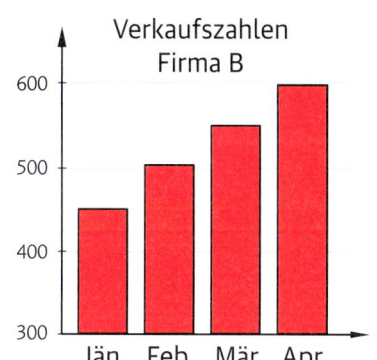

a) Leon sagt:

„Firma B hat im April doppelt so viel verkauft wie im Jänner!"

Wie kommt Leon darauf?
Hat er Recht? Begründe.

b) Warum wirkt das Diagramm von Firma B erfolgreicher?
Besprich deine Überlegungen mit anderen.

604 Vergleiche die beiden Diagramme.

H2
H3
H4
I4

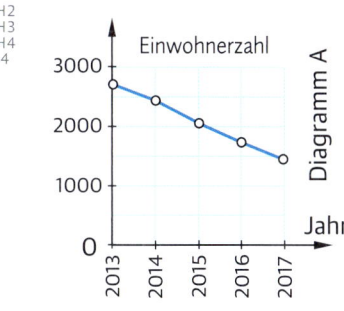

a) Sind die Zahlen in den Diagrammen gleich?

b) Worin unterscheiden sich die Diagramme?
Kreuze an.

☐ Die Einwohnerzahl-Achse beginnt bei verschiedenen Zahlen.
☐ Der Abstand zwischen den Jahreszahlen ist unterschiedlich.

c) Der Bürgermeister möchte bei einer Wahlveranstaltung sagen,
dass die Einwohnerzahlen nur ein wenig gesunken sind.
Welches Diagramm sollte er herzeigen?
Begründe deine Entscheidung.

605 FORSCHE WEITER

H1
I4

Einwohnerzahlen

Finde die Einwohnerzahlen deines Heimatorts in den letzten
10 Jahren heraus und gestalte zwei Diagramme.
Die Entwicklung soll einmal dramatisch und einmal schwach aussehen.
Präsentiere deine Ergebnisse in der Klasse.

Lernziel

⇒ Manipulations-
möglichkeiten in
Diagrammen erkennen
und für die Erstellung
nutzen können

Wissen

Manipulation

Wenn jemand bewusst
Dinge verändert darstellt,
ohne jedoch zu lügen,
nennt man das
„manipulieren".

**Manipulation
von Diagrammen**

Durch Streckung oder
Stauchung der Achsen
erscheinen Diagramme
verschieden.
So kann man starke
Steigungen erzwingen
oder vermeiden, je
nachdem, in welche
Richtung man das
Diagramm manipulieren
will.

Interessant

Statistik Austria

Die Statistik Austria
ist eine Abteilung
der österreichischen
Verwaltung, die
Daten erhebt
(z. B. Einwohnerzahlen, …)
und allen Interessierten
zur Verfügung stellt.

→ Übungsteil, S. 106
→ Cyber Homework 23

English Corner

606 **Look at the bar graph and answer the questions about the pets of Tim's class.**

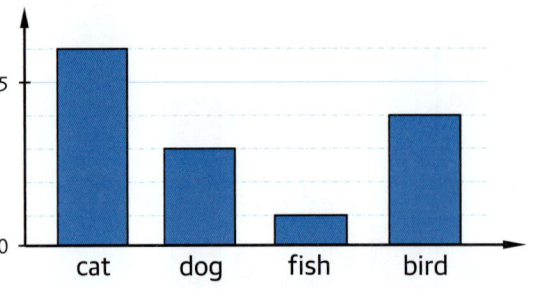

a) How many cats are there? _____

b) How many fish are there? _____

c) How many pets are there in total? _____

607 **Complete the sentences. Use the bar graph above.**

a) There are two more cats than _____.

b) Only one child has a _____ at home.

Wörterbuch

bar graph ...
Säulendiagramm

pets ...
Haustiere

how many ...
wie viele

in total ...
insgesamt

complete ...
vervollständigen

more than ...
mehr als

Technik-Labor

608 **Tabellenkalkulation: Mittelwert**

Das Bild rechts zeigt ein Blatt einer Tabellenkalkulation, bei dem man fünf natürliche Zahlen eingeben kann. Die Summe und der Mittelwert werden automatisch berechnet. Außerdem werden die Zahlen als Säulendiagramm angezeigt.

a) Was zeigt die orange Linie im Diagramm?

b) Wie lautet Zahl 2?
   Wo sieht man sie im Säulendiagramm?
   Kreise die beiden Stellen ein.

c) Ändere eine der fünf Zahlen so, dass der Mittelwert danach 4,2 beträgt.
   Gibt es verschiedene Lösungen?

d) Ändere eine der fünf Zahlen so, dass der Mittelwert danach 3 beträgt.
   Gibt es verschiedene Lösungen?

⇒ Diese Datei und weitere Aufgaben dazu findest du in der e-zone, Klasse 2 – L.

609 Die Kinder der 2c-Klasse haben Elfmeterschießen geübt.

H2
H3
H4
I4

a) Berechne die relative Häufigkeit (auf 2 Kommastellen genau) ihrer Treffer und ihre Trefferquote in Prozent.

Mach Nebenrechnungen ins Heft!

$3 : 5 = 0,6 \; \widehat{=} \; 60\,\%$

30

0 Rest

	Versuche	Treffer absolute Häufigkeit	Treffer relative Häufigkeit	Trefferquote in Prozent
Leon	5	3	0,6	60 %
Anita	7	3		
Tobi	4	2		
Berta	1	1		
Hans	10	6		
Ulli	8	2		
Mascha	8	7		
Bernd	5	0		
Peter	15	10		
Andrea	7	4		
Jakob	9	5		

b) Nächste Woche findet ein wichtiges Spiel gegen eine andere Klasse statt.
Wer sollte antreten, wenn es zu einem Elfmeter kommt?
Begründe deine Wahl.

610 Zwei Schulen haben eine Umfrage gemacht.

H1
H2
H3
H4
I4

Jedes Kind hat angegeben an, welche Sportart(en) es ausübt.

Schule aus Österreich mit 614 Kindern:

Fußball	Schwimmen	Tennis	Basketball	Hockey
205	78	51	16	5

Schule aus den USA mit 922 Kindern:

Fußball	Schwimmen	Tennis	Basketball	Hockey
162	105	74	304	171

a) Berechne die relative Häufigkeit der Sportarten in Prozent.
Stelle die Ergebnisse ebenfalls wieder in zwei Tabellen dar.

b) Finde eine Sportart, die in beiden Schulen ähnlich beliebt ist.
Begründe deine Entscheidung.

611 Bei einer Umfrage haben 225 Leute mit „ja" gestimmt,

H2
I4

das entsprach 30 % der Befragten.

a) Wie viele Leute wurden insgesamt befragt?

b) Beschreibe deinen Rechenweg und vergleiche ihn mit anderen.

Lernziel

⇒ relative Häufigkeiten berechnen und als Dezimalzahlen oder als Prozentzahlen angeben können

Wissen

Relative Häufigkeit

Betrachtet man die absolute Häufigkeit im Verhältnis zur Gesamtanzahl, spricht man von relativer Häufigkeit. Meistens werden relative Häufigkeiten in Prozent angegeben.

Beispiel:

8 Schüsse auf das Tor, davon 4 Treffer.

→ absolute Häufigkeit: 4

→ relative Häufigkeit:
$4 : 8 = 0,5 = \underline{50\,\%}$

Interessant

Fußball – die beliebteste Sportart weltweit

In manchen Ländern ist Fußball eher eine Nebensache, z. B. in den USA, in Kanada, Australien oder Indien.

Trotzdem gilt Fußball weltweit als beliebteste Sportart. Das wird unter anderem auch durch Statistiken zu Zuschauerzahlen belegt.

→ Übungsteil, S. 107

Extra: absolut und relativ

612 Absolute oder relative Häufigkeit?

Kreuzt jeweils an, welche Antwort angemessen ist.
Dann vergleicht eure Ergebnisse mit anderen Gruppen.

a) Familie Bauer möchte Konzertkarten kaufen.
Herr Bauer fragt, ob es noch freie Plätze gibt.

☐ *„Es sind noch 12 Plätze frei."*
☐ *„Es sind noch 3 % der Plätze frei."*

b) In der Seeschule fand eine Umfrage statt,
ob beim Schulfest ein Zauberer oder
besser ein Jongleur auftreten soll.

☐ *„236 Kinder haben für den Zauberer gestimmt."*
☐ *„75 % der Kinder haben für den Zauberer gestimmt."*

c) Die Lehrerin will wissen, wie viele Kinder am Ausflug teilnehmen.

☐ *„19 Kinder fahren mit."*
☐ *„84 % der Kinder fahren mit."*

d) Anna möchte wissen, ob viele neugeborene österreichische Mädchen
im letzten Jahr den Namen Anna bekamen.

☐ *„836 Kinder wurden Anna genannt."*
☐ *„2,6 % aller Mädchen wurden Anna genannt."*

613 Sprachliche Manipulationsmöglichkeiten

Wurden die Zeitungsüberschriften richtig ausformuliert?
Beschreibe, wie absolute und relative Häufigkeiten genutzt werden,
um Sachverhalte dramatischer zu gestalten.

Thema:
Die Bergrettung gibt die Unglückszahlen bekannt.
Letztes Jahr sind zwei Personen verunglückt,
dieses Jahr waren es drei.

Zeitungsüberschrift:
Zahl der Berg-Unglücke um 50 % gestiegen!

Thema:
Eine Firma hat letztes Jahr 5 800 Autos verkauft
und dieses Jahr um 2 % weniger, nämlich 5 684.

Zeitungsüberschrift:
Über 100 Autos weniger verkauft!

Thema:
Aufgrund von Bauarbeiten wird einer der vier
Spielplätze einer Marktgemeinde geschlossen.

Zeitungsüberschrift:
25 % weniger Spielplätze!

614 500 Leute haben Schokoriegel gekostet und
ihren Lieblingsgeschmack angegeben.

H2
H3
I4

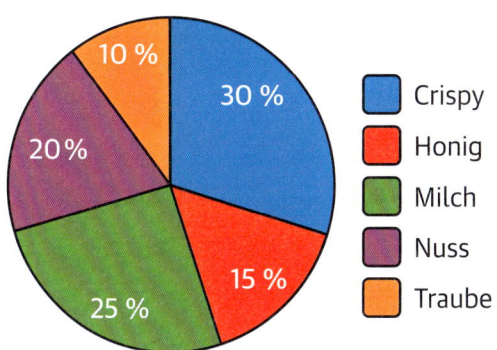

Crispy
Honig
Milch
Nuss
Traube

a) Ordne die Geschmacksrichtungen nach ihrer Beliebtheit.
Schreibe eine Liste.

b) Berechne die absoluten Häufigkeiten für jede Geschmacksrichtung.

615 Hannes hat einige Kinder nach ihrer Lieblings-Eissorte befragt.
Das abgebildete Diagramm zeigt, wie viele Kinder
jeweils für eine Sorte gestimmt haben.

H2
H3
I4

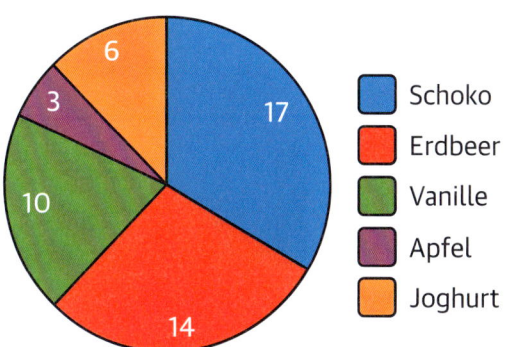

Schoko
Erdbeer
Vanille
Apfel
Joghurt

a) Berechne die relativen Häufigkeiten in Prozent.

b) Beschreibe deinen Lösungsweg.

616 Die Tabelle zeigt die Beliebtheit verschiedener
Geschmacksrichtungen von Mineralwasser.

H1
I4

Natur	Zitrone	Orange	Apfel	Birne
40 %	26 %	18 %	10 %	6 %

Erstelle zur oben abgebildeten Tabelle ein Kreisdiagramm.

617 Die Tabelle zeigt eine Umfrage in der 2a-Klasse
über die beliebtesten Jahreszeiten.

H1
H2
I4

Frühling	Sommer	Herbst	Winter
3	15	2	5

Berechne die relativen Häufigkeiten und
erstelle zur oben abgebildeten Tabelle ein Kreisdiagramm.

Lernziele

⇒ Kreisdiagramme
richtig lesen können

⇒ Kreisdiagramme
erstellen können

Wissen

Kreisdiagramme

Kreisdiagramme eignen
sich besonders zur
Darstellung relativer
Häufigkeiten.

Die Größe des Sektors
zeigt die Größe des
Anteils im Verhältnis
zum Ganzen.

**Kreisdiagramme
erstellen**

Ein voller Kreis hat 360°,
dies entspricht 100 %.
1 % entspricht somit 3,6°.

Beispiel: Sektor für 15 %

1. Winkel berechnen:

15 · 3,6° = 54°

2. Kreis erstellen und
Kreissektor mit 54°
einzeichnen:

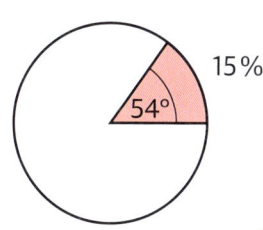

→ Übungsteil, S. 108

→ Cyber Homework 24

Checkpoint

Löse die Aufgaben und kontrolliere deine Ergebnisse (Lösungen ab Seite 167).
Kreuze an, was du noch üben möchtest.

Absolute Häufigkeit, Säulendiagramme, Mittelwert, Maximum, Minimum

618 Vier Kinder spielen Basketball.
H2 **Die abgebildete Liste zeigt ihre erzielten Punkte.**
H3
I4
    Hans: 3   Lisa: 5   Egon: 6   Hanna: 4

Bestimme das Maximum, das Minimum und den Mittelwert der Stichprobe.

↩ L1

619 **Die Tabelle zeigt die Autoverkäufe der Firma Oktra im Mai.**
H1
I4

VW	Audi	Seat	Skoda	Toyota
20	12	18	25	16

Erstelle zur oben abgebildeten Tabelle ein Säulendiagramm.
Zeichne Maximum und Minimum ein.

↩ L2

Grafische Manipulationsmöglichkeiten

620 **Welches der beiden Diagramme wurde manipuliert?**
H1 **Was wurde manipuliert und wie wirkt die Manipulation auf den Betrachter?**
H3
H4
I4

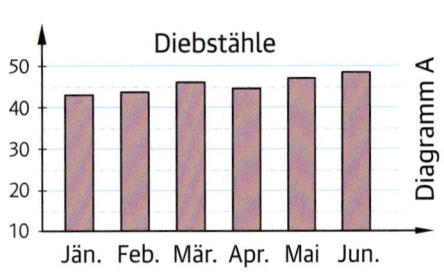 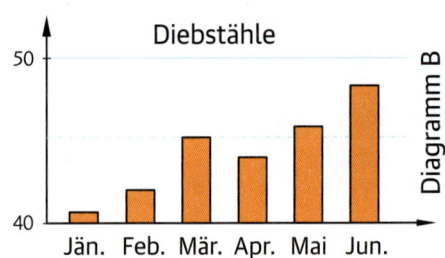

↩ L3

Relative Häufigkeit, Kreisdiagramme

621 **Eduardo hat 20-mal gewürfelt und seine Würfelergebnisse notiert.**
H2
I4

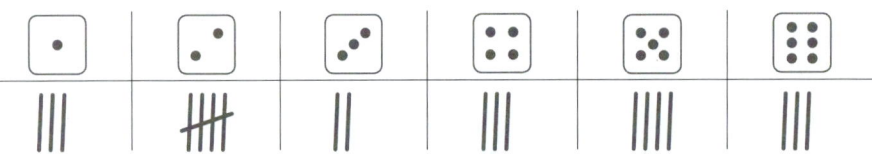

Gib die absoluten und relativen Häufigkeiten für jede Würfelzahl an.
Berechne den Mittelwert von Eduardos Würfen.

↩ L4

622 **Die Tabelle zeigt, wie oft die befragten Menschen Sport betreiben.**
H1
I4

fast täglich	1-mal pro Woche	1- bis 2-mal pro Monat	seltener	nie
16%	23%	10%	17%	34%

Quelle: IMAS International vom 02.04.2013 11:18 (8 000 Befragte)

Erstelle zur oben abgebildeten Tabelle ein Kreisdiagramm.

↩ L5

Prismen
Eigenschaften, Netze und Volumen

623 Schaut euch den Comic
H1 H3 H4 I3   mit Natascha und ihrer Mutter an.
Dann löst die Aufgaben.

a) Fasst den Inhalt dieses Comics
in fünf Sätzen schriftlich zusammen.

b) Warum sagt Nataschas Mutter im letzten Bild „*Oje …*"?

c) Was ist der Mantel eines Quaders?
Beschreibt den Begriff mit eigenen Worten.

d) Was haben der Mantel eines Quaders und
der Mantel als Kleidungsstück gemeinsam?

e) Zeichnet den Mantel eines beliebigen Quaders.

f) FORSCHE WEITER
Haben auch andere geometrische Körper
einen Mantel?
Wenn ja, gebt dafür ein Beispiel an.

Warm-up

Zeig, was du bereits kannst.

Flächen- und Raummaße

624 Wandle in die angegebenen Flächenmaße um.

H2
I1

4 dm² = _____ cm²   6 mm² = _____ cm²   35 m² = _____ dm²

9 cm² = _____ mm²   0,5 dm² = _____ cm²   1,4 mm² = _____ cm²

625 Wandle in die angegebenen Raummaße um.

H2
I1

2 cm³ = _____ mm³   5 000 mm³ = _____ cm³   0,3 m³ = _____ dm³

0,7 cm³ = _____ mm³   68 mm³ = _____ cm³   6,07 m³ = _____ dm³

Flächeninhalt berechnen

626 Berechne die Flächeninhalte der abgebildeten Figuren.

H2
I3

a) Quadrat

b) Rechteck

c) rechtwinkeliges Dreieck

12 cm

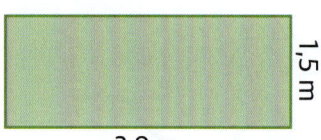

3,9 m

1,5 m

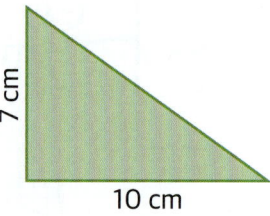

7 cm

10 cm

627 Berechne die Flächeninhalte der abgebildeten Figuren.

H2
I3

Hinweis: Alle Maße sind in Zentimetern angegeben!

a)

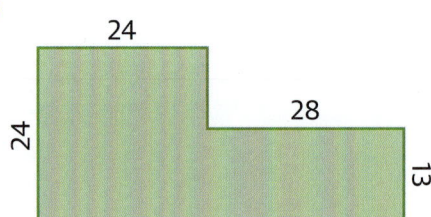

24

24

28

13

b)

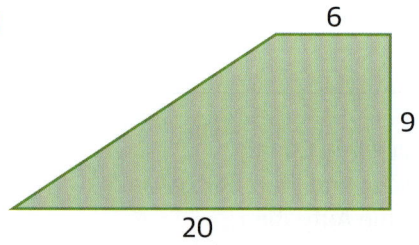

6

9

20

Äquivalenzumformung

628 Berechne jeweils den Wert von x.
Kontrolliere dein Ergebnis mit Hilfe einer Probe.

H2
I2

a) $x + 8 = 22$ c) $3x = 90$ e) $5x = 12,5$

b) $x - 15 = 15$ d) $x : 2 = 17$ f) $x : 8 = 0,25$

629 Berechne jeweils den Wert der Unbekannten.
Kontrolliere dein Ergebnis mit Hilfe einer Probe.

H2
I2

a) $2s + 4 = 16$ c) $5p - 2p - 10 = 32$ e) $3n + n - 4 = 24$

b) $7 + m + m = 31$ d) $z : 0,8 + 5 = 25$ f) $d : 1,2 - 3 = 27$

Eigenschaften

630 **Was ist ein Prisma?**

H1
H4
I3

Lies dir zuerst die Definition im Wissenskasten rechts durch.
Dann kreuze an, ob die unten abgebildeten Körper
Prismen sind oder nicht.
Vergleiche deine Ergebnisse mit anderen.

	A	B	C	D	E	F	G	H
Prisma:	☐	☐	☐	☐	☐	☐	☐	☐
kein Prisma:	☐	☐	☐	☐	☐	☐	☐	☐

A 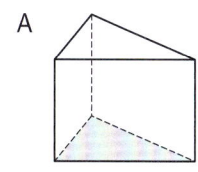 B 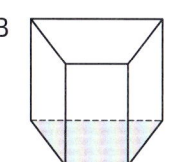 C 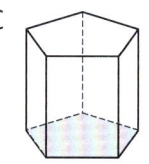 D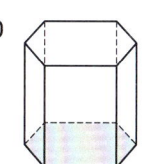

E 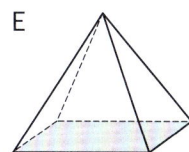 F 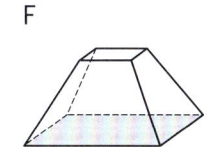 G 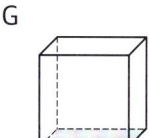 H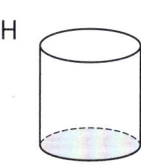

631 Benenne die abgebildeten Prismen.

H1
I3

a)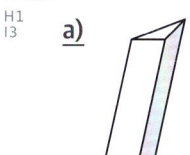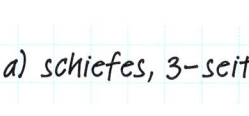
a) schiefes, 3-seitiges Prisma

b)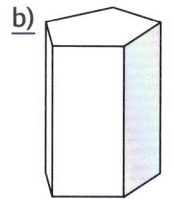

c) 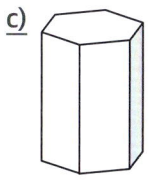 d) 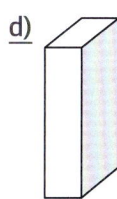 e)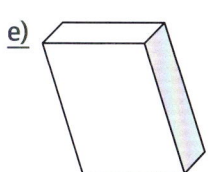

632 **FORSCHE WEITER**

H3
I3

Prismen im Alltag

Finde Beispiele von
Prismen in deiner
Umwelt oder im Internet!

*Nimm Fotos von den
Prismen mit, wenn möglich!*

Yad Vashem
(Holocaust-Gedenkstätte in Israel)

→ Übungsteil, S. 110

Lernziele

⇒ Prismen erkennen und
beschreiben können

⇒ Prismen richtig
benennen können

Wissen

**Prisma
(Mehrzahl: Prismen)**

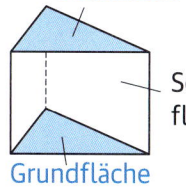

Deckfläche

Seiten-
flächen

Grundfläche

Definition

1) Die Grundfläche muss
ein Vieleck sein.

2) Die Deckfläche ist
kongruent und parallel
zur Grundfläche.

3) Die Seitenkanten sind
gleich lang und parallel
zueinander.

gerade / schief

Stehen die Seitenflächen
normal auf die
Grundfläche, nennt man
das Prisma „gerade".
Ansonsten spricht man von
einem „schiefen Prisma".

Benennung bei Prismen

Der Name eines Prismas
leitet sich von der
Grundfläche ab.

Beispiel:

- gerades, 4-seitiges
Prisma

Körpernetze

633 Welches Netz gehört zu welchem Körper?
Verbinde die richtigen Abbildungen miteinander und benenne die Prismen.

H1
H3
I3

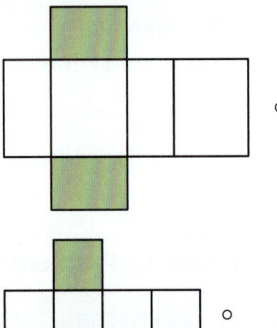
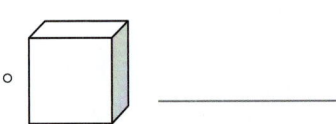

_____

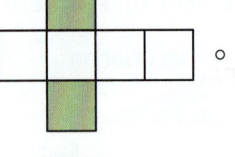

_____

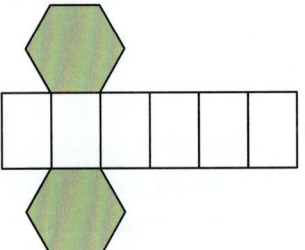
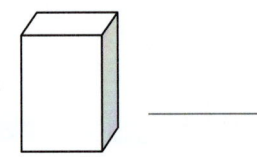

_____

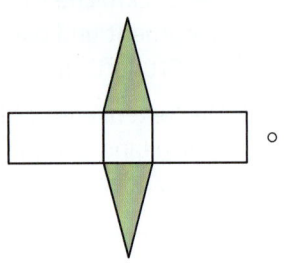

_____

634 Wie viele Flächen haben die angegebenen Prismen?

H1
I3

Tipp: Schau dir die Netze aus der Aufgabe oben an!

a) 4-seitiges Prisma: _____ Seitenflächen (Mantel)

_____ Begrenzungsflächen insgesamt

b) 6-seitiges Prisma: _____ Seitenflächen (Mantel)

_____ Begrenzungsflächen insgesamt

c) n-seitiges Prisma: _____ Seitenflächen (Mantel)

_____ Begrenzungsflächen insgesamt

635 KNOBELAUFGABE

H2
I3

Konstruiere das Netz eines 3-seitigen Prismas!

Die Seiten der Grundfläche sind gegeben:
a = 4 cm, b = 2,5 cm, c = 2,5 cm

Die Höhe des Prismas beträgt 3 cm.

Lernziele

⇒ Netze von Prismen richtig zuordnen können

⇒ die Begriffe „*Mantel*" und „*Höhe*" kennen und verwenden können

Wissen

Körpernetze

Das Netz eines Körpers zeigt seine Oberfläche ausgebreitet.

Mantel und Höhe bei Prismen

Grundfläche und Deckfläche liegen bei Prismen parallel. Dazwischen liegt der Mantel. Die Höhe des Prismas gibt den Normalabstand von der Grund- zur Deckfläche an.

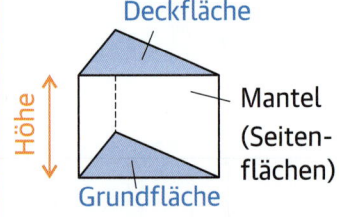

Interessant

Immer ein Rechteck

Der Mantel eines geraden Prismas ist immer ein Rechteck.

Eine Seite des Rechtecks ist so lang wie die Höhe des Prismas, die andere Seite ist so lang wie der Umfang der Grundfläche.

→ Übungsteil, S. 111

→ Cyber Homework 25

Würfel und Quader

636 **Wahr oder falsch?**

H3
I3

Zwei der Aussagen sind wahr.
Kreuze sie an.

☐ Quader sind immer größer als Würfel.
☐ Würfel sind gerade, 6-seitige Prismen.
☐ Würfel sind gerade, 4-seitige Prismen.
☐ Quader sind gerade, 4-seitige Prismen.
☐ Quader sind gerade, 6-seitige Prismen.

637 **Bestimme den Rauminhalt der Bauwerke.**

H1
I3

Jeder Würfel ist genau 1 cm³ groß.

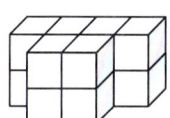 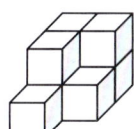 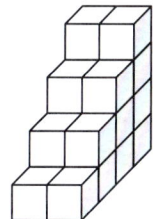

638 **Die Kinder haben das Volumen des Quaders**

H1
H4
I3

auf verschiedene Arten berechnet.
Jeder Würfel ist genau 1 cm³ groß.

a) Ergänze die Rechnungen der Kinder.

b) Erkläre, warum die Ergebnisse gleich sind.

 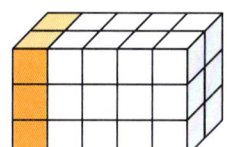

Lisa   Tom   Oleg

$V = 10 \cdot 3$ $V = 6 \cdot$

$V = 30\ cm^3$

639 **Berechne die Oberfläche und**

H2
I3

das Volumen des Quaders rechts.

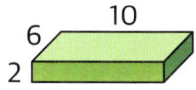

6   10

2   *(Maße in cm)*

640 **Berechne die Oberfläche und das Volumen der angegebenen Würfel.**

H2
I3

a) a = 5 cm   c) a = 35 m   e) a = 0,8 dm   g) a = 128 mm

b) a = 8,3 cm   d) a = 69 mm   f) a = 4,2 m   h) a = 61,9 mm

641 **Berechne die Oberfläche und das Volumen**

H2
I3

der angegebenen Quader.

a) a = 5 cm   b) a = 0,8 cm   c) a = 18 mm   d) a = 12,7 mm
   b = 3 cm   b = 1,2 cm   b = 24 mm   b = 46,3 mm
   c = 2 cm   c = 3 cm   c = 15 mm   c = 29,2 mm

Lernziele

⇒ Würfel und Quader als besondere Prismen verstehen

⇒ Oberfläche und Volumen von Würfel und Quader berechnen können

Wissen

Oberfläche O

Würfel:
6 gleich große Quadrate:
$O = a \cdot a \cdot 6$

Quader:
3 Rechtecks-Paare:
$O = (a \cdot b + a \cdot c + b \cdot c) \cdot 2$

Volumen V

Bei allen Prismen gilt:
$V = G \cdot h$
(Grundfläche mal Höhe)

Beim Würfel bedeutet das:
$V = a \cdot a \cdot a$

Beim Quader bedeutet das:
$V = a \cdot b \cdot c$

Tipp

Achtung bei den Maßen!

Die Oberfläche beschreibt die Flächen eines Körpers, die ihn umgeben.
Sie wird in **Flächenmaßen (m², dm², ...)** angegeben.

Das Volumen hingegen gibt den Raum an, den ein Körper einnimmt, und wird daher **in Raummaßen (m³, dm³, ...)** oder **Hohlmaßen (l, ml, ...)** angegeben.

→ Übungsteil, S. 112

English Corner

642 Match the words with the solid figures.

H1
H3
I3

| triangular prism | | rectangular prism | | cube |

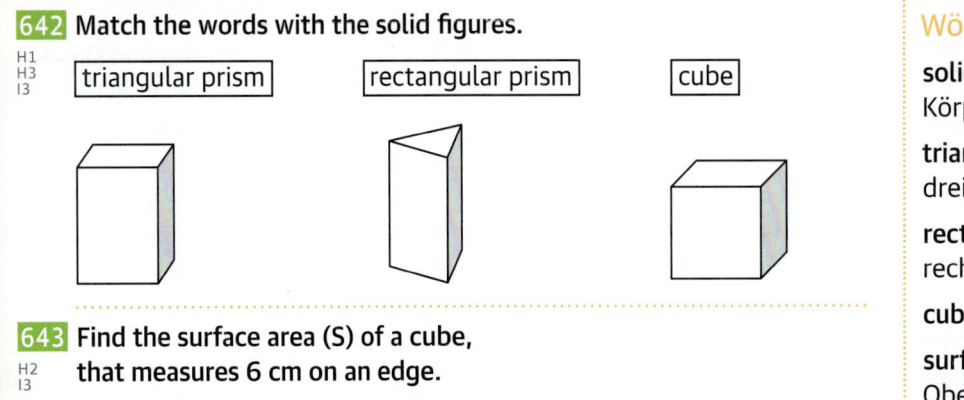

643 Find the surface area (S) of a cube,

H2
I3

that measures 6 cm on an edge.

644 Find the volume (V) of a rectangular prism,

H2
I3

that is 8 cm long, 6 cm wide and 4 cm high.

Wörterbuch

solid figure ... Körper

triangular prism ... dreieckiges Prisma

rectangular prism ... rechteckiges Prisma

cube ... Würfel

surface area ... Oberfläche

measure ... messen

edge ... Kante

Extra: Prisma falten

645 KREATIVAUFGABE

H1
I3

Faltwerkstatt: Quader-Kopf

Zeichne das Netz eines Quaders auf festes Papier (Bastelkarton, ...).
Vergiss dabei die Klebelaschen nicht (siehe Muster).
Eine Seitenfläche kannst du als Gesicht mit Frisur, Hut oder Helm gestalten!

M4 Volumen

646 Berechne jeweils das Volumen der abgebildeten Prismen.
Gib das Ergebnis deiner Rechnung in Litern an.
Hinweis: Alle Maße sind in dm angegeben!

H2
I3

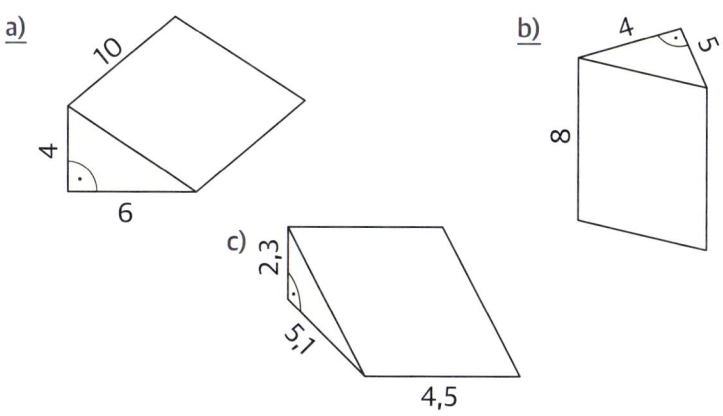

a)
b)
c)

647 Berechne das Volumen der abgebildeten rechteckigen, schiefen Prismen.
Gib das Ergebnis deiner Rechnung in Litern an.
Hinweis: Alle Maße sind in m angegeben!

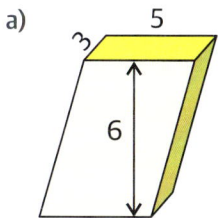
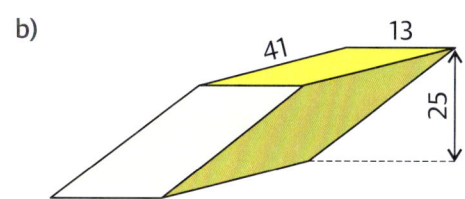

a)
b)

648 Berechne das Volumen der abgebildeten Körper.
Gib das Ergebnis deiner Rechnung in Litern an.
Hinweis: Alle Maße sind in cm angegeben!

H2
I3

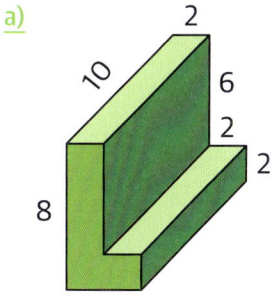

a)

Die Grundfläche dieses Prismas hat die Form eines großen L!

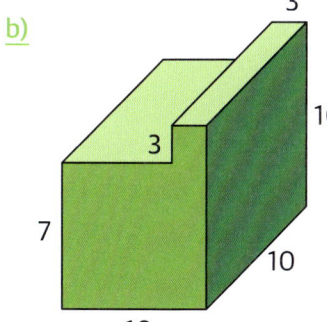
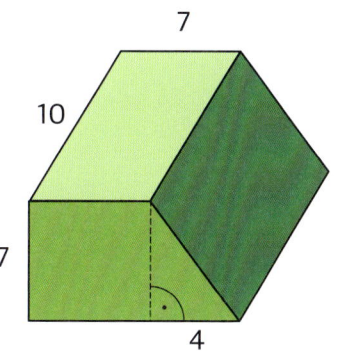

b)
c)

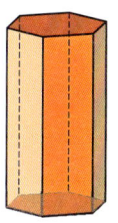
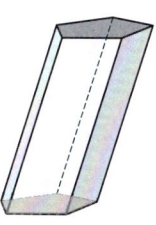

Umkehraufgaben, Formeln

649 Berechne jeweils die Höhe der abgebildeten Prismen.

H2 I3 *Hinweis: Alle Maße sind in cm angegeben!*

a) V = 30 cm³   b) V = 360 cm³   c) V = 441 cm³

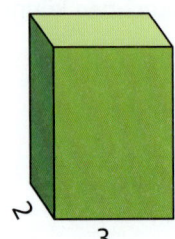 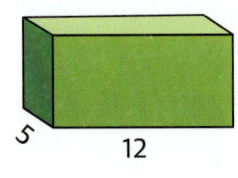 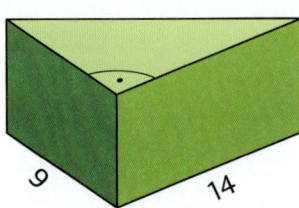

650 Berechne die gesuchten Größen der abgebildeten Prismen.
Beschreibe deinen Lösungsweg.
Dann vergleiche deine Ergebnisse mit anderen.

H2 I3 *Hinweis: Alle Maße sind in dm angegeben!*

a) V = 176 dm³   b) V = 84 l   c) V = 15,444 m³

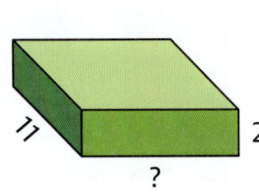 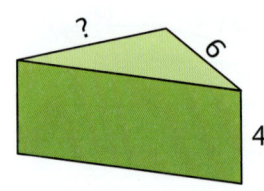 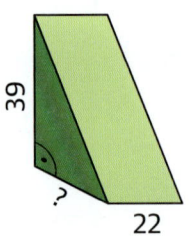

651 Gib jeweils eine Formel zur Berechnung des Volumens an.
Dann benenne die abgebildeten Körper.

H1 I2 I3

a) 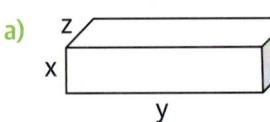   c) 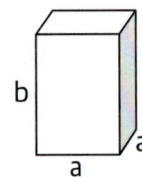   e)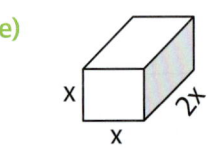

b) 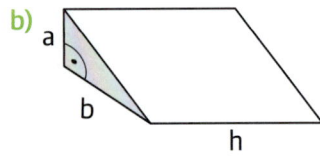   d) 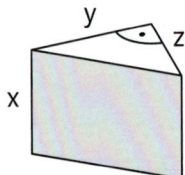   f)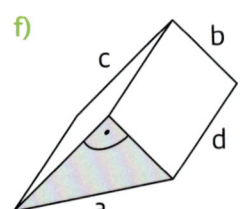

652 KNOBELAUFGABE

H1 I2 I3 **Zu welchem Körper passt diese Formel?**

$V = \frac{a \cdot b}{2} \cdot h$

Beschreibe den Körper, zu dem die Formel passt,
mit mathematischen Fachausdrücken.
Besprich deine Überlegungen mit anderen.

Lernziele

⇒ Längen aus gegebenen
Volumina berechnen
können

⇒ Formeln und Variablen
bei Körpern anwenden
können

Wissen

Umkehraufgaben

Die Formel für das
Volumen kann man durch
Äquivalenzumformung
auch zur Berechnung
der anderen Größen
verwenden:

$V = G \cdot h$

umgeformt:

$G = V : h$

oder:

$h = V : G$

Formeln

Anstatt durch Zahlen,
kann man das Volumen
eines Körpers auch
durch Variablen
ausdrücken.

aus
$V = G \cdot h$
und
$G = a \cdot b$
wird
$V = a \cdot b \cdot h$

→ Übungsteil, S. 114

653 Entlang eines Stausees wird ein Damm gebaut.

H1
H2
I3

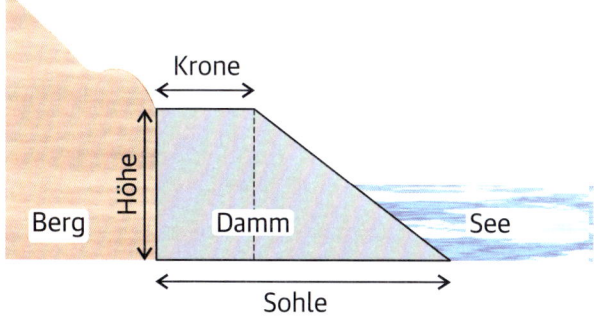

Es werden verschiedene Ausführungen durchgerechnet.
Berechne jeweils die Querschnittsfläche des Dammes und sein Volumen.

	a)	b)	c)	d)	e)
Krone	4 m	8 m	6 m	7 m	10 m
Höhe	7 m	8 m	7 m	7,5 m	8 m
Sohle	10 m	11,5 m	9,2 m	12 m	13,5 m
Länge	500 m	635 m	475 m	1 km	840 m

654 KNOBELAUFGABE

H1
H2
I3

Wie viel Wasser fasst der Kanal?

Ein Kanal hat den Querschnitt eines gleichschenkeligen Trapezes.
Rechne jeweils aus, wie viel Kubikmeter Wasser der Kanal fassen kann.

	a)	b)
Breite b	2 m	3,4 m
Höhe h	1 m	2 m
Sohlbreite a	1 m	2,4 m
Länge des Kanals	100 m	86 m

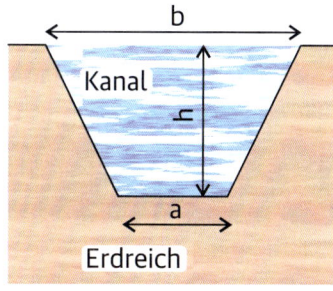

Lernziel

⇒ Flächen- und Volumsberechnungen anwenden können

Wissen

Skizzen

Gerade bei geometrischen Aufgaben helfen oft Skizzen bei der Lösung.

Sie müssen nicht genau sein, jedoch sind saubere Skizzen hilfreicher als schlampige.
Keinesfalls sollten Skizzen zu klein sein!

Interessant

Berufswelt Tiefbau

Beim Tiefbau werden keine Häuser gebaut (= Hochbau), sondern Straßen, Brücken, Kanäle, Dämme und dergleichen.

Architekten planen, wo neue Straßen gebraucht werden und wie sie verlaufen sollen.

Bauingenieure berechnen und planen die Einzelheiten bei der Ausführung.

Tiefbauer führen die Arbeiten aus. Sie arbeiten viel im Freien.

→ Übungsteil, S. 115

→ Cyber Homework 26

Checkpoint

Löse die Aufgaben und kontrolliere deine Ergebnisse (Lösungen ab Seite 167).
Kreuze an, was du noch üben möchtest.

Eigenschaften, Körpernetze

655 Kreuze an, welche der folgenden Aussagen richtig und welche falsch sind.

H3
I3

		richtig	falsch
a)	Ein Würfel ist ein vierseitiges Prisma.	☐	☐
b)	Ein Zylinder ist ein Prisma.	☐	☐
c)	Jedes Prisma hat eine Grundfläche, eine Deckfläche und einen Mantel.	☐	☐
d)	Grund- und Deckfläche eines Prismas müssen nicht gleich groß sein.	☐	☐
e)	Es gibt gerade und schiefe Prismen.	☐	☐

☐
↻ M1

656 Kreuze an: Zu welchem Körper könnte das abgebildete Netz gehören?

H1
I3

☐ Quader
☐ gerades, 7-seitiges Prisma
☐ gerades, 5-seitiges Prisma
☐ Pyramide
☐ schiefes, 6-seitiges Prisma

☐
↻ M2

Würfel und Quader

657 Berechne die Oberfläche und das Volumen eines Würfels mit einer Kantenlänge von 3 cm.

H2
I3

☐
↻ M3

658 Berechne die Oberfläche und das Volumen eines Quaders (a = 3 dm, b = 1 dm, h = 4 dm).

H2
I3

☐
↻ M3

Volumen

659 Berechne das Volumen der abgebildeten Körper.

H2
I3

Gib das Ergebnis deiner Rechnung in Litern an.

Hinweis: Alle Maße sind in m angegeben!

a)

4,3
8
7

b)

14
6
8
10

c)

10
7,5
14
5
12,5

☐
↻ M4

660 Gib jeweils eine Formel zur Berechnung des Volumens an.

H1
I2
I3

Dann benenne die abgebildeten Körper.

a)

g
e
f

b)

t
s
r

c)

z

☐
↻ M5

Lösungen
zu den Checkpoints

Kapitel A

44) a) z. B.: 500 € + 200 € = 700 € b) z. B.: 2 000 € – 1 000 € = 1 000 € c) z. B.:70 € · 6 = 420 €
d) z. B.: 200 € : 5 = 40 € 45) a) 4 030,75 €, Ü: z. B.: 600 + 2 700 + 700 = 4 000 € b) 5 740,45 €,
Ü: z. B.: 7 000 – 1 300 = 5 700 € c) 23 490,48 €, Ü: z. B.: 900 · 30 = 27 000 € d) 12,85 €,
Ü: z. B.: 400 : 40 = 10 € 46) a) 19,7542 b) 4 574,54 c) 127,9467 d) 45,235 e) 216,3
f) 2 842,857143… 47) a) Rechenfehler; 3 672,78 b) Kommafehler; 10,36 48) a) 11,3 b) 93,11 c)
5 d) 740,28 49) a) Herr Hofer bezahlt 2,73 €. b) Frau Gerber erhält 1,05 € zurück. c) z. B.: Marina
kauft zehn maschinell gefertigte Semmeln und vier handgefertigte Semmeln. Wie viel bezahlt sie? 50) a)
Jeder von ihnen bekommt 2 493,33 €. b) z. B.: Sechs Freunde bilden eine Wettgemeinschaft. Bei der ersten
Ziehung gewinnen sie 2 400 € und bei der zweiten Ziehung 300 €.
Wie viel bekommt jeder von ihnen, wenn sie die Gewinne gerecht aufteilen? → (2 400 + 300) : 6 = 450 €

Kapitel B

103)

Teiler	2	3	4	5	9	10	25
15		x		x			
70	x			x		x	
225		x		x	x		x
1 604	x		x				
8 205		x		x			
4 716	x	x	x		x		

104) Die Aussagen 1 und 3 sind richtig.
105) z. B.: 11, 17, 19
106) a) 18 = 2 · 3 · 3 b) 65 = 5 · 13
c) 120 = 2 · 2 · 2 · 3 · 5 d) 312 = 2 · 2 · 2 · 3 · 13
107) a) T(9) = {1, 3, 9} b) V(9) = {9, 18, 27, …}
c) T(15) = {1, 3, 5, 15} d) V(15) = {15, 30, 45, …}
108) a) ggT (8, 10) = 2; kgV (8, 10) = 40
b) ggT (24, 40) = 8; kgV (24, 40) = 120
c) ggT (6, 15, 25) = 1; kgV (6, 15, 25) = 150
d) ggT (13, 42, 56) = 1; kgV (13, 42, 56) = 2 184

109) Dies geht nur, wenn beide Zahlen des Zahlenpaars gleich sind (z. B.: (3, 3), (4, 4), …), sonst nicht.

Kapitel C

150) a) b)

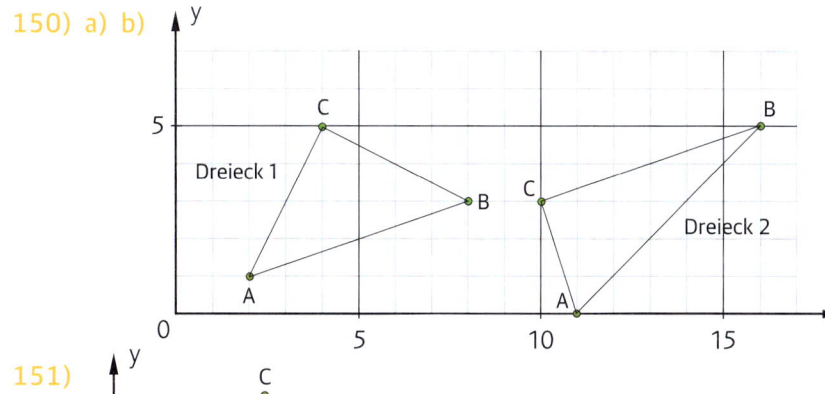

c) Dreieck 1: rechtwinkelig,
gleichschenkelig;
Dreieck 2: rechtwinkelig

151)

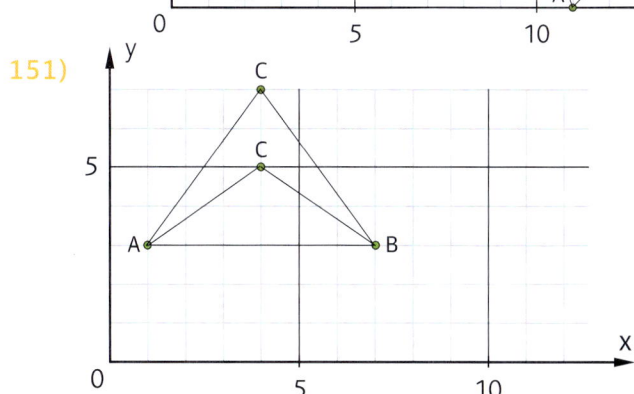

152) a) Aufgabe nicht lösbar, da die Dreiecksungleichung nicht gilt. b)

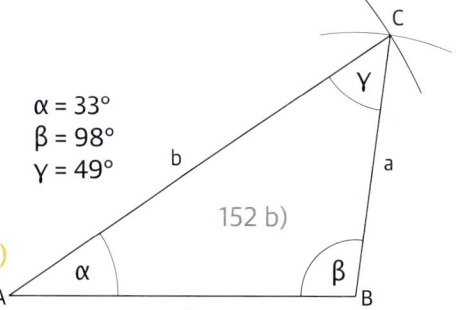

α = 33°
β = 98°
γ = 49°

152 b)

153) Alle Winkel sind gleich groß.

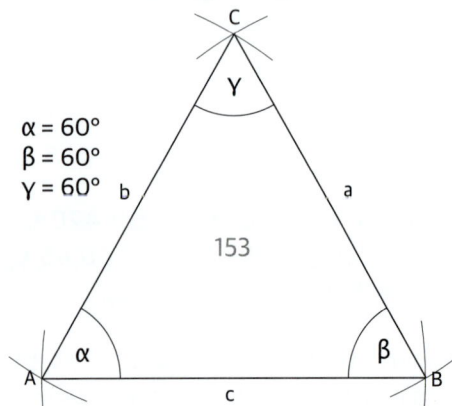

α = 60°
β = 60°
γ = 60°

154) **a)** deckungsgleich **b)** Zwei Dreiecke, deren Seiten gleich lang sind, nennt man kongruent. Zwei Seiten, deren Winkel gleich groß sind, nennt man ähnlich. **c)** ja, immer

155) **a)**

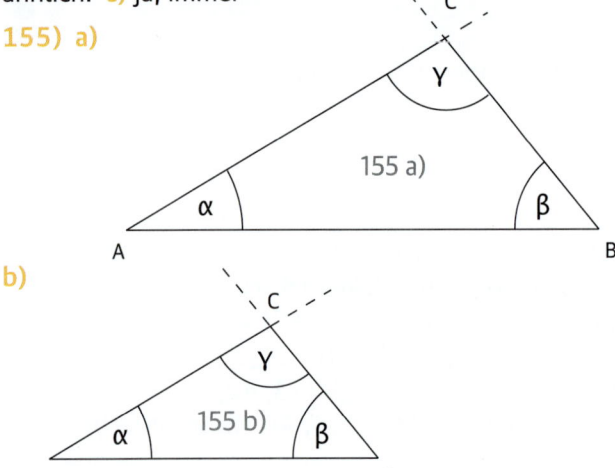

b)

c) Zwei Dreiecke, deren Winkel gleich groß sind, nennt man ähnlich.

156) 180°

157) **a)**

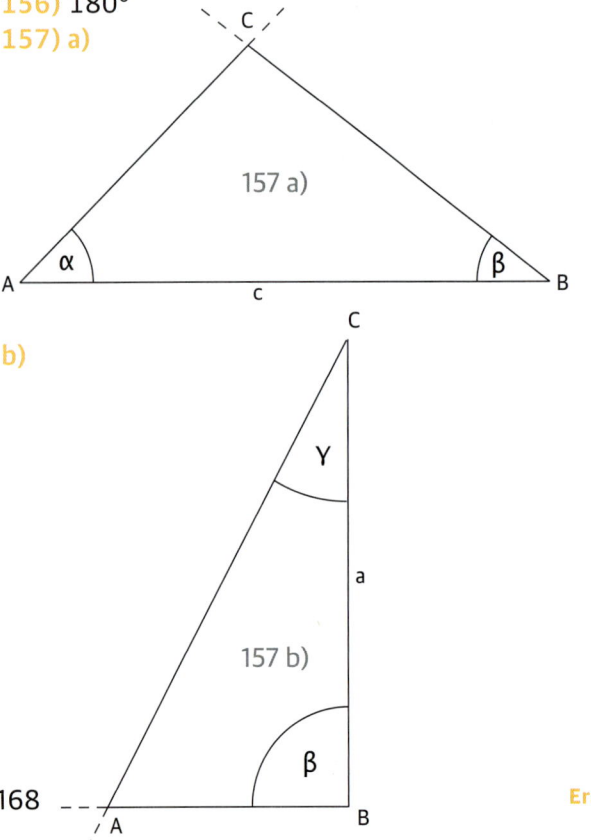

b)

c)

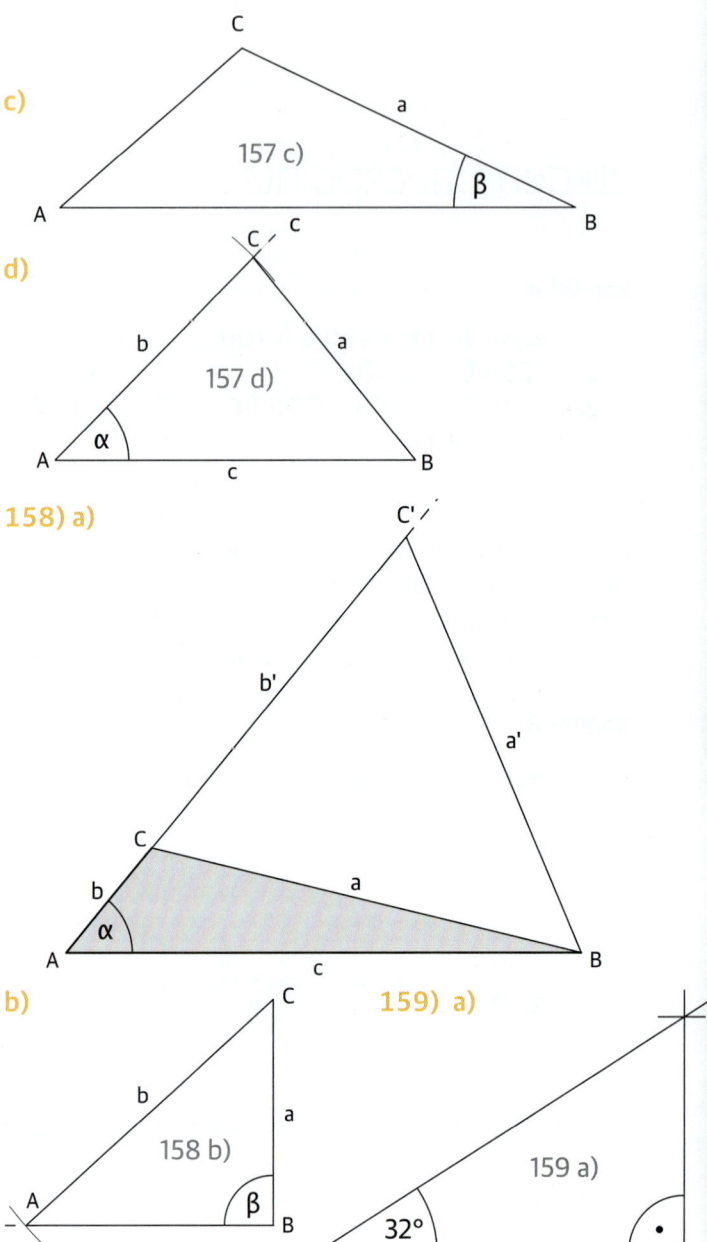

d)

158) **a)**

b)

159) **a)**

b) 62 m   **160)** Der Baum ist ebenfalls 12 Meter lang, da es sich bei dem Dreieck zwischen Baumwipfel, Spitze des Schattens und Baumstumpf um ein gleichschenkeliges Dreieck handelt.

Kapitel D

204) **205)**

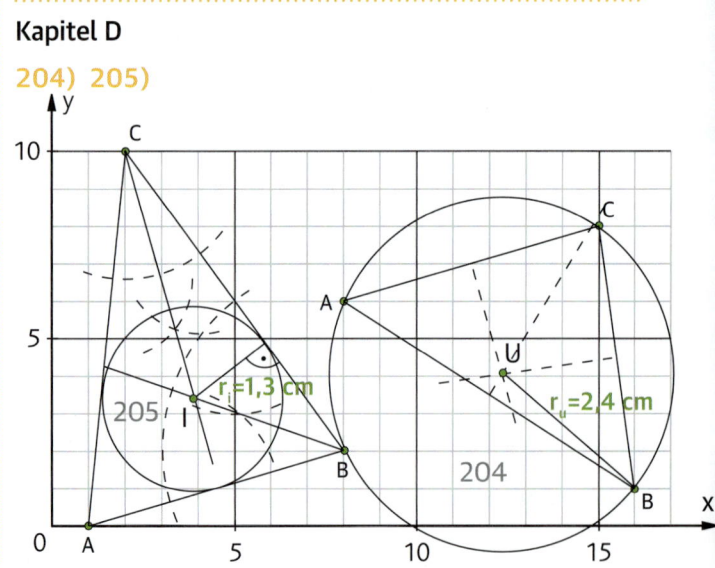

$r_i = 1{,}3$ cm
$r_u = 2{,}4$ cm
205
204

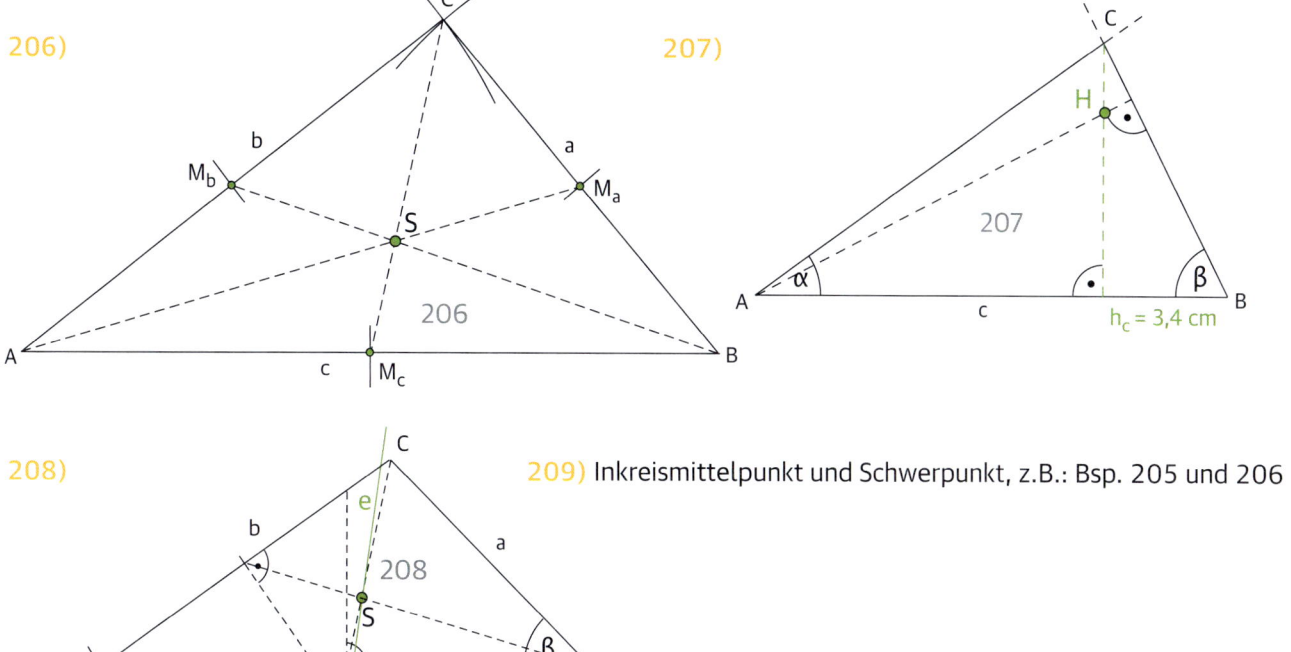

206)

207)

208) **209)** Inkreismittelpunkt und Schwerpunkt, z.B.: Bsp. 205 und 206

Kapitel E

262) a) $\frac{1}{10}$ und $\frac{1}{3}$ b) $\frac{3}{3}$ und $\frac{5}{4}$

263)

| $\frac{1}{2}$ | | $\frac{5}{4}$ | | | $\frac{11}{4}$ | |

| 0 | | | 1 | | | 2 | | | | 3 |

264) $2\frac{2}{3} > \frac{9}{5} > 1\frac{1}{5} > \frac{1}{2} > \frac{3}{8}$ **265)** a) $1,\dot{7}$ b) $2,\dot{6}$ c) $5,21\overline{863}$ d) $3,18\overline{52}$ **266)** z. B.: $\frac{1}{3}$, $\frac{4}{9}$, $\frac{8}{11}$

267) a) $\frac{12}{36}$ b) $\frac{16}{14}$ c) $\frac{35}{63}$ d) $\frac{156}{689}$ **268)** $\frac{3}{4} = \frac{15}{20}$ **269)** a) $\frac{8}{12} = \frac{4}{6} = \frac{2}{3}$ (: 2/: 2) b) $\frac{9}{15} = \frac{3}{5}$ (: 3)

c) $\frac{20}{35} = \frac{4}{7}$ (: 5) d) $\frac{27}{216} = \frac{9}{72} = \frac{3}{24} = \frac{1}{8}$ (: 3/: 3/: 3) **270)** a) 250 m b) 500 g c) 1,25 dm

Kapitel F

333) a) $\frac{5}{6}$ b) $\frac{7}{8}$ c) $1\frac{7}{12}$ d) $7\frac{5}{6}$ e) $\frac{1}{8}$ f) $2\frac{5}{12}$ g) $\frac{17}{36}$ h) $6\frac{41}{63}$ **334)** Philipp hat bei einer Addition gekürzt,

dies ist nur bei der Multiplikation möglich. Richtige Lösung: $\frac{5+3}{6} = \frac{8}{6} = \frac{4}{3} = 1\frac{1}{3}$

335) a) 4 b) $3\frac{1}{2}$ c) $2\frac{2}{7}$ d) $4\frac{4}{5}$ **336)** 36 Plätze sind noch frei. **337)** a) $\frac{2}{15}$ b) $\frac{2}{21}$ c) $1\frac{1}{20}$ d) $\frac{3}{4}$

338) a) 6 b) 20 c) 8 d) $2\frac{4}{5}$ **339)** a) $\frac{4}{5}$ b) $\frac{14}{27}$ c) $8\frac{3}{4}$ d) $\frac{14}{33}$

340) a) $1\frac{7}{10}$ b) $3\frac{15}{16}$ c) $3\frac{1}{15}$ **341)** a) $\frac{3}{4} \cdot \frac{9}{10} = \frac{27}{40}$ b) $\frac{2}{3} + \frac{5}{4} = 1\frac{11}{12}$ c) $8\frac{1}{2} - 10 \cdot \frac{2}{9} = 6\frac{5}{18}$

Kapitel G

381) a) x = 4 b) c = 8 c) n = 12 d) z = 27 e) b = 139 f) u = 62 g) x = 1 156 h) y = 782

382) a) x = 6 b) y = 15 c) a = 28 d) z = 11 e) n = 16 f) f = 210 g) x = 20 h) x = 44 **383)** a) x = 3

b) x = 2 c) x = 14 d) x = 1 **384)** Sigrid hat 9 Kerzen gekauft. **385)** Die Waschmaschine wiegt 43 kg.

386) a) z. B.: Georg sammelt Sticker. Von seinem Freund bekommt er 16 Stück geschenkt. Nun hat er 60. Wie viele Sticker hatte er zuvor? b) z. B.: Ida gibt für einen Eisbecher 4 Euro aus. Nun hat sie noch 28 Euro. Wie viel Euro hatte sie vor dem Kauf? c) z. B.: Janine möchte sich in 12 Wochen ein neues Computerspiel, das 96 Euro kostet, kaufen. Wie viel muss sie jede Woche von ihrem Taschengeld weglegen, damit sie sich das Spiel kaufen kann? d) z. B.: Eine Packung Bonbons wird auf Tini und ihre sieben Freundinnen gerecht aufgeteilt. Jede erhält 7 Stück. Wie viele Stück Bonbons befanden sich in der Packung? **387)** a) Der Affe wiegt 7 kg.

b) Kapitän Jack: 66 Gulden ; Joe: 33 Gulden ; Jim: 33 Gulden

423) Fünf Tafeln Schokolade kosten 9,25 €.   **424) a)** 8 Stück **b)** 6 Stück   **425)** 17,94 €
426) a) 4 Tage **b)** 0,25 Tage → Dies wird aber im Alltag nicht stimmen, da gewisse Arbeiten einfach eine gewisse Zeit dauern oder nicht parallel ausgeführt werden können.   **427)** Es müssten 4 Leute zusätzlich eingesetzt werden.   **428) a)** 100 km **b)** 20 km **c)** 3 840 km **d)** MS Mona

e) z. B.:

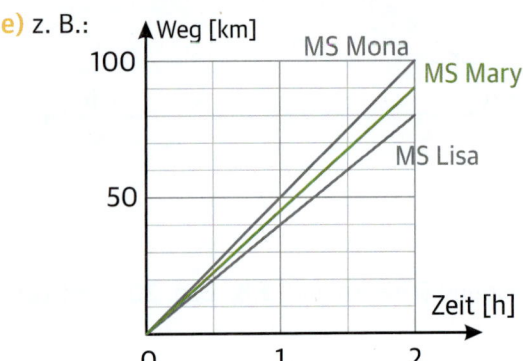

f) direkt proportional

Kapitel I

482) Parallelogramm: B; Trapez: D; Raute: A; Deltoid: C   **483)** In- und Umkreis: Quadrat ; nur Inkreis: Deltoid, Raute ; nur Umkreis: Rechteck, gleichschenkeliges Trapez ; keines von beiden: Trapez
484) z. B.: 1. Größe des Zentriwinkels α = 360° : Anzahl der Eckpunkte, 2. Sie besitzen einen Umkreis. 3. Sie besitzen einen Inkreis.   **485)** 360°   **486)** Der Winkel β ist gleich groß, also 70°. Die beiden anderen Winkel sind gleich groß und ergänzen α und β jeweils auf 180°. Also ist γ = 110° und δ = 110°.
487) Diese Aussage gilt für das Quadrat und die Raute, aber nicht für das Parallelogramm → „Beim Quadrat und der Raute schneiden sich die Diagonalen immer im rechten Winkel!"

488)

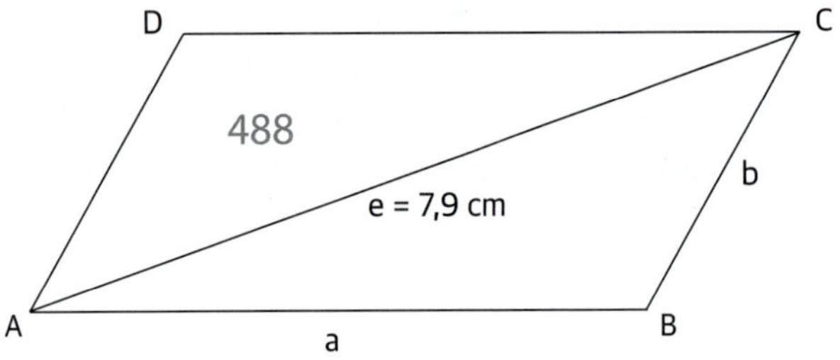

489)

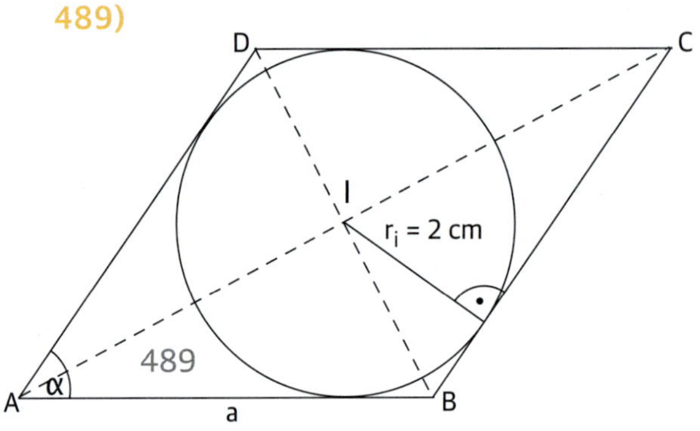

490)

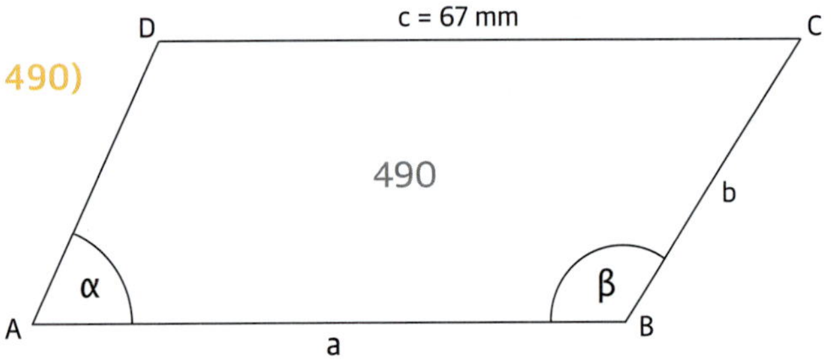

491)

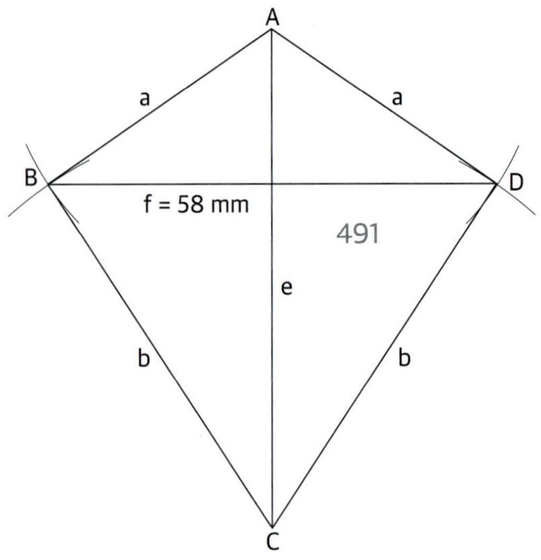

492)

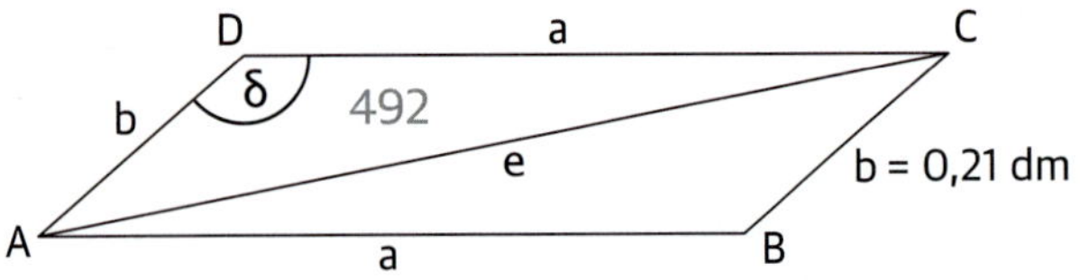

493)

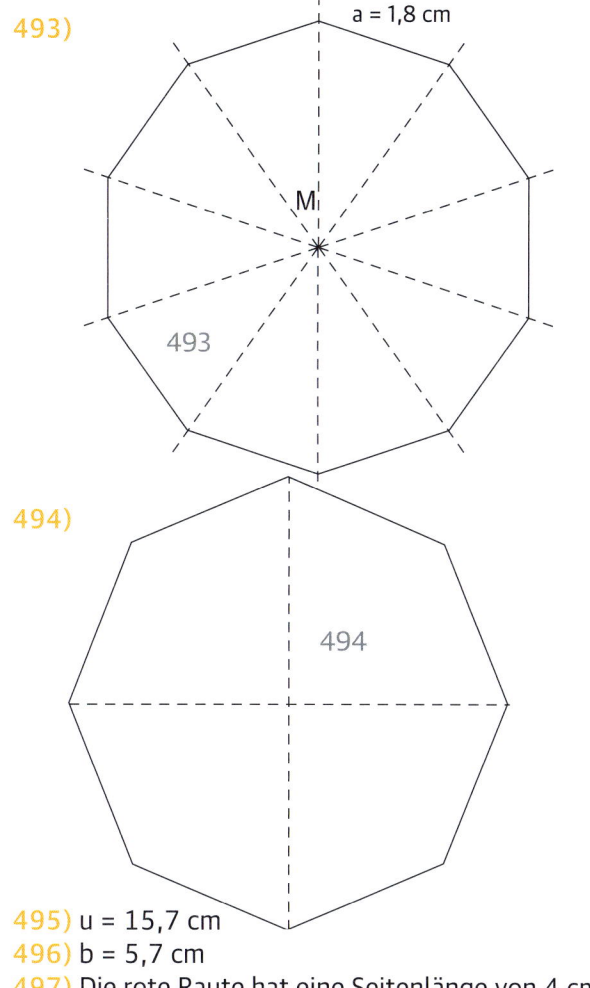

a = 1,8 cm

M

493

494)

494

495) u = 15,7 cm
496) b = 5,7 cm
497) Die rote Raute hat eine Seitenlänge von 4 cm.

Kapitel J

532) a)

l

532 a)

k

b) A = 8,25 cm² **c)** u = 14,8 cm **d)** Hypotenuse

533) A = $\frac{m \cdot n}{2}$ **534)** A = 16 cm²

535) A = 900 mm² = 9 cm²

536) a)

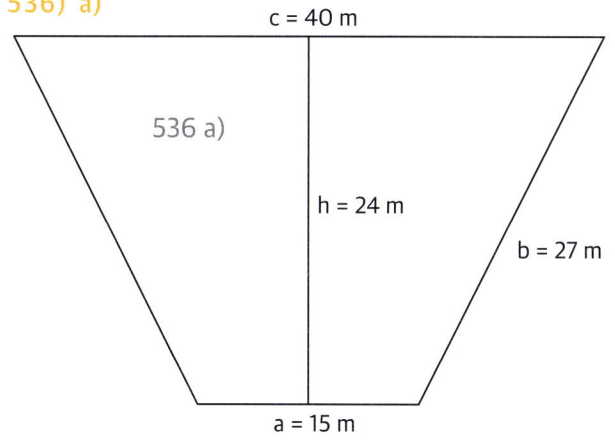

c = 40 m

536 a)

h = 24 m

b = 27 m

a = 15 m

b) u = 109 m **c)** gleichschenkeliges Trapez
d) A = 660 m² **e)** 15 774 € **f)** 70 404 €

Kapitel K

581) 35 % **582)** 6 % $\hat{=}$ 0,06 ; 25 % $\hat{=}$ 0,25 ;
90 % $\hat{=}$ 0,9 **583)** 1 % von 500 € $\hat{=}$ 5 € ;
2 % von 300 € = 6 € ; 5 % von 1 000 € = 50 €
584) 2,5 **585)** 280 € **586) a)** 30 **b)** 31,5
c) 377,3 **587) a)** 28 **b)** 260 **c)** 300 **d)** 800
588) 37 % und 5 550 sind richtig.
589) 2 ‰ $\hat{=}$ 0,002 ; 15 ‰ $\hat{=}$ 0,015 ;
0,5 ‰ $\hat{=}$ 0,0005

Kapitel L

618) Maximum: 6; Minimum: 3; Mittelwert: 4,5
619)

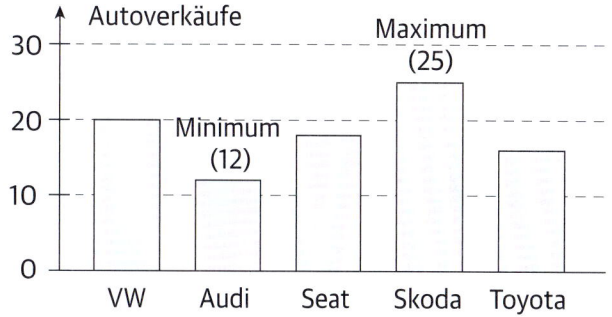

Autoverkäufe

Maximum
(25)

Minimum
(12)

VW   Audi   Seat   Skoda   Toyota

620) z. B.: Diagramm B wurde manipuliert, indem die
y-Achse abgeschnitten und gestreckt wurde. Dadurch
wirkt es so, als wäre die Anzahl der Diebstähle in den
Monaten Jänner bis Juli deutlich gestiegen.
621) absolute Häufigkeiten (relative Häufigkeiten):
1: 3-mal (15 %) ; 2: 5-mal (25 %); 3: 2-mal (10 %);
4: 3-mal (15 %) ; 5: 4-mal (20 %); 6: 3-mal (15 %) ;
Mittelwert: 3,45
622)

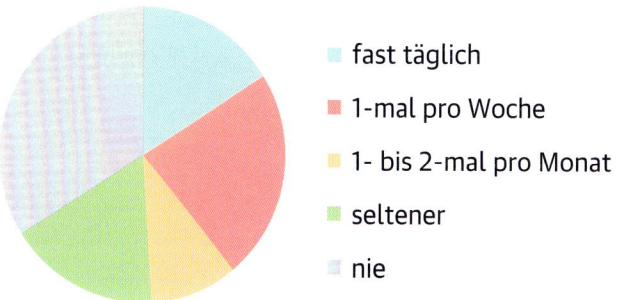

■ fast täglich
■ 1-mal pro Woche
■ 1- bis 2-mal pro Monat
■ seltener
■ nie

Kapitel M

655) a) richtig **b)** falsch **c)** richtig **d)** falsch
e) richtig **656)** gerades, 5-seitiges Prisma
657) O = 54 cm², V = 27 cm³ **658)** O = 38 dm²,
V = 12 dm³ **659) a)** V = 120 400 l
b) V = 336 000 l **c)** V = 1 400 000 l **660) a)** z. B.:
Quader, V = e · f · g **b)** z. B.: dreiseitiges Prisma,
V = $\frac{t \cdot s}{2}$ · r **c)** z. B.: Würfel, V = z · z · z

Das PLUS! – Wörterbuch
Fachbegriffe kennen und richtig verwenden

A Rechnen mit Geld – Grundrechnungsarten in Sachsituationen

Addition	$4 + 3 = 7$ Summand + Summand = Summe	*Die Summe von 4 und 3 ist 7.* *Addiere die Zahlen 4 und 3.*	↻ A1
Subtraktion	$9 - 6 = 3$ Minuend – Subtrahend = Differenz	*Die Differenz von 9 und 6 ist 3.* *Subtrahiere 6 von 9.*	↻ A1
Multiplikation	$5 \cdot 8 = 40$ Faktor · Faktor = Produkt	*Das Produkt aus 5 und 8 ist 40.* *Multipliziere 5 mit 8.*	↻ A3
Division	$12 : 3 = 4$ Dividend : Divisor = Quotient	*Der Quotient aus 12 und 3 ist 4.* *Dividiere 12 durch 3.*	↻ A5
Freiheitsgrad	Setze passende Zahlen ein: _____ + _____ = 10	*Aufgaben mit mehreren verschiedenen* *Lösungen haben einen hohen Freiheitsgrad.*	↻ A4

B Teilbarkeit natürlicher Zahlen – Teilbarkeitsregeln, ggT und kgV

Menge	$L = \{5, 8, 9\}$ $8 \in L$	*Die Menge L besteht aus den Elementen* *5, 8 und 9.* *8 ist Element von L.*	↻ Warm-up
Teiler	$T(8) = \{1, 2, 4, 8\}$ $2 \mid 8$ $3 \nmid 8$	*Die Teiler von 8 sind 1, 2, 4 und 8.* *2 ist Teiler von 8.* *3 ist nicht Teiler von 8.*	↻ B1
Ziffernsumme	Ziffernsumme von 203 ist 5	*weil $2 + 0 + 3 = 5$* *(wird auch „Quersumme" genannt)*	↻ B3
Primfaktoren	$12 = 2 \cdot 2 \cdot 3$	*Die Primfaktoren von 12 lauten 2, 2 und 3.*	↻ B5
ggT	ggT $(12, 16) = 4$	*Der größte gemeinsame Teiler von* *12 und 16 ist gleich 4.*	↻ B6
Vielfache	$V(8) = \{8, 16, 24, ...\}$	*Die Vielfachen von 8 sind 8, 16, 24, ...*	↻ B8
kgV	kgV $(12, 16) = 48$	*Das kleinste gemeinsame Vielfache* *von 12 und 16 ist gleich 48.*	↻ B8

C Dreiecke und Koordinatensystem – Eigenschaften und Konstruktion

Koordinaten	$A(3|1)$	*Der Punkt A liegt auf „drei eins".* *(3 nach rechts, 1 nach oben)*	↻ C1
kongruent	deckungsgleich, Seiten gleich lang	*Dreieck 1 und Dreieck 2* *sind zueinander kongruent.*	↻ C3
ähnlich	Winkel gleich groß, Seiten jedoch verschieden lang	*Dreieck 1 und Dreieck 2* *sind einander ähnlich.*	↻ C4
Arten von Dreiecken, nach Seiten eingeteilt	gleichseitig	$a = b = c$	↻ C7
	gleichschenkelig	$a = b$ und $c \neq a$	
	ungleichseitig	$a \neq b$ und $b \neq c$ und $a \neq c$	
Arten von Dreiecken, nach Winkeln eingeteilt	spitzwinkelig	$\alpha < 90°$ und $\beta < 90°$ und $\gamma < 90°$	↻ C8
	rechtwinkelig	*ein Winkel hat 90°, z. B.: $\gamma = 90°$*	
	stumpfwinkelig	*ein Winkel ist größer als 90°*	

D Merkwürdige Punkte im Dreieck – Umkreis, Inkreis und Symmetrie

Streckensymmetrale	... teilt eine Strecke genau in der Mitte.	*Konstruiere die Streckensymmetrale.*	↻ D1
Winkelsymmetrale	... teilt einen Winkel genau in der Mitte.	*Konstruiere die Winkelsymmetrale.*	↻ D2
Umkreismittelpunkt	im Dreieck: Schnittpunkt der Streckensymmetralen	*Konstruiere den Umkreismittelpunkt* *des Dreiecks.*	↻ D3
Inkreismittelpunkt	im Dreieck: Schnittpunkt der Winkelsymmetralen	*Konstruiere den Inkreismittelpunkt* *des Dreiecks.*	↻ D4

Schwerpunkt	Punkt, auf dem man eine Figur balancieren könnte	*Die Schwerlinien eines Dreiecks schneiden einander im Schwerpunkt.*	↺ D5
Höhe	im Dreieck: normal auf die Seite, durch den gegenüberliegenden Punkt	*Die Höhen eines Dreiecks schneiden einander im Höhenschnittpunkt.*	↺ D6
Eulersche Gerade	Gerade, die durch die merkwürdigen Punkte H, S, U des Dreiecks geht	*benannt nach dem Mathematiker Leonhard Euler*	↺ D7

E Bruchzahlen – Periodische Zahlen, Erweitern und Kürzen

Arten von Brüchen	echter Bruch	*Brüche, die kleiner als 1 sind (z. B.: $\frac{3}{4}$)*	↺ E1
	unechter Bruch	*Brüche, die gleich groß wie 1 oder größer als 1 sind (z. B.: $\frac{7}{4}$)*	
	gemischte Zahl	*besteht aus Ganzen und einer Bruchzahl (z. B.: $2\frac{1}{4}$)*	
	Stammbruch	*Brüche mit einer 1 im Zähler (z. B. $\frac{1}{7}$)*	
periodisch	$0,333333... = 0,\dot{3}$	*null Komma drei periodisch*	↺ E2
Skala	Einteilung am Zahlenstrahl	*Die Skala auf dem Zahlenstrahl geht von 0 bis 10.*	↺ E3
äquivalent	gleichwertig	$\frac{1}{4}$ *und* $\frac{2}{8}$ *sind äquivalent.*	↺ E5
einfachste Form	„durchgekürzt" (auch: „unkürzbar")	*Kann man einen Bruch nicht mehr weiter kürzen, so befindet er sich in seiner einfachsten Form.*	↺ E7
Dezimalbruch	z. B.: $\frac{5}{10}$, $\frac{7}{100}$, $\frac{129}{1000}$	*Brüche mit dekadischen Einheiten (10, 100, 1 000, ...) im Nenner*	↺ E8

F Rechnen mit Bruchzahlen – Verbindung der Grundrechnungsarten

kreuzweises Kürzen	$\frac{\cancel{4}\cdot 3}{7\cdot\cancel{10}} = \frac{2\cdot 3}{7\cdot 5} = \frac{6}{35}$	*4 wurde gegen 10 kreuzweise gekürzt.*	↺ F4
Kehrwert	Der Kehrwert von $\frac{3}{5}$ beträgt $\frac{5}{3}$.	*Vertausche Zähler und Nenner, und du erhältst den Kehrwert des Bruches.*	↺ F7

G Gleichungen und Äquivalenzumformungen – Textaufgaben

Variable	Unbekannte	*Beispiele: x, y, z, a, b, ...*	↺ G1
Term	mathematischer Ausdruck	*Beispiele: x + 3 ; 18 : (2x − 4) ;* *15 ; 13 − 4 ; z ; a + 2b ; ...*	↺ G5
Gleichung	Gleichsetzung zweier Terme	*Beispiele: x − 4 = 15* *26 + 3 = y : 4*	↺ G1
Äquivalenzumformung	x + 2 = 10 / − 2 x = 8	*Bei einer Gleichung darf man links und rechts dieselbe Operation anwenden.*	↺ G1

H Direkte und indirekte Proportionalität – Berechnung und Darstellung

direkt proportional	direktes Verhältnis	*Beispiel: Je mehr Arbeit getan werden muss, desto länger braucht man dazu.*	↺ H1
indirekt proportional (umgekehrt proportional)	indirektes Verhältnis	*Beispiel: Je mehr Leute mitanpacken, desto weniger muss jeder Einzelne tragen.*	↺ H4

Mengenrabatt	Vergünstigung bei Großpackungen	*Beispiel: 1 Stück kostet 5 €, 10 Stück kosten 40 €.* „Rabatt" bedeutet „Nachlass".	↺ H2
Punktdiagramm	Werte werden als Punkte eingezeichnet		↺ H3
Fermi-Aufgabe	benannt nach Enrico Fermi	*Aufgabe, bei der man die Angaben grob abschätzen muss*	↺ Extra
Stille Übereinkunft	unausgesprochene Voraussetzung bei Textaufgaben	*Die Aufgabe wird so einfach wie möglich gehalten! Beispiel: „Ein Maurer arbeitet 8 Stunden." Wenn nichts von einer Pause in der Aufgabe steht, rechnen wir auch ohne Pause, obwohl er sicher die eine oder andere Pause machen wird …*	↺ H6
Weg/Zeit-Diagramm	zeigt die Geschwindigkeit an	*senkrecht wird der zurückgelegte Weg, waagrecht die benötigte Zeit dargestellt*	↺ H9

I Vierecke und Vielecke – Eigenschaften und Konstruktion

Winkelsumme	$\alpha + \beta + \gamma + \delta = 360°$	*Die Summe der Innenwinkel beträgt bei Vierecken immer 360°.*	↺ I1
Umkreis	Mittelpunkt U	*Kreis, der alle Eckpunkte eines Vierecks berührt*	↺ I2
Inkreis	Mittelpunkt I	*Kreis, der alle Seiten eines Vierecks berührt*	↺ I2
besondere Vierecke	**Parallelogramm** gegenüberliegende Seiten sind parallel		↺ I3
	Raute (Rhombus) alle Seiten sind gleich lang		↺ I5
	Trapez wenigstens zwei Seiten sind parallel		↺ I6
	Deltoid (Drachenviereck) zwei Paar gleich lange, nebeneinanderliegende Seiten		↺ I7

J Flächeninhalt ebener Figuren – Dreiecke, Vierecke und Vielecke

rechtwinkeliges Dreieck	Katheten (meist a und b)	*Seiten, die am rechten Winkel anliegen*	↺ J1
	Hypotenuse (meist c)	*Seite, die dem rechten Winkel gegenüberliegt*	
	$A = \frac{a \cdot b}{2} = a \cdot b : 2$	*Flächeninhalt des rechtwinkeligen Dreiecks, wobei a und b die Katheten darstellen*	
Formel	$u = a + b + c$	*Eine Formel gibt an, wie mathematische Größen zusammenhängen. im Beispiel: Umfang u eines Dreiecks*	↺ J6

K Prozent und Promille – Prozentzahlen, einfache Prozentrechnung			
Prozent %	$0,15 \stackrel{\wedge}{=} 15\,\%$	*15 Prozent der Leute waren Kinder.*	↺ K1
Rabatt	Nachlass	*Sie bekommen 20 % Rabatt!*	↺ K3
Grundwert	entspricht 100 %	*Der ursprüngliche Preis betrug 89 €.* *Das ist der Grundwert.*	↺ K4
Prozentanteil	entspricht z. B. 10 %	*Sie bekommen 10 % Rabatt auf die 89 €!* *Der Prozentanteil (die Ermäßigung)* *entspricht dann 8,90 €.*	↺ K4
Promille ‰	$0,008 \stackrel{\wedge}{=} 8\,‰$	*Der betrunkene Autofahrer hatte* *1,6 ‰ Alkohol im Blut.*	↺ K7

L Statistik – Häufigkeiten und Manipulationsmöglichkeiten			
absolute Häufigkeit	15-mal	*Hanna hat 15-mal getroffen.*	↺ L1
relative Häufigkeit	75 % Treffer	*Hanna hat 20-mal geworfen und davon* *15-mal getroffen.* *Das entspricht einer Trefferquote von 75 %.*	↺ L4
Mittelwert	Durchschnitt	*Die Kinder haben durchschnittlich* *10,5-mal getroffen.*	↺ L1
Minimum	kleinster Wert	*Die minimal erreichte Trefferzahl war 2.*	↺ L2
Maximum	größter Wert	*Die maximal erreichte Trefferzahl war 18.*	↺ L2
Säulendiagramm	grafische Darstellung	*Die Werte werden mit* *senkrechten Säulen dargestellt.*	↺ L2
Kreisdiagramm	grafische Darstellung	*Ein Kreis zeigt 100 %.* *Die Größe der Anteile bestimmt* *die Größe der Kreissektoren.*	↺ L5
Manipulation	Täuschung	*Die Daten sehen manipuliert aus.*	↺ L3

M Prismen – Eigenschaften, Netze und Volumen			
Prisma	geometrischer Körper	*Grundfläche und Deckfläche müssen* *kongruent und zueinander parallel sein.* *Außerdem muss es sich dabei* *um Vielecke handeln.*	↺ M1
Netz	Körpernetz	*ausgebreitete Oberfläche eines Körpers*	↺ M2
Mantel	M (eine Fläche)	*Oberfläche ohne Grund- und Deckfläche*	↺ M2
Volumen	$V = G \cdot h$	*Das Volumen (der Rauminhalt) eines* *Prismas wird mit der Formel* *„Grundfläche mal Höhe" berechnet.*	↺ M4

Stichwortverzeichnis
Erarbeitungsteil